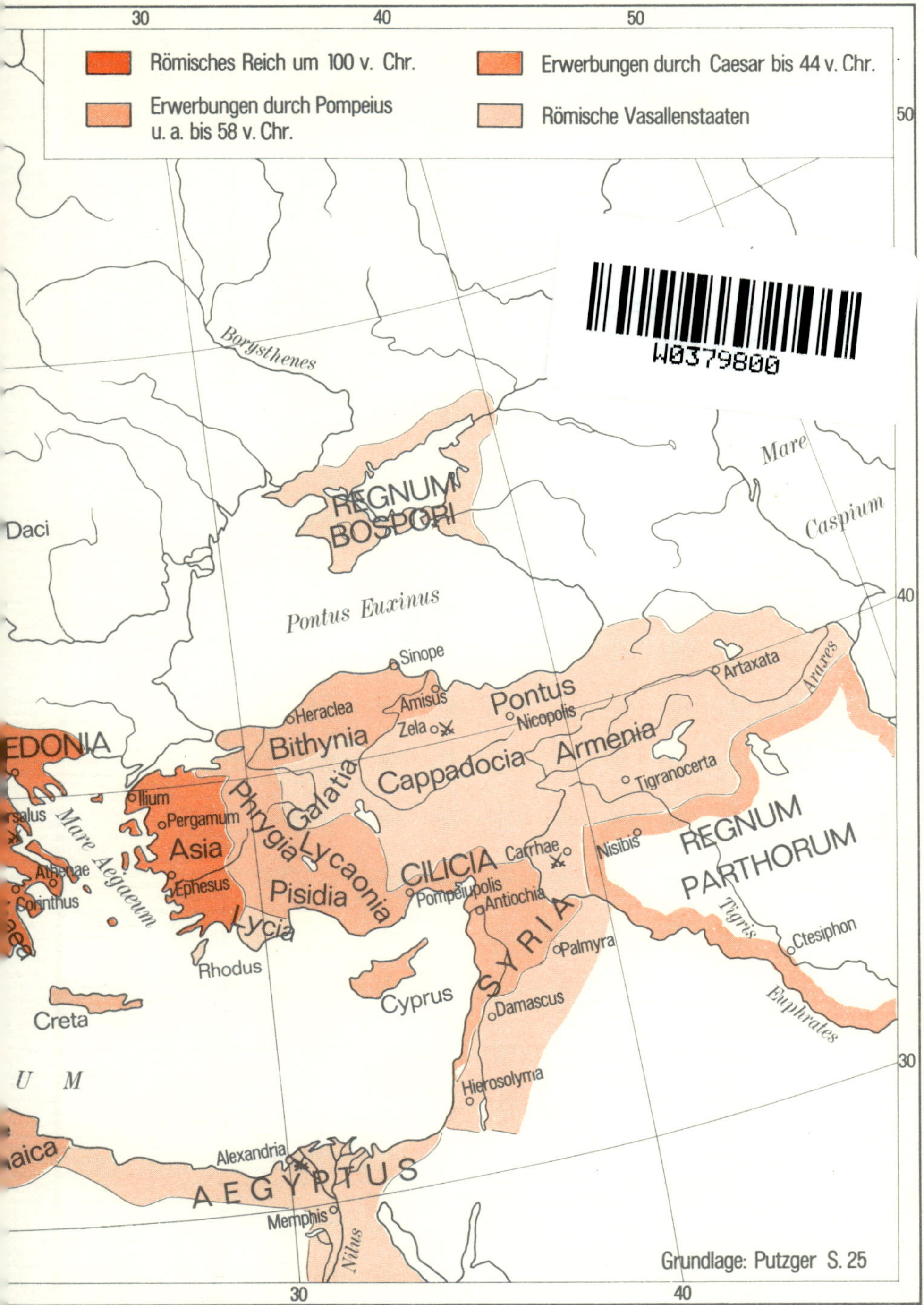

Zeichnung: F.Sailer

IT CAESARS (44 v. Chr.)

Horst Holtermann / Hans Baumgarten

IANUA NOVA

Ausgabe A
Lehrgang für Latein als 1. oder 2. Fremdsprache

Teil I

von
Helmut Schlüter und Kurt Steinicke

8. Auflage

VANDENHOECK & RUPRECHT IN GÖTTINGEN

Redaktion des Bildteils: Hartmut Döhl

8. Auflage 1978

Neudruck 1983

 — Herstellung: Hubert & Co., Göttingen

ISBN 3-525-71359-2

Vorwort an den Lateinlehrer

Die IANUA NOVA behält die bewährten Prinzipien der IANUA LINGUAE LATINAE bei:

— Zügige Hinführung zum verstehenden Lesen von Texten
— Lateinisch-deutscher Weg beim Erschließen und Einüben
— Beschränkung des Grundkursus auf das Notwendige.

Darüber hinaus erfüllt die IANUA NOVA Forderungen der modernen didaktischen Forschung:

— Klarer **Vorrang der Syntax** vor der Formensystematik
— Stufenweiser Aufbau einer **Lehre von den Satzmustern** (Teil I: einfacher Satz; Satzreihe; indikativischer Gliedsatz — Teil II: konjunktivischer Gliedsatz; Satzgefüge — Teil III: Periode)
— **Beschränkung des Vokabulars** (s. Beiheft) auf die statistisch häufigsten Grundwörter und Ableitungen
— Kontrollierte **immanente Repetition** der Vokabeln und grammatischen Erscheinungen
— Interessante, zum Lesen anreizende **Texte** (Teil I: Lebendiges Latein, Fabeln, Sagen, Geschichten aus der Welt der Griechen und Römer — Teil II: Äneassage, Geschichte der römischen Republik — Teil III: Caesar, Gedichte, Vulgata, Cicero u.a.m.)
— **Abbildungen** im Text zur Erläuterung der Situation und **Bildtafeln** im Anhang zur Einführung in die antike Kultur und in die römische Kunst, mit ausführlichen Erläuterungen im Beiheft
— Ausführliche **Begleitgrammatik**, aus der die Schüler, wenn nötig, auch ohne Hilfe von Eltern oder Lehrer die grammatischen Erscheinungen lernen können.

Die Beachtung dieser Forderungen ergab für den Aufbau der Sprachlehre eine völlig neue Ordnung. Über einzelnes unterrichten das Inhaltsverzeichnis (S. 5ff.) und das Lehrerheft (Bestellnummer 3-525-71382-7).

Die Lektionen sind als didaktische Einheiten und nicht als Wochenpensen zu verstehen. Sie haben im allgemeinen folgenden Aufbau:

A Geschlossener Text, z.T. bekannten Inhalts, zur **Einführung** der Klasse in die neue sprachliche Erscheinung, die durch Fettdruck (neue Formen und Funktionen) oder Kursivdruck (neue syntaktische Strukturen) hervorgehoben ist

B Texte, gelegentlich auch Einzelsätze, zur **Einübung** und daneben zur Erweiterung des Wortschatzes (B-Abschnitte können bald zur häuslichen Vorbereitung aufgegeben werden)

C Aufgaben zur **Satzlehre:** zum Umwandeln, Ergänzen, Bestimmen, Beschreiben (mündlich oder schriftlich)

D Aufgaben zur **Formenlehre:** zum Bestimmen oder Übersetzen (mündlich oder schriftlich)

E I Längerer Text als **Übung der Klasse im verstehenden Lesen** und schriftlichen Übersetzen

***E II** Kurztext in der Länge einer **Übungsarbeit,** zum unvorbereiteten schriftlichen Übersetzen

(Diese und alle sonst mit * gekennzeichneten Abschnitte gehören nicht zum Pflichtstoff des Lehrgangs.)

***F** **Sprichwörter, Sentenzen, Anekdoten, Fabeln, Gedichte, antike Prosa**

***G** Übungsstück zum **Übersetzen ins Lateinische**

Die Veränderungen in der 7. Auflage gehen zum größten Teil auf Vorschläge aus der Praxis zurück. Die 7. Auflage von A I kann nicht neben den früheren Auflagen benutzt werden.

H. Holtermann H. Baumgarten H. Schlüter K. Steinicke
H. Papenhoff H. Gappa R. Seebaß H. Seidel

Inhaltsverzeichnis

Lektion	Grammatik	Lesestücke
10	Perfekt Aktiv (-v-, -u-, Reduplikation): konstatierendes Perf.; aci mit Inf. Perf.; erzählendes Perf.; Perf. Pass.; Kons. Dekl.: Gutturalstämme; Zusammenfassung: Fragepartikeln	A I/II Titus de Pompeio narrat A III Gallus et ancillae E De corvo et vulpecula
11	Gliedsätze im Indikativ: quod, si, nisi, quamquam, ubi, postquam, ut	A Syrus servus tacet E De cicada et formica
12	Neutra auf -um, -men, -us (-eris u. -oris) cum iterativum; Erweiterung des Ablativs: mensur., qualit., limit.; Zusammenfassung: Zeitverhältnis bei Infinitiven	A De foro Romano E Mures cum ranis bellum gerunt
13	Perfekt: s-, Dehnungs-, Stammpf.; Zusammenfassung: Perfektbildung in Aktiv und Passiv; abl. mod. ohne cum	A De Alexandro, Priami filio E De equo ligneo
14	Imperfekt; cum inversivum; Erweiterung des Genitivs: obi. / subi., part. (I), qual.	A I De Sinone A II De lupo et septem capellis E Hercules incolas terrore leonis liberat
15	-nd-Formen (I): Gerundium aci als Subjekt	A Magister de Nioba narrat E De Daedalo et Icaro
16	posse, prodesse; Zusammenfassung: Komposita von esse und capio-Gruppe	A Menenius Agrippa plebem ad concordiam vocat E Agricola filios ad concordiam monet
17	Relativpronomina: im Relativsatz, als rel. Anschluß, als adj. Fragepronomen	A De agricola, cui quattuor filii erant E Hercules stabula Augiae purgat
18	velle, nolle, malle; verneinter Imperativ; prädikatives Adj. und Subst. im Nom. und Akk.	A Quintus ab amicis ad ludum invitatur E Galli Romam diripiunt, Capitolium frustra oppugnant
19	Prädikatives Partizip (PP) im Nom. (mit Part. Perf. Pass.); dominantes Partizip	A Hercules incolis Graeciae submittitur E De bellis Persarum

Lektion	Grammatik		Lesestücke
20	ferre und Komposita; gen. part. (II); gen. def.; Relativsatz als S bzw. AO; nci; PP im Akk.	A E	Agricola et filius equum ferunt De pugna apud Salaminem insulam facta
21	Ablativ mit Partizip (AmP); attributives Partizip; Akk. der Richtung bei Städtenamen; abl. temp. (II)	A E F	Athenae a Persis expugnantur De nuntio Marathonio Lupus et persona tragoedi (Rom.)
22	ire und Komposita	A E F	Horatius poeta e pernicie servatur De Aristide Aquam petite ab hoste! (Frontin. II 7,12)
23	u- und i-Deklination; Übersicht: Kasusausgang -i	A I A II E F	De nautis Graecis De exercitu Graecorum De erroribus Ulixis Vir parvus gladio accinctus (~ Cic.)
24	is, ea, id; doppelter Dativ bei dare u. ä.	A E F	Incolae Athenarum muros longos exstruunt Pericles populum monet Ranarum convicia (Rom./Ovid.)
25	Gemischte Deklination	A E F	De Atheniensium fortuna De Alexandro Magno Lupus ovis pelle indutus (Rom.)
26	„doppelter Nom.“: S + Prädikativum; Zusammenfassung: Personalpronomina und Reflexiva	A E F	Alexander Dario epistulam mittit De Alexandri Magni moribus Taurus et musca (Rom.)
27	hic, ille, iste; ipse; idem; pronominales Subj. und PN; Übersicht: Pronomina (int., rel., pers., poss., dem.)	A E F	De Caesare et Catone Cicero Catilinam accusat Canis per fluvium carnem fert (Phaedr. I 4)
28	Futur I; Inf. Fut. Akt. im aci; Übersetzung des Fut. I	A E F	Num exercitus Romanus Rhenum transibit? Caesar cum exercitu in Britanniam invadere in animo habet Pyrrhus et Cineas (Aelian.)
29	Deponentien	A E F	De milite, qui animos commilitonum confirmavit Classis Romana fluctibus et ventis deletur Homo et colubra (Phaedr. IV 18)

Lektion	Grammatik		Lesestücke
30	Adjektive der i-Deklination; dat. poss. — gen. poss; Übersicht: Kasus bei esse	A I	De Hercule
		A II	De legato a Caesare ad oras Britanniae praemisso
		E	Hercules Hydram, anguem crudelem, superat
		F	Tincti capilli (Mart. III 43)
31	Partizip Präsens Aktiv; acp; Zeitverhältnis bei Partizipien	A I	De Icaro
		A II	Hercules hominibus miseris auxilium fert
		E	Hercules aprum Eurymantheum capit
		F	De vitiis hominum (Phaedr. IV 9)
32	Adjektive der kons. Dekl.; Wdh.: Adjektive u. Partizipien	B	Troia capitur
		E	De Phrixo et Helle
		F	Vulpes et uva (Phaedr. IV 2)
33	Adverb; Wdh.: Adjektiv als Attribut und Prädikativum; AmP mit Subst. oder Adj.	A I	De Hydra
		A II	De ariete, qui liberos servavit
		E	De Iasone
		F	Reddite Caesari, quae sunt Caesaris! (Marc. 12,14—17)
34	Regelmäßige Steigerung: Adjektiv und Adverb; abl. comp.; gen. part. (III)	B	De consilio Argonautarum
		E	Medea, filia regis Colchorum, Iasoni auxiliatur
		F	M. Porcius in senatu (Sall. Cat. 52)
35	Semideponentien; fieri	A I	Medea Iasonem iterum iuvat
		A II	Argonautae fugiunt
		E	De Iasonis interitu
		F	Medea Iasonem accusat (Ov. Her. XII 23—136 i. A.)

LECTIO PRIMA

Einführung: Leseübung

RỌMA ITẠLIA ALEXANDRỊA ANTỌNIUS AUGỤSTUS
Rọ̄ma Itạlia Alexandrị̄a Antọ̄nius Augụstus

ōcẹanus, vẹrsus — ị̄nsula, iūstịtia; cụrsus, nạ̄sus, camẹ̄lus — nẹbula, famịlia, fenẹstra; numerạ̄re, studẹ̄re, servị̄re, rẹgere; Paụla, Cornẹ̄lia, Iụ̄lia, Valẹria, Mạ̄rcus, Lūcius, Gạ̄ius, Sỵrus; dictạ̄tor, sẹriēs.

1. Mārcus currit. 2. Lūcius venit. 3. Dominus imperat. 4. Servus pāret. 5. Domina vocat. 6. Ancilla audit. 7. Britannia īnsula est. 8. Rhēnus fluvius est. 9. Gāius dominus est. 10. Syrus servus est.

11. Mārcus currit. Lūcius currit. Mārcus vincit. Mārcus victor est. Mārcus gaudet. Lūcius nōn vincit. Lūcius dolet. Spēs saepe fallit.

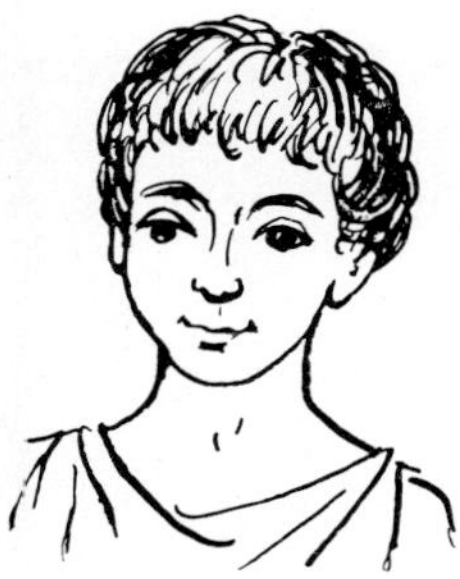
Mārcus

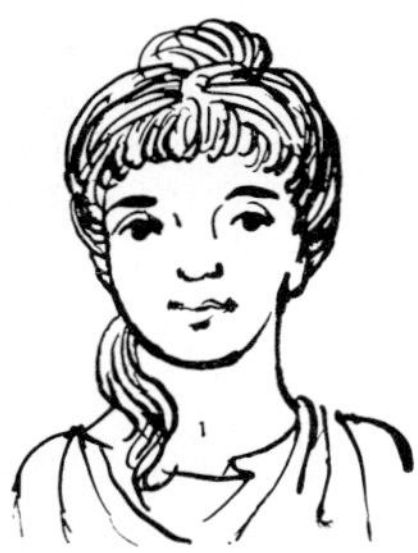
Cornēlia

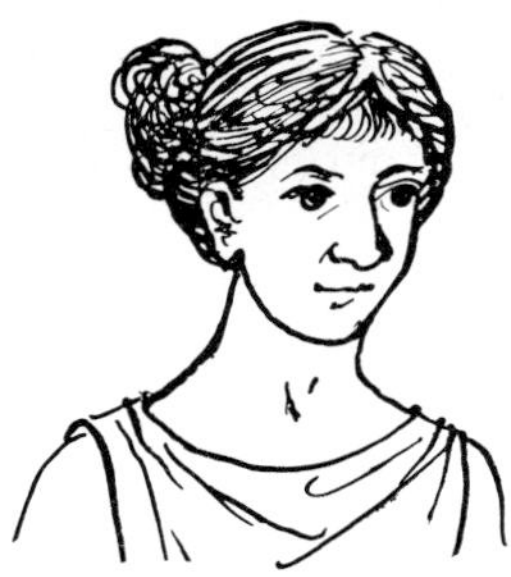
Paula ancilla

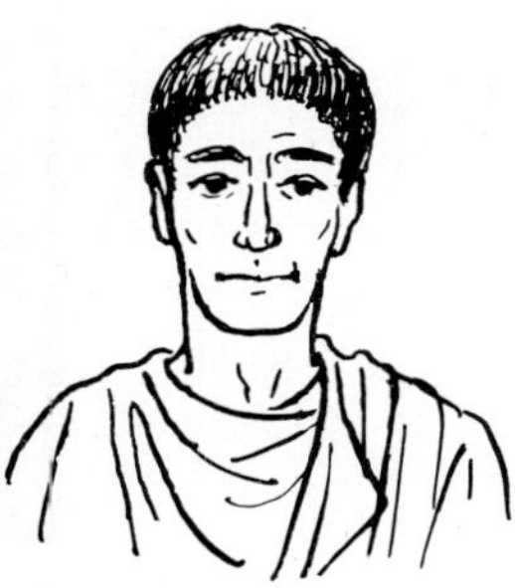
Gāius dominus

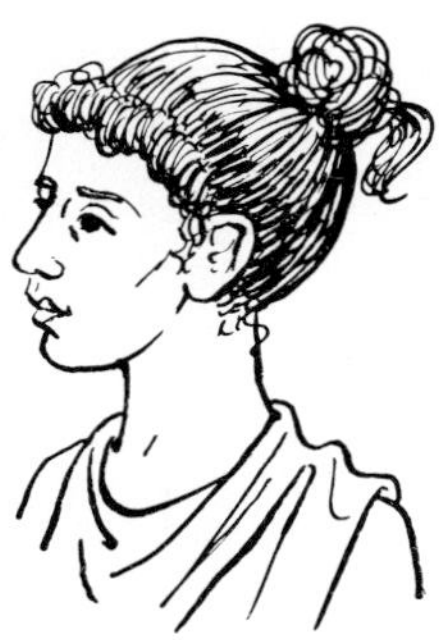
Valeria domina

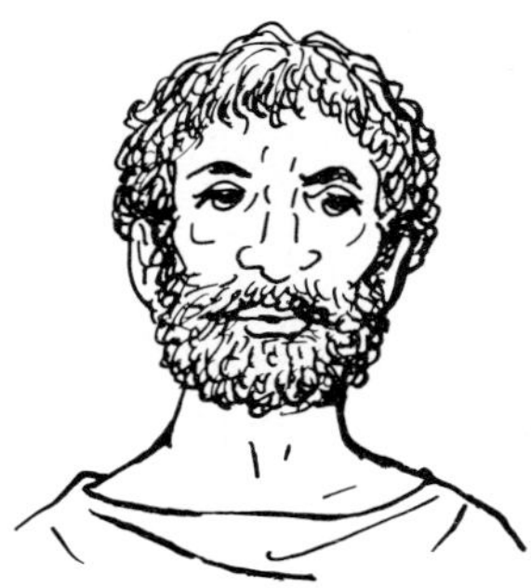
Syrus servus

1. Gāius imperat. 2. Syrus labōrat. 3. Dominus laudat. 4. Labor saepe nōn placet. 5. Ōrātor nārrat. 6. Imperātor imperat. 7. Paula ancilla est; Paula labōrat et canit. 8. Lūcius vocat, ancilla audit et venit. 9. Lūcius interrogat, Paula respondet.

10. Italia terra est. 11. Diēs venit. 12. Fābula dēlectat. 13. Equus currit.

Beantworte lateinisch: 14. **Quis** imperat? 15. Quis respondet? 16. **Quid** nōn placet? 17. Quis dominus est? 18. Quis currit? 19. Quid saepe fallit? 20. Quis venit? 21. Quid dēlectat? 22. Quis canit?

C 1. *Nenne aus den Abschnitten A und B alle Wörter, die als S (Subjekt) eines Satzes dienen! Stelle sie nach Ausgängen zu Gruppen zusammen!*
2. *Nenne aus A und B alle Wörter, die das P (Prädikat) eines Satzes bilden!*
3. *Unterstreiche solche Wörter, die als PN (Prädikatsnomen) dienen!*

Ergänze ein passendes P: 4. Dominus ... 5. Imperātor ... 6. Ancilla ... 7. Mārcus ... 8. Ōrātor ... 9. Victor ... 10. Cornēlia ...

Ergänze ein passendes S: 11. ... placet. 12. ... vincit. 13. ... imperat. 14. ... gaudet. 15. ... currit. 16. ... canit. 17. ... respondet. 18. ... interrogat.

Ergänze ein passendes PN: 19. Syrus ... est. 20. Paula ... est. 21. Britannia ... est. 22. Gāius ... est. 23. Valeria ... est.

*G 1. Markus läuft — Lucius siegt; Lucius freut sich. 2. Der Redner fragt — Gaius antwortet. 3. Eine Herrin befiehlt — eine Sklavin arbeitet. 4. Der Herr ruft — der Sklave gehorcht und kommt. 5. Der Sklave ist oft betrübt. 6. Die Arbeit gefällt nicht. 7. Wer befiehlt? 8. Wer gehorcht? 9. Was gefällt nicht?

II LECTIO SECUNDA

A 1. Valeria vocat. **Quem** Valeria vocat? Valeria ancill**am** vocat. Sed ancilla dominam nōn audit. — 2. Dominus serv**um** nōn laudat. Servus dominum fallit. — 3. Ōrātor victōr**em** laudat. Victor ōrātōrem audit. — 4. Spēs Lūcium saepe fallit, sed Lūcius sp**em** nōn āmittit. —

5. *Fābula nova* Iūliam dēlectat. Iūlia *fābulam bonam* libenter audit. 6. Gāius: „*Servus bonus* semper labōrat!“ Syrus *servus bonus* est. Gāius *servum bonum* laudat. 7. Gāius *ōrātōrem bonum* libenter audit; *ōrātor malus* Gāium nōn dēlectat. 8. *Spēs bona* saepe fallit, sed Lūcius *spem bonam* nōn āmittit.

9. **Quō** equus currit? Equus *ad hortum* currit et Mārcum portat. Equus magnus hortum parvum nōn intrat. Lūcius *per hortum* currit, sed amīcum nōn videt. Lūcius ad vīllam parvam currit. Ancilla Lūcium et Mārcum ad cēnam bonam vocat. Lūcius ancillam audit et per portam *in vīllam* currit. Et Mārcus ad cēnam in vīllam currit.

10. Quō Gāius nāvigat? Gāius ad īnsulam parvam nāvigat, per īnsulam ambulat, vīllam intrat. 11. **Quamdiū** Gāius nāvigat? Gāius *ūnum diem* nāvigat. 12. *Syrus servus* tōtum diem labōrat.

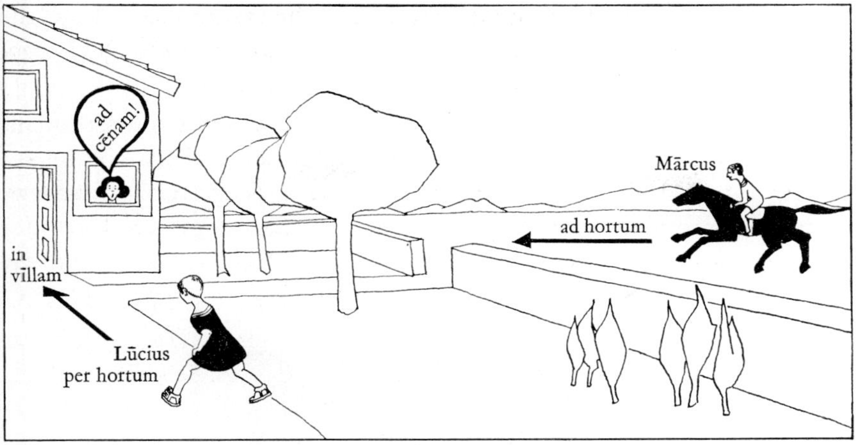

1. Gāius agricola Rōmānus est. 2. Gallus canit. Gallus diem novum salūtat. Diēs novus novam spem apportat. 3. Cornēlia puella cibum apportat. Gallus Cornēliam parvam nōn timet, sed ad Cornēliam volat et cibum dēvorat. 4. Mārcus magnus venit. Gallus per aulam fugit. 5. Equus malus in hortum currit. Syrus equum malum capit. 6. Lūcius Mārcum amīcum saepe vīsitat. Lūcius per portam aulam intrat. 7. Mārcus per fenestram spectat. Mārcus amīcum videt et gaudet. 8. Iūlia Cornēliam amīcam libenter vīsitat. 9. Columba per fenestram volat. Iūlia columbam capit. 10. Gāius diem fēstum celebrat. Gāius tōtum diem fēstum nōn labōrat. Gāius per hortum ambulat.

Ergänze ein passendes AO (Akkusativobjekt): 1. Ancilla ... vocat. 2. Gallus ... timet. 3. Dominus ... laudat. 4. Servus ... videt. 5. Mārcus ... nōn āmittit. 6. Amīcus ... vīsitat. 7. Equus ... dēvorat. 8. Cornēlia ... libenter audit. 9. Gāius ... capit.

Ergänze eine passende AB (adverbiale Bestimmung) der Richtung unter Verwendung von ad, in *oder* per: 10. Equus ... currit. 11. Columba ... volat. 12. Mārcus ... nāvigat. 13. Amīcus ... currit. 14. Servus ... fugit. 15. Ancilla cibum bonum ... apportat. 16. Domina ancillam ... vocat.

Ergänze eine AB der Ausdehnung auf die Frage „Wie lange?“: 17. Cornēlia ... per hortum magnum ambulat. 18. Mārcus ... labōrat.

Beantworte lateinisch: 19. Quid Iūlia videt? 20. Quem domina laudat? 21. Quō equus currit? 22. Quem gallus nōn timet? 23. Quō Gāius nāvigat? 24. Quamdiū servus labōrat?

Bilde aus den Substantiven amīcam, equus, columba, diēs, imperātōrem, spēs, īnsulam *und den Adjektiven* fēstus, parva, magnum, tōtam, bonam, malus, nova *die passenden Verbindungen!*

E **Columba Corneliam et Iuliam visitat**

Paula ancilla fabulam narrat. Marcus fabulam libenter audit. Fabula bona semper placet:

Columba per fenestram in villam volat. Cornelia timet. Cornelia Iuliam amicam vocat. Iulia venit et columbam parvam capit. Iulia columbam ad amicam apportat. Cornelia columbam parvam spectat. Columba parva Corneliam magnam timet. Paula ancilla cibum apportat. Columba cibum devorat et per fenestram in aulam fugit. Cornelia columbam vocat, sed columba non venit. Columba in hortum volat.

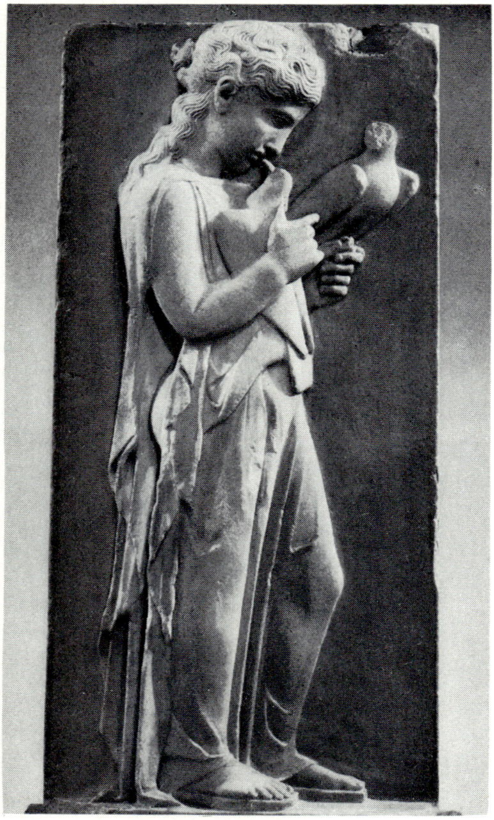

***G** 1. Gaius ist ein guter Herr. 2. Ein Festtag kommt. 3. Die ganze Familie feiert den Festtag. 4. Syrus schmückt (= *ōrnat*) das große Tor. 5. Die Magd Paula bringt gutes Essen in den Garten. 6. Die kleine Cornelia kommt und schaut [zu]. 7. Valeria ruft Markus und die kleine Cornelia zum Essen. 8. Das Essen schmeckt (= gefällt), und Paula freut sich.

LECTIO TERTIA

Paula ancilla fābulam nārrat

Mārcus et Lūcius amīc**ī** **sunt**. *Amīcī* Paulam *vident* et ad ancillam currunt. Nam amīcī libenter fābulam novam audiunt. Tum Cornēlia et Iūlia veniunt. Etiam puell**ae** ancillam ōrant. Līberī cōnsīdunt. Paula fābul**ās** nārrat. *Fābulae novae* līber**ōs** dēlectant. Līberī valdē gaudent. Etiam Syrus venit et multās fābulās nārrat. Syrus labōrem magnum nōn amat, nam labōr**ēs** magn**ī** servōs nōn dēlectant. Itaque Syrus labōr**ēs** magn**ōs** fugit. Syrus semper dīcit: „Labor rēs mala est. **Rēs** mal**ae** servōs nōn dēlectant. Servī **rēs** mal**ās** nōn cupiunt, sed fugiunt.“ Tum Gāius amīcōs et amīcās videt et in vīllam vocat. Amīcī vīllam intrant et dominum salūtant. Servus et ancilla ad labōrēs currunt. Nam Gāius *sevērus* est. Servōs saepe *pūnit*. Syrum vituperat. Syrus dolet.

1. Britannia magna est — Britannia magna īnsula est. 2. Rhēnus longus (fluvius) est. Per multās silvās et campōs currit. Rhēnus et Dānuvius longī (fluviī) sunt. 3. Fēriae semper iūcundae sunt. Etiam diēs fēstī iūcundī sunt et līberōs dēlectant. 4. Nunc fēriae longae sunt. Mārcus et Lūcius lūdunt, in silvam currunt, arborēs spectant. Tum locum apertum vident. Ibi arbor alta est. Amīcī arborem ascendunt. Tum puellae veniunt et cōnsīdunt. Amīcī puellās valdē terrent. Puellae fugiunt, sed Mārcus et Lūcius laetī sunt. 5. Servī equōs viam longam per campōs in silvam agunt. Ibi multās arborēs parvās caedunt. Sub vesperum equī arborēs in aulam trahunt. Gāius laetus est et ad vīllam equitat. Nam nunc bonam cēnam cupit. *Ad vīllam* multī incol**ae** dominum salūtant.

Ergänze ein passendes AO im Sing. und Pl.: 1. Iūlia ... nārrat. 2. Syrus ... vocat. 3. Imperātor ... vīsitat. 4. Columba ... videt et timet. *Ergänze ein passendes S* : 5. ... puellās vituperant. 6. ... diēs fēstōs agit. 7. ... dominum sevērum nōn amant. 8. ... labōrēs saepe fugiunt. 9. ... equōs capit. 10. ... alta est. 11. ... sevērī sunt. 12. ... sevērae nōn sunt. 13. ... ad vīllam equitant. 14. ...-ae laetī sunt. 15. *Zeichne die Satzbaupläne von B 5 mit den graphischen Symbolen!*

Beispiel einer Kasusbestimmung: gallōs = Akk. Pl. *(Akkusativ Plural)* zu gallus m. *(maskulinum)* — der Hahn = die Hähne.
Bestimme ebenso: puellae, incolam, imperātōrem, silvās, agricolae, equum, servōs, ancillam, labōrēs, diēs, spem, victōrem, dominī.

E **Marcus et Lucius per silvas magnas et campos ambulant**

Marcus et Lucius amici libenter per campos et silvas ambulant. Nunc feriae sunt. Amici non laborant, sed totum diem ludunt, per hortum currunt, per campos ambulant, in silvam currunt, arbores altas ascendunt. Laeti sunt, multas res iucundas agunt. Ad locum apertum veniunt. Ibi servi arbores magnas caedunt. Equi magni arbores per vias parvas ad aulam trahunt. Marcus et Lucius servos et equos spectant. Sub vesperum ad villam currunt.

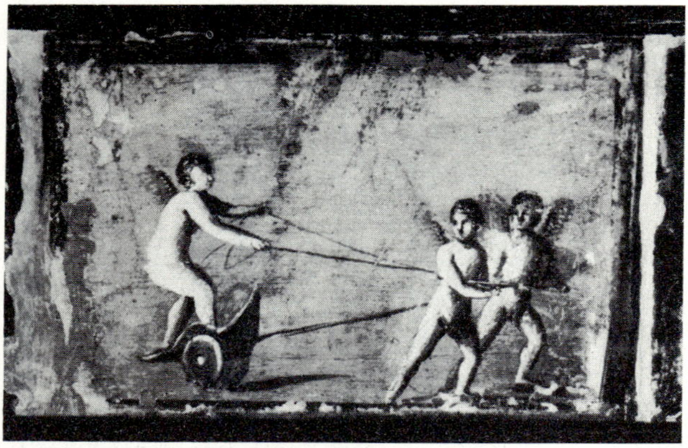

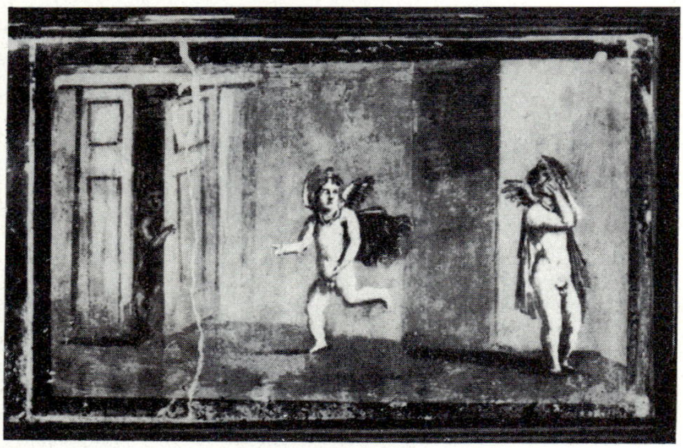

***G** 1. Politiker (= Redner) besuchen die Bauern nicht oft. 2. Die Bauern hören gute Redner gern, denn ein guter Redner gefällt immer. 3. Heute (= *hodiē*) kommt Pompeius, ein großer Politiker und Feldherr. 4. Gaius hört den großen Redner, aber Syrus und Paula arbeiten. 5. Syrus bringt gutes Futter. 6. Paula trägt das Essen ins Gutshaus. 7. Dann kommt der Abend. 8. Knechte und Mägde beenden (*fīniunt*) die Arbeit.

LECTIO QUARTA

Mārcus per aulam equitat

Mārcus *equum* parvum *cupit,* nam Mārcus *equitāre cupit.* Syrus et Mārcus ad campum veniunt. Ibi Mārcus equum videt. Equus fugit, Mārcus equum capere nōn potest. Itaque Syrus equum in aulam parvam agere dēbet. Inde *equum fugere* nōn *sinit.* Tum servus Mārcum venīre iubet. Mārcum equum cōnscendere iubet. Syrus Mārcum equum terrēre vetat. Tandem Mārcus equum cōnscendere potest. Nunc valdē gaudet. Lūcius per hortum currit. Mārcus *Lūcium venīre videt.* Amīcum vocat. Lūcius amīcum clāmāre audit et venit. Amīcum videt et in vīllam currit. Ibi Lūcius *Mārcum* per aulam *equitāre nārrat.* Tum Gāius in aulam venit et *fīlium equitāre gaudet.*

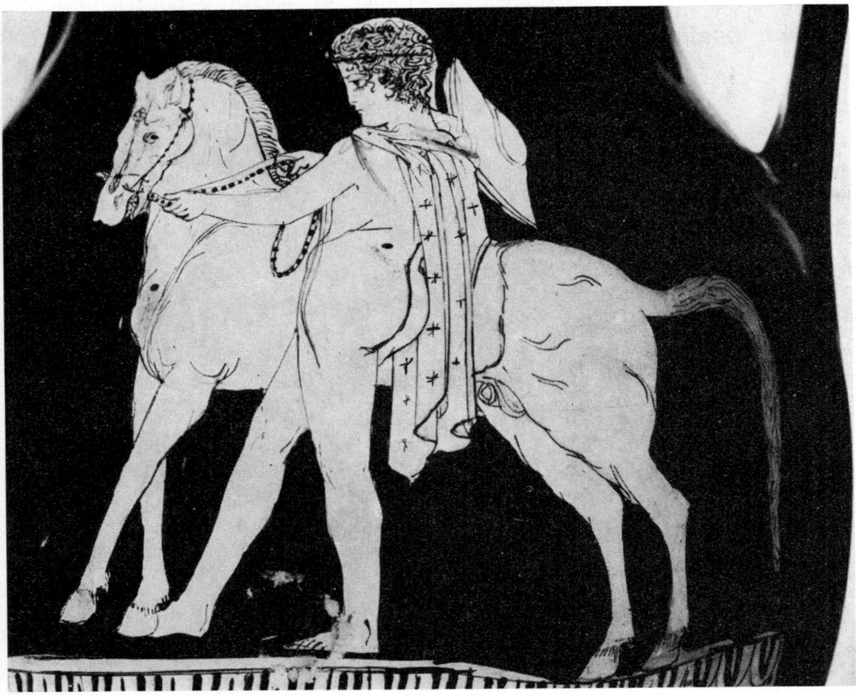

Nunc etiam Lūcius equitāre vult, sed Mārcus Lūcium equum cōnscendere vetat. Itaque Lūcius dolet et Mārcum *amīcum malum esse* dīcit.

1. Gāius servōs tōtum diem labōrāre iubet. 2. Mārcus et Lūcius servōs arborēs magnās caedere vident. 3. Mārcus equum carrum in aulam trahere videt. 4. Etiam Mārcus carrum trahere vult, sed carrum trahere

nōn potest. 5. Dominus servōs, ancillās, Mārcum vocat, cūnctōs labōrem fīnīre iubet. 6. Servī ancillaeque hōram vespertīnam adesse gaudent. 7. Post labōrem Gāius et servōs et ancillās laudat. 8. Ante cēnam māter Cornēliam mēnsam pūrgāre iubet. 9. Cornēlia aquam calidam ad mēnsam apportat. 10. Mārcus sorōrem aquam apportāre videt et gaudet. 11. Tum Gāius fīlium multōs convīvās ad cēnam invītāre iubet. — 12. Iūlia Cornēliam columbās timēre scit. 13. Syrus dominum ad īnsulam nāvigāre nārrat. 14. Mārcus amīcum aegrōtum esse videt. 15. Māter Cornēliam Iūliamque *tumulum ad silvam situm* ascendere vetat.

C I Fīlius per aulam equitat. Gāius videt. → Gāius fīlium per aulam equitāre videt.

Mache ebenso abhängig von „Gāius ... videt": 1. Servī equōs per plānitiem magnam agunt. 2. Paula fīda columbam parvam apportat. 3. Amīcae in silvam magnam properant. 4. Puellae ad locum apertum veniunt. 5. Syrus hodiē aegrōtus est; domina morbum timet; Paula medicum vocat. 6. Familia aquam apportat.

*C II *Vergleiche die nachstehenden Satzbaupläne im Lateinischen, Englischen und Deutschen! Gib Gemeinsamkeiten und Unterschiede an:*

1. Mārcus equitāre cupit.
   Mark wants to ride.
   Markus möchte reiten (oder: wünscht zu reiten).
2. Servus Mārcum venīre iubet.
   The servant tells Mark to come.
   Der Diener befiehlt Markus zu kommen (oder: läßt Markus kommen).
3. Mārcus Lūcium venīre videt.
   Mark sees Lucius come (or: coming).
   Markus sieht Lucius kommen.
4. Lūcius Mārcum per aulam equitāre nārrat.
   Lucius reports that Mark is riding through the yard.
   Lucius berichtet, daß Markus durch den Hof reitet.

*D *Material für Verwandlungsübungen:* 1. ōrātor bonus 2. victor laetus 3. arbor alta 4. diēs fēstus 5. labor magnus 6. imperātor sevērus 7. rēs iūcunda 8. agricola bonus 9. soror laeta.

10. multās puellās vīllam intrāre 11. Syrum fābulam audīre 12. amīcum aegrōtum esse 13. Lūcium equitāre 14. puellam amīcam vīsitāre 15. spem nōn fallere 16. arborem altam nōn esse 17. labōrēs magnōs nōn placēre 18. medicum Lūcium aegrōtum vīsitāre 19. tōtam familiam adesse 20. ancillās vīllam pūrgāre.

Lucius amicum aegrotum visitat

Mater Lucium et Marcum amicos fidos esse scit. Lucius etiam hodie ambulare et ludere vult, sed mater Marcum aegrotum esse dicit. Ambulare et per silvas currere hodie non potest, nam morbus Marcum ambulare non sinit. Medicus Marcum etiam ludere vetat. Sed mater Lucium amicum aegrotum visitare iubet. Lucius libenter paret et ad amicum properat. Marcus amicum venire audit et gaudet.

II Hora vespertina totam familiam delectat

Hora vespertina et dominum et servos delectat, nam Gaius servos laborem finire et equos carrosque ad aulam agere iubet. Servi properant et horam vespertinam adesse gaudent. Equi currunt et carros per silvam et planitiem apertam trahunt. Tum Gaius tumulum ad villam situm ascendit. Servos, equos, carros spectat. Cunctos adesse gaudent. Tum dominus dominaque, filii puellaeque, servi ancillaeque villam intrant. Tota familia ad mensam properat. Cena bona post laborem totam familiam delectat.

1. Paula sieht eine Taube ans Fenster fliegen. 2. Paula hindert Cornelia, die Taube zu fangen. 3. Das Mädchen fordert die Magd auf, Geschichten zu erzählen. — 4. Lucius ist krank; daher läßt die Mutter Lucius nicht spazierengehen. 5. Markus weiß, daß [sein] Freund gern spielt. 6 . Daher besucht er den kranken Lucius oft.

LECTIO QUINTA

Gāius multōs convīvās invītat

Gāius multōs convīvās ad cēnam invītat. Convīvās *cēnā bonā* dēlectāre vult. Ante cēnam ancillae mēnsās aqu**ā** pūrgāre dēbent. Convīvae veniunt. Gāius et Valeria convīvās ad portam salūtant et corōn**īs** ōrnant. Tum cib**īs** bonīs, fābulīs novīs multīsque aliīs r**ēbus** convīvās dēlectant. Tum Gāius Mārcum Cornēliamque vocat. Mārcus *cum Cornēliā* sorōr**e** intrat et convīvās salūtat.

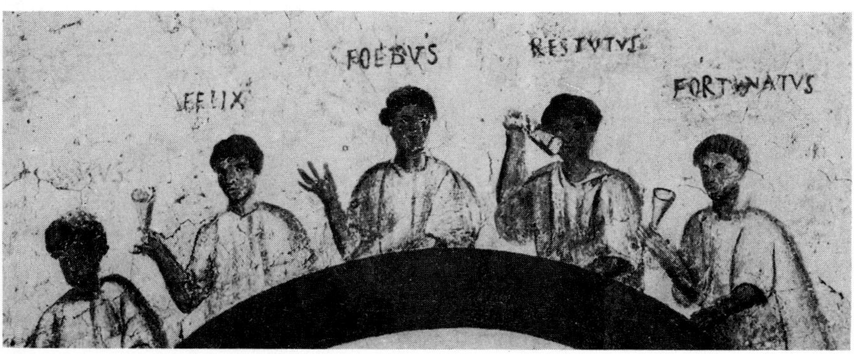

Diēs calidus convīvās calōre fatīgat. Itaque Gāius servōs cum ancillīs mēnsās et lectōs *ē vīllā* in hortum portāre iubet. Tum *magnō cum labōre* ancillae cum servīs mēnsās in hortum portant. *In hortō* sub arbo**ribus** convīvae cōnsīdunt. Multās hōrās ā merīdi**ē** ūsque ad vesperum laetī sunt.

Hōrā vespertīnā convīvae surgunt et grātiās agunt. Mārcus cum sorōre et Lūci**ō** convīvās ex hortō venīre videt.

B 1. Merīdiēs Mārcum calōre fatīgat; merīdiē Mārcus dēnsā sub arbore iacet. 2. Columba dē arbore dēvolat. 3. Mārcus columbam capit, sed Cornēlia soror columbam līberat. 4. Tum Valeria līberōs ex hortō in vīllam vocat. 5. Post merīdiem līberī aviam fābulam nārrāre audiunt. 6. Tum Mārcus cum sorōre viā lātā ad vīcum migrat. 7. Via per campōs silvāsque dūcit. 8. In campīs multī flōrēs sunt. 9. Cornēlia flōres colligit, nam flōribus familiam dēlectāre vult. 10. Agricolam cum equīs multīs arborem longam nōn sine magnō labōre ē silvā trahere vident. 11. Līberī longē absunt ā vīllā; subitō dēest via. 12. Tum vēnātōrēs in silvā clāmāre audiunt. 13. Vēnātōrēs lupum agere exīstimant. 14. Vēnātōrēs lupum necant, ē silvā portant, līberōs salūtant. 15. Nunc līberī cum vēnātōribus ad vīllam migrant. 16. Ita līberī ad familiam veniunt et sub vesperum ad cēnam adsunt.

C 1. **Quā rē** Gāius convīvās dēlectat? 2. **Quōcum** Mārcus intrat? 3. **Unde** servī mēnsās portant? 4. **Ubi** convīvae cōnsīdunt? 5. **Quandō** convīvae surgunt?

6. *Frage mit diesen Fragewörtern weiter nach den Ablativen in B und bestimme die Aufgabe des Ablativs im jeweiligen Satz!*

7. *Bestimme die Satzteile:* Dē altā arbore dēvolat nōn gallus, sed columba. *Was fällt an der Wortstellung auf?*

8. *Zeichne die Satzbaupläne von B5 u. 10 mit den graphischen Symbolen!*

D *Ergänze im Sing. u. Pl.:* 1. cum vict... laet... 2. in silv... magn... 3. dē morb... mal... 4. sub arbor... alt... 5. diē... fēst... *(wann?)* 6. sine magn... labōr... 7. ē camp... lāt... 8. dē mal... rē... 9. in plāniti... magn...

E I **Marcus cum amico ferias agit**

Feriae multis rebus Marcum Luciumque delectant. Itaque Marcus cum amico feriis migrare vult. Totum diem ambulant et per campos silvasque migrant. Flores multos e campis colligunt. Subito densis sub arboribus deest via. Magno cum labore tumulum in silva situm ascendunt. Tandem meridie a loco aperto vicum in magna planitie situm vident. Vicum non longe abesse existimant. Nunc amici de tumulo currunt et e silva properant. Venatorem vident et cum venatore per campos migrant. Tandem hora vespertina agricolam vident. Agricola amicos in carro considere iubet. Ita in vicum veniunt.

II Amici in vico sunt

In vico amici cum agricola villam intrant; hora vespertina tota familia in villa adest. Et dominus et domina cum liberis Marcum et Lucium adesse gaudent et amicos salutant. Amici dominam floribus delectant et gratias agunt. Post cenam familia a mensa surgit. Domina ancillam mensam aqua purgare iubet. Tum cuncti dormire[1] cupiunt.
Mane[2] gallus novum diem salutat et amicos e lectis vocat. Multos dies Marcus et Lucius in vico sunt et libenter cum aliis liberis in horto et in campis ludunt. Meridie cuncti sub arbore densa considunt; tum Marcus: „Sine feriis liberi vitam magno cum labore agunt — quis semper ferias esse non cupit?"

[1] dormīre: schlafen. [2] māne *(Adv.)*: früh; am Morgen.

1. Von dem kleinen Landhaus wandern die Freunde auf einer breiten Straße in den Wald. 2. Sie sehen, daß in der Ebene ein großer Fluß ist. 3. Zur Abendstunde geht die Mutter mit [ihren] Söhnen unter hohen Bäumen spazieren. — 4. An Festtagen rufen die Herren [ihre] Sklaven zu Tisch und erfreuen [sie] mit einer guten Mahlzeit. 5. Die Herren freuen sich mit den Sklaven, daß ein Festtag da ist.

LECTIO SEXTA

Lūcius Mārcum amīcum in circum invītat

Lūcius et amīcī per vīcum properant. Mārcus ē fenestrā spectat et amīcōs interrogat: „Quō properā**tis**? Quid agitis? Cūr tam laetī estis?" Amīcī respondent: „In circum properā**mus**. Itaque laetī sumus."
Lūcius: „Quid agi**s**, Mārc**e**? Cūr nōn venīs in circum? Ibi equī pulchrī currunt. Camēlī[1] carrum trahunt; sīmia[2] in carrō sedet et camēlōs dīrigit[3].

[1] camēlus: Kamel. [2] sīmia: Affe. [3] dīrigere: lenken.

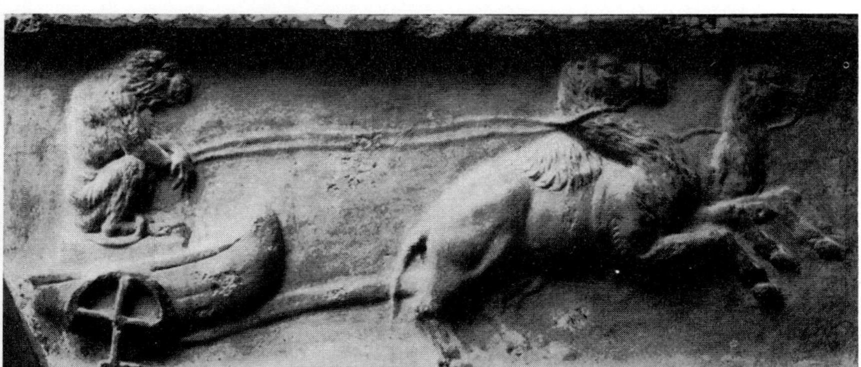

Etiam tū sīmiam camēlōsque spectāre dēbēs. Venī in circum! Spectā equōs pulchrōs! Vidē amīcōs properāre! Curre!“ Mārcus: „Libenter pāreō. Iam currō, iam veniō, iam adsum.“ Ā vīllā in viam lātam properat clāmatque: „Venīte, amīci! Currite, properāte! Cūnctōs vocō!“ Tum cūnctī in circum properant.

B I Iūlia ē viā per fenestram amīcam vocat: „Cūr domī es, Cornēlia? Vocō tē. Cūr nōn respondēs? Iacēs*ne* in lectō? Surge ē somnō! Mēcum lūde!“

II Gāius pater dē populō Rōmānō et dē rē pūblicā nārrāre dēbet.
Mārcus patrem interrogat: „Quis est populus Rōmānus, pater?“
Gāius: „Ego vir Rōmānus sum. Populus Rōmānus ē cūnctīs virīs Rōmānīs cōnstat. Cōnsulēs cūnctōs virōs quotannīs in Campum Mārtium vocant. Ibi populus Rōmānus novōs cōnsulēs creat.“
Mārcus: „Quis est cōnsul, pater?“
Gāius: „Duo cōnsulēs rem pūblicam administrant. Cōnsulēs imperant, cūnctī virī Rōmānī pārēre dēbent.“
Mārcus: „Egone vir Rōmānus sum?“
Gāius: „Tū puer Rōmānus es, Mārce.“
Mārcus: „Puerumne cōnsulēs in Campum Mārtium dēscendere sinunt?“
Gāius: „Patrēs cum puerīs in Campum Mārtium dēscendere cōnsul nōn vetat.“
Mārcus: „Etiam ego cum patre Rōmam in Campum Mārtium dēscendere cupiō. Etiam mē, pater, dūc in Campum Mārtium!“

III Mārcus: „Cupiō cum amīcō per campōs equitāre, Syre. Venī mēcum in aulam; cape equum!“ Syrus rīdet: „Mārcus equitāre vult, sed equum capere nōn potest! Cūr tū equum nōn capis, Mārce? Capite equōs, puerī!“ Lūcius respondet: „Equī semper fugiunt, Syre!“

***C** *Respondē:* 1. Ubi estis, amīcī? 2. Quid in hortō agitis? 3. Quandō per campōs ambulās, domine? 4. Unde venīs, pater? 5. Quōcum lūdis, Iūlia? 6. Quis rem pūblicam administrat? 7. Quis cum patre Rōmam migrāre vult? 8. Quandō Gāius vīcīnōs ad cēnam invītat? 9. Etiamne puerōs ad cēnam invītat? 10. Quem cōnsulēs in Campum Mārtium vocant? 11. Ubi Mārcus cum Lūciō fēriīs vītam agit?

D *Beispiel einer Verbformbestimmung:* laudat = 3. Pers. Sg. Präsens von laudāre — loben = er lobt. *Vergleiche auch III D und bestimme dann:*
iacēs, imperātōrēs, pārēs, rēs, patrēs, trahis, cupis, ascenditis, populīs, fugitis, portīs, portās, venīs, venītis, audiō, cupit, gaudēs, venī, fugiō, morbō, pāreō, parvō, portō, porta, portā, ōrātōre, ōrāre, cōnsule, rē, cape, ascende, ascendite, fugite, āmittimus, cupimus, fuge.

Populus Romanus consules novos creat

Marcus e fenestra multos vicinos in via esse videt. Interrogat: „Cur tam mane in via estis, vicini? Quo properatis?"

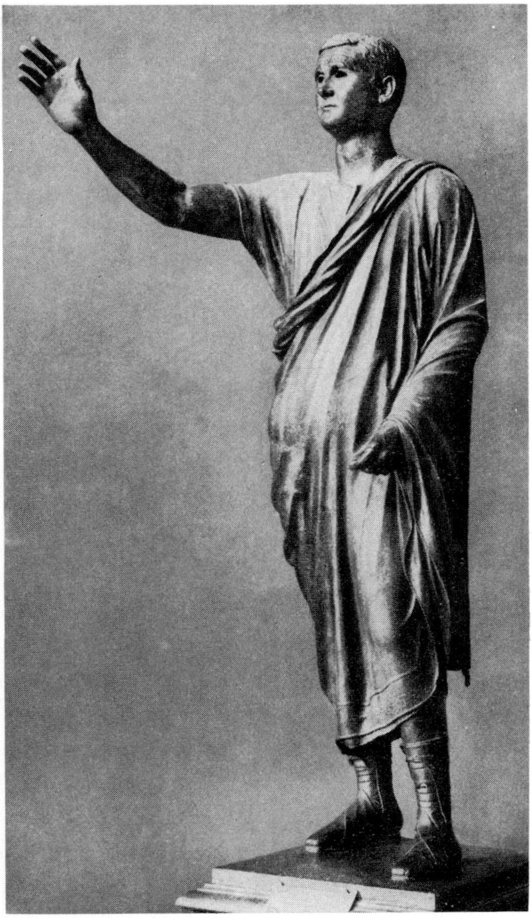

Vicini: „Cur domi es, Marce? Veni Romam in Campum Martium! Ibi populus Romanus consules novos creat." Marcus ad patrem currit: „Veni mecum in Campum Martium, pater! Consules novos videre cupio."

Tum Gaius cum filio Lucioque Romam migrat. In via pater de re publica et de consulibus narrat. Consules rem publicam administrare dicit. Populum Romanum quotannis binos[1] consules e senatoribus creare narrat.

Veniunt in Campum Martium. Populus totum campum complet. Pater: „Audisne clamorem, Marce? Videsne tumulum?" Marcus: „Video oratorem in tumulo stare."

Orator de tumulo orat: „Audite me, Romani! Nunc vos moneo. Probos et bonos consules create! Rem publicam e discordia et e pernicie servate! Fugite malam discordiam! Vetate malos consules rem publicam administrare! Deterrete malos viros a re publica!"

Multi viri oratorem audiunt et dicunt: „Laudamus oratorem, bene dicit!" Alii oratorem non laudant, sed vituperant. Clamore oratorem de tumulo descendere iubent. Tum alius orator tumulum ascendit. Usque ad vesperum populus Romanus in Campo Martio stat. Postridie consules novos creant.

[1] bīnōs (Akk.): (je) zwei.

*E II De servis Romanis

Et agricolae Romani et servi vitam magno cum labore agunt. Mane gallus clamat. Tum dominus surgit servosque e somno iucundo vocat: „Surgite, servi! Voco vos ad laborem. Equos ex aula ducite! Arborem altam caedite et carro ad villam portate!“ Servi surgunt et ad laborem properant. Tum Gaius: „Ubi ancillae sunt?“ — „Cum domina in villa sunt, domine. Iam laborant.“

Servi totum diem laborant. Hora vespertina servos tandem labore liberat. Iucundam vitam servi non agunt.

VII LECTIO SEPTIMA

A Mārcus et Lūcius dē Campō Mārtiō nārrant

Cornēlia Mārcum dē Campō Mārtiō interrogat. Mārcus nārrat: „Ibi cūnctī virī Rōmānī cōnsulēs creant. Cōnsulēs rem pūblicam administrant. Populus Rōmānūs tōtum Campum Mārtium complet.

Mārcus *ā Cornēliā* dē Campō Mārtiō interrogā**tur**. Mārcus nārrat: „Ibi cōnsulēs ā cūnctīs virīs Rōmānīs crea**ntur**. Ā cōnsulibus rēs pūblica administrātur. Tōtus Campus Mārtius ā populō Rōmānō complētur.

Tōtum diem multī ōrātōrēs ā populō audiuntur.“ Cornēlia interrogat: „Ubi ōrātōrēs stant?“ Lūcius: „Tumulus nōn magnus ab ōrātōribus cōnscenditur. Ita ōrātor bene audī**rī** et vidērī potest.“ Cornēlia: „Etiam ego ā patre in Campum Mārtium dū**cī** cupiō. Numquam Rōmam dū**cor**. Cūr semper domī relinquor?“ Iūlia: „Nōs puellae sumus, semper domī relinqui**mur**. Numquam ā patribus in Campum Mārtium invītāmur.“ Tum Lūcius: „Ā mē, Cornēlia, in Campum Mārtium invītā**ris**!“ Etiam Mārcus dīcit: „Ego puellās invītō! Ā mē, puellae, invītā**minī**!“ Tum Mārcus viam longam esse et populum interdum in Campō Mārtiō valdē clāmāre nārrat. Puellās interrogat: „An clāmōre terrēminī, puellae?“ Iūlia: „Clāmōre numquam terreor; viā longā numquam fatīgor!“

B 1. Lūcius cum patre et mātre in vīllā parvā vīvit; Mārcus cum amīcīs Lūcium vīsitāre vult. 2. Sed Lūcius amīcōs dolō fallit: Arborem dēnsam ascendit; itaque ab amīcīs nōn invenītur. 3. Lūcius cautus nōn est; paulō post Mārcus Lūcium in arbore sedēre videt et clāmat: „Nōn fallimur dolō tuō; cognōsceris ā mē, Lūcī; dēscende!“ Et ad amīcōs: „Accurrite, amīcī! Lūcium habeō!“ 4. Lūcius respondet: „Vae! Capior et rapior ab amīcīs!“ Nōn libenter dēscendit. 5. Amīcī Lūcium dēscendere vident et vocant: „Ita est: Caperis et raperis ā nōbīs, dolus tuus pūnītur.“ 6. Tamen

Lūcium nōn capiunt, sed Lūcius ex hortō fugit. — 7. Equī in campō ā servīs capiuntur et in aulam cōguntur; equī magnī speciem pulchram praebent. 8. Mārcus equōs ā servīs capī et in aulam cōgī videt. 9. Equus ā Mārcō nōn bene custōdītur; fugit et per vīcum currit. 10. Statim Mārcus ā patre vituperātur: „Videō tē equum tuum nōn bene custōdīre; num dormīs, mī fīlī?“ 11. Māter fīlium ā patre vituperārī dolet: „Tē ā patre vituperārī doleō, Mārce.“ — 12. Mārcus: „Properāte, puerī! Ab amīcīs in campō exspectāmur.“ 13. Lūcius: „Etiamne ego ab amīcīs ad lūdum invītor?“ 14. Mārcus: „Ā mē invītāris, Lūcī!“ — 15. Cornēlia multās amīcās bonās habet; itaque mātrem interrogat: „Nōnne et tū gaudēs mē multās amīcās bonās habēre?“ — 16. Hōrā vespertīnā portae lātae ab incolīs clauduntur, māne aperiuntur. — 17. Mārcus carrum magnum trahere vult, sed carrus locō nōn movētur.

Verwandle ins Passiv! Bestimme dabei vorher und nachher die Satzteile!

Beispiel: Syrus equum cūstōdit. Equus ā Syrō cūstōdītur.
S AO P S AB P

1. Pater Mārcum in Campum Mārtium dūcit. 2. Mārcus ōrātōrēs videt et audit. 3. Populus ōrātōrēs salūtat. 4. Ōrātor populum Rōmānum monet. 5. Ōrātor cōnsulem laudat.

Lies § 14C der Begleitgrammatik und übersetze dann die folgenden Sätze:

6. Post labōrem magnum bene dormītur. 7. In Italiā bene vīvitur. 8. Subitō terra movētur. 9. Labōribus numquam fatīgor. 10. Ā tē nōn cōgimur. 11. Libenter ā tē invītor. 12. Tōtum diem lūditur. 13. Audīris. 14. Fābulae nārrantur. 15. Puellae in Campō Mārtiō nōn videntur. 16. *Zeichne die Satzbaupläne von B 7—9 mit den graphischen Symbolen!*

1. equōs ē campō agī 2. mē in vīllā relínquī 3. Mārcum sub arbore dormīre 4. vīcīnum clāmōre terrērī 5. nōs diē fēstō vīsitārī 6. dolum amīcum fallere 7. amīcum dolō fallī 8. vōs quotannīs Rōmam migrāre. 9. *Bestimme:* salūtant, audiuntur, salūtāmus, capiminī, vituperor, caperis, victor, pūnīmus, pūnīmur, terrēris, terrētis, terrīs, dūceris, audīminī, dominī, clāmor, clāmō, audīrī, audī, trahī, capī, capite, cape, dūc.

De Romulo et Remo

Numitor — Amulius (fratres)
Ilia (filia) ○○ Mars (deus)
Romulus Remus (fratres)

Paula ancilla hodie fabulam de Romulo et Remo fratribus narrat: Numitor in Latio regnat; ex Ilia filia et Marte deo habet duos nepotes[1], Romulum Remumque. Tum Amulius frater Numitorem e Latio pellit.

Romulum Remumque a servo fido necari iubet. Sed servus non est tam fidus: Pueros in silva prope Tiberim fluvium sita relinquit et fugit. Pueri parvi in silva iacent et clamant. Lupa[2] clamorem audit, accurrit, pueros nutrit[3]. Postridie pueri a Faustulo pastore inveniuntur et in casam portantur. Ibi a Faustulo magna cum cura educantur[4]. Faustulus etiam de Amulio, de Numitore, de Ilia narrat. Postea Romulus Remusque Amulium e Latio pellunt.
Nunc fratres domini sunt, sed discordia in perniciem cadunt. Nam Romulus vicum novum aedificat, multos pastores et agricolas ex aliis vicis cogit, vicum novum vocat „Romam“. Postea Remus fratrem murum aedificare videt et dicit: „Salve, Romule! Cur murum aedificas?“ Romulus: „Murus novus viros malos a vico novo deterret. Nemo[5] murum sine pernicie sua transilire[6] potest.“ Tamen Remus murum parvum transilit. Romulus statim clamat: „Itaque nunc a me puniris, Reme!“ et fratrem necat.

[1] nepōtēs: Enkel. [2] lupa: Wölfin. [3] nūtrīre: nähren. [4] ēducāre: erziehen. [5] nēmō: niemand. [6] trānsilīre: überspringen.

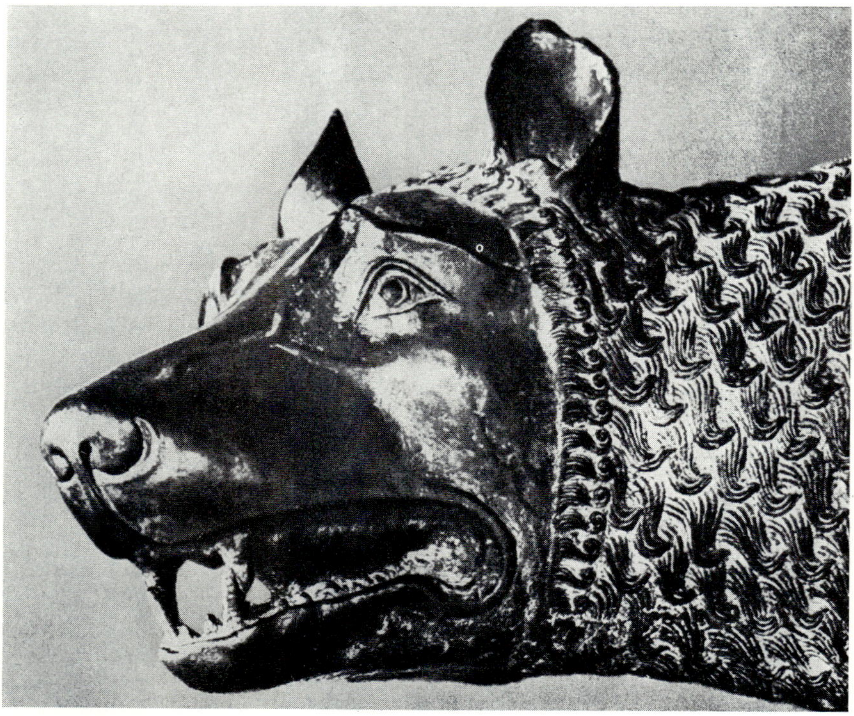

II

Canis[1] a lupo visitatur

Canis in aula catenatus[2] iacet et dormit. A domino cibo bono nutritur[3], nam villam custodit semperque bene paret. Tum lupus in aulam venit. Canis lupum videt et salutat: „Salve, amice! Intra, cibus te exspectat.“ Lupus per aulam currit et villam spectat; tum interrogat: „A quo nutriris, amice?“ Canis respondet: „A domino nutrior, nam villam bene custodio.“ Subito lupus catenam[4] videt. Amicum catena puniri existimat et dicit: „Dominus, servi, tota familia, villa aulaque a te custodiuntur, et tamen a domino catena puniris. Malum dominum habes. Non delector vita tua.“ In silvam fugit.

[1] canis: Hund. [2] catēnātus: angekettet. [3] nūtrīre: ernähren. [4] catēna: Kette.

1. Warum werden die Tore geöffnet? 2. Die Pferde werden von den Sklaven auf das Feld getrieben. 3. Plötzlich hört man großes Geschrei. 4. Aber wir lassen uns durch das Geschrei nicht erschrecken. 5. Endlich kommt ein Diener und sagt: „Ihr werdet von der Mutter zum Essen erwartet.“

I

LECTIO OCTAVA

Titus avunculus ex Asiā venit

Et Mārcus et Cornēlia soror in aulā labōrant. Cornēlia Mārcum interrogat: „**Cui** cibum dās, Mārce?“ Mārcus respondet: „Equ**ō** me**ō** cibum dō.“ Cornēli**ae** sorōr**ī** imperat: „Dā cibum etiam columb**īs** tuīs!“ Etiam Syrus adest, equ**īs** magnīs cibum dat.
Subitō legiōnārius aulam intrat. Speciēs līberīs terrōrem praebet. Sed legiōnārius Mārcō: „Dīc **mihi**, Mārce: Nōnne mē cognōscis? Titus sum, avunculus tuus, cum Pompēiō imperātōre ex Asiā veniō. An **tibi** avunculus īgnōtus est?“
Lūcius accurrit, Titum statim cognōscit. Titus puerīs: „Nūntiāte pa**tribus** vestrīs Titum legiōnārium adesse!“ Et Mārcus tandem avunculum cognōscit et legiōnāriō respondet: „Avunculus **nōbīs** īgnōtus nōn est. Salvē, avuncule!“ Līberī legiōnārium nōn iam timent. Mārcus avunculum ad equum suum dūcit: „Ecce, avuncule, *mihi equus* parvus *est*. Tē nōs vīsitāre gaudēmus; magna nōbīs laetitia est.“
Paulō post Gāius aulam intrat et Titum salūtat: „Salvē, Tite! Quid nūntiās nōbīs?“ Titus: „Nūntiō victōriam. Pompēius imperātor semper r**eī** pūblicae Rōmānae bene prōvidet[1].“ Gāius: „Tē salvum esse videō. Salūs vestra *Pompēiō cūrae est*; bene prōvidet et **vōbīs** et **rēbus** vestrīs.“

[1] prōvidēre: für etw. sorgen.

B 1. Cōpiae Rōmānae in silvā colliguntur. Ibi hostibus īnsidiae parantur. 2. Imperātor aciēī Rōmānae dīcit: „Deī reī pūblicae nostrae semper adsunt, nam nōs deīs cūrae sumus.“ 3. Post pūgnam victōribus praeda nōn dēest. 4. Praeda victōribus laetitiae est. 5. Populus victōribus grātiās agit; cōpiae Rōmānae triumphum agunt. 6. Triumphus et imperātōrī et cōpiīs glōriae et honōrī est. 7. Imperātōribus magnus honor est. 8. Post triumphum autem legiōnāriī tabernae appropinquant, nam etiam taberna legiōnāriīs laetitiae est.

C *Lies § 15 A bis C der Begleitgrammatik und bestimme in B, Satz 1 bis 8, die Funktion der Dative!*

D 1. *Bestimme:* imperātōrī, laudārī, complērī, aciēī, rēbus, diēbus, deus, deīs, deī, diēī, diēs, arboribus, vincimus, vīcus, victōribus, vincō, vincor, capior, laudō, equō, equitō, equīs, equitās, locus, locō, rēgnō, dūciminī.
2. *Konjugiere Präs. Akt. u. Pass. von:* movēre, rapere, fīnīre, vetāre, agere!
3. *Wiederhole:* saepe, semper, sed, statim, numquam, interdum, itaque, tandem, tamen, quamdiū, quō, tam, iam, tum, nam, nunc, ibi, ubi, ita, bene, unde, nōn iam, autem.

E I Titus veteranus de magna pugna narrat

Hora vespertina Marcus avunculum orat: „Narra nobis de Asia et de Pompeio! Narra de magna pugna!“
Titus narrat: „Audite! Cum Pompeio in Asia sumus. Subito legatus imperatori nuntiat ab hostibus nobis insidias parari. Statim copiae coguntur. Planities aperta locus pugnae idoneus[1] est. Ibi Pompeius aciem instruit. In planitie acies Romana hostibus appropinquat. Ante pugnam imperator ad aciem equitat et aciei Romanae dicit:
«Nonne scitis, milites, deos non hostibus, sed nobis adesse? Deos copiis nostris semper adesse et victoriam dare constat. Aciem Romanam etiam hodie deis curae esse certe scio. Itaque numquam vincimur. Cum deis rei publicae Romanae gloriam parate!»
Multi hostes ad aciem Romanam equitant. Equi militibus Romanis magno terrori sunt. Pompeius multos cadere videt, spem autem non amittit. Rem bene administrat novasque copias submittit. Novae copiae legionariis saluti sunt. Hostes magna pugna vincuntur et pelluntur. Multi capiuntur. Imperator captivos multasque res militibus dat. Itaque victoribus magna laetitia est.“

[1] idōneus, a: geeignet.

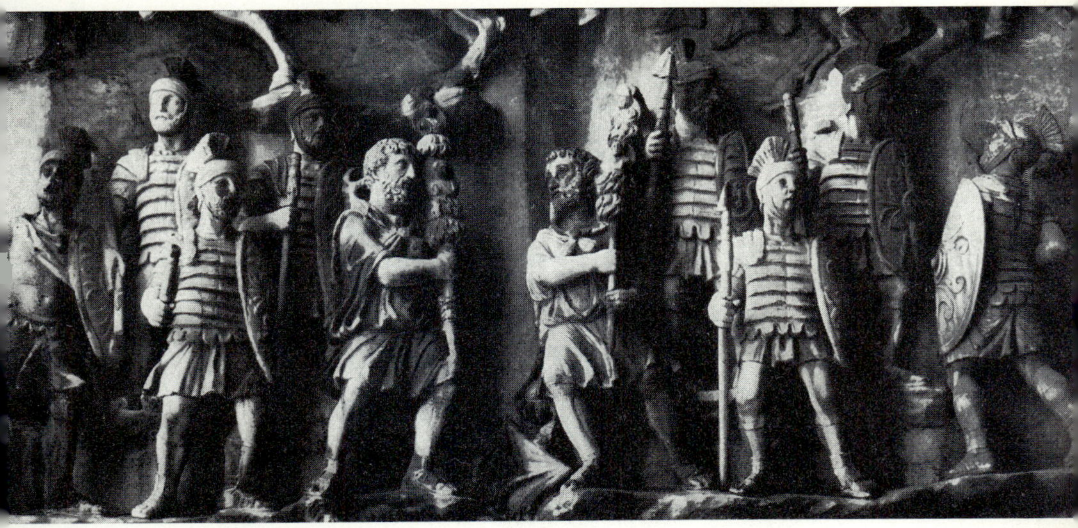

: II Titus de triumpho narrat

Tum Titus pueris puellisque de triumpho narrat: „Paulo post cum Pompeio imperatore in Italiam navigamus. Romae appropinquamus. Ante portas senatores Pompeio imperatori gratias agunt. Consul victoriam populo Romano honori et gloriae esse dicit legionariosque laudat. Tum Romam intramus. Captivi et praeda in triumpho ducuntur. Populus in vias currit et copias magno clamore salutat. Tum Pompeius Capitolium ascendit; ibi deis gratias agit. Copias Romanas deis semper curae esse vult.

Nos autem cum praeda in tabernam properamus. Nobis taberna curae est."

; 1. Titus erzählt den Jungen eine Geschichte: 2. Die römischen Truppen sammeln sich in einer großen Ebene. 3. Die Römer werden vom Feldherrn ermahnt. 4. Er sagt, daß die Götter den Römern immer helfen. 5. Pompeius ruft: „Bringt (= bereitet) zusammen mit den Göttern dem römischen Volk Ruhm und Ehre!"

LECTIO NONA

A I Dē Faustulō

Rōmulus et Remus ē perniciē servantur. **Cuius** cūrā servantur? Servantur cūrā lup**ae**[1] et Faustulī. Faustulus tertiā hōrā di**ēī** portam casae suae aperit et in silvā dēnsā clāmōrem puer**ōrum** audit. Lupam magnam accurrere videt et statim *plēnus cūrae* et timōr**is** est, nam animum lupōrum et lup**ārum** saevum esse nōn īgnōrat. Paulō post lupa fugit; Faustulus puerōs salvōs in vīcum pāst**ōrum** portat. Puerīs dē Amūliō, avunculō malō, nārrat. Puerī memoriam r**ērum** adversārum servant et posteā Amūlium pūniunt.

[1] lupa: Wölfin.

A II Mārcus et Cornēlia iūrgant

Māne Mārcō et Cornēliae contrōversia[1] est. Mārcus: „Ubi est lib**er** *meus?*" Cornēlia: „Lib**rum** *tuum* nōn videō, sed librōs meōs in mēnsā esse exīstimō. Nam ibi librōs meōs semper collocō." Mārcus: „Puellae numquam librōs *suō* locō[2] collocant." Cornēlia: „Stultus es, Mārce; pu**erī** semper rēs suās quaerunt, neque vērō[3] inveniunt." Tandem māter līberīs: „Dēsinite iūrgāre! Ecce, librōs *vestrōs* in mēnsā esse videō." — „Ita est; librī *nostrī* in mēnsā sunt. Grātiās tibi agimus, māter."

[1] contrōversia: Streit. [2] suō locō: am rechten Ort. [3] neque vērō: aber nicht.

B

1. Graeciam patriam litterārum esse scīmus. In tabulā Graeciae magister nōbīs multās īnsulās mōnstrat. Incolae Graeciae saepe ab īnsulā ad īnsulam nāvigāre dēbent. Etiam per ōceanum nāvigant. Rōmānīs autem ōceanus plēnus terrōris est. — 2. Ante portam scholae nostrae statua pōnitur. Statua deae Minervae est. Spectāte statuam! Speciem pulchram praebet. Minerva dea Athēnārum est. Minervam etiam deam litterārum esse dīcunt. — 3. Septimā hōrā diēī puerī puellaeque ē scholā properant. Fēriīs animī puerōrum puellārumque plēnī laetitiae sunt, nam līberī fēriārum cupidī sunt. — 4. Vīta agricolārum Rōmānōrum plēna labōrum est.

C

Ergänze eine passende Kasusendung und bestimme die Funktion des Kasus:
1. Labor agricol... nōbīs cibum praebet. 2. Māne clamōr... gall... audīmus. 3. Memoriam re... pūblic... Rōmānae servāmus. 4. In plāniti... apert... cōpiae nostrae īnstruuntur. 5. Librī puer... nōn inveniuntur. 6. Puerī ad īnsul... nāvigant.

* *Respondēte:* 7. Cuius labōrem Gāius laudat? 8. Cuius equī in aulam aguntur? 9. Cui hostēs īnsidiās parant? 10. Quem Titus vīsitat? 11. Cui dē pūgnā magnā nārrat? 12. Quandō schola fīnītur, puerī?

Deklinationsübungen: 1. rēs pūblica 2. honor magnus 3. liber bonus 4. arbor alta 5. puer incautus 6. cōnsul cautus 7. flōs pulcher 8. soror vestra 9. pater meus 10. glōria magna.

11. *Konjugiere (Präs. Akt. u. Pass.):* capere, quaerere, audīre, dare, iubere!

12. *Bestimme:* praedae, praeda, diēī, deī, diēs, honōrem, honōrum, honōrēs, honōris, labōrēs, labōrās, labōrum, labōrem, labōrant, librī, līberī, līberō.

I

Tabula Asiae Europaeque spectatur

Postridie Marcus in schola de Tito avunculo et de pugna magna narrare cupit. Itaque magister tabulam Asiae Europaeque apportari iubet. „Colloca tabulam, Luci!“ Lucius accurrit, tabula collocatur.

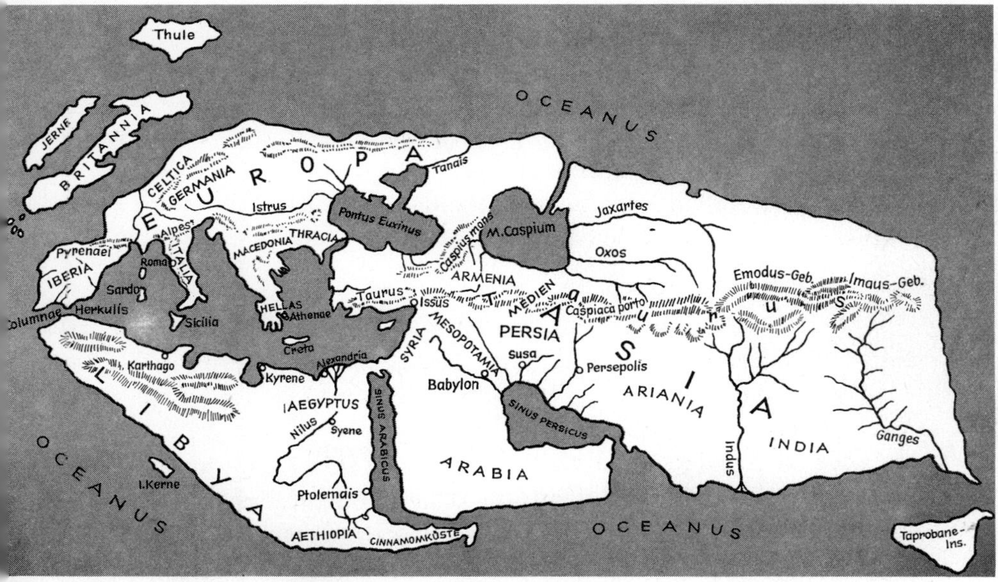

Erdkarte nach dem Weltbild im 1. Jh. v. Chr.

„Quid videtis, pueri?“ — „Videmus Graeciam, Asiam, Europam, magister.“ — „Aliasne terras in tabula cognoscitis?“ — „Cognoscimus etiam Hispaniam et Italiam, patriam nostram.“ — „Monstra Asiam, Marce!“ Marcus Asiam monstrat. Etiam locus pugnae magnae puero ignotus non est. Locum in tabula monstrat et ceteris pueris de pugna magna narrat. Pueri audiunt, magister Marcum laudat.

„Unde in Asiam navigamus?“ Lucius ad tabulam properat et Brundisium monstrat: „Inde navigatur in Graeciam et Asiam.“ Magister Britanniam insulam monstrat: „Dicite mihi, pueri: Cui insula in oceano sita nota est?“ — Britannia pueris Romanis ignota est. Romani per oceanum ad Britanniam insulam non navigant; via longa Romanis terrori est. Sed Marcus incautus: „Ego in Britanniam natare[1] cupio.“ Cuncti valde rident. Magister: „In Britanniam ab Italia non natatur, sed navigatur.“

[1] natāre: schwimmen.

***E II** **De Athenis**

Magister narrat: „Athenae patria sapientiae[1] et litterarum sunt. Ab Athenis populus Romanus aliaeque res publicae litteras habent. Magnam nos gratiam incolis Athenarum debemus. Minerva domina Athenarum est. Statuam deae pulchram ante portam scholae videtis. Cui aliae deae Graecorum notae sunt?“ — Pueri tacent[2]. Tandem Marcus, plenus timoris et spei, surgit: „Diana dea amoris[3] est, Venus dea venatorum.“ Marcus considit. Ceteri pueri rident.

[1] sapientia: Weisheit. [2] tacēre: schweigen. [3] amor, -ōris m.: Liebe.

***G** 1. Die Erzählungen des Onkels gefallen den Jungen. 2. Die Truppen der Römer werden den Einwohnern zu Hilfe geschickt. 3. Das Heer der Römer wird in einer Ebene aufgestellt. 4. Die Einwohner des Landes sind voller Furcht. 5. Nach dem Sieg ist die Freude der Senatoren groß.

X LECTIO DECIMA

A I Titus dē Pompēiō nārrat

Merīdiē Gāius pater clāmat: „Mārce, Cornēlia, ubi estis? Avunculus iam vocā**vit**. Nōnne avunculum vocāre audī**vistis**?“ Mārcus accurrit et respondet: „Mēne vocā**vistī**, pater? Iam adsum!“ Pater: „Et tē et Cornēliam vocā**vī**, mī fīlī. Ubi est soror tua?“ Mārcus: „Cornēliam in hortō esse exīstimō, nam in hortō ambulā**vimus** cum Lūciō Iūliāque. Nōs vīsitā**vērunt**.“

Pater: „Iam saepe vōs mon**uī**: Cūr nōn statim pāruistis?“ Mārcus: „Iam tibi nārrāvī: In hortō **fu**imus. Lūcius Iūliaque nōbīscum fuērunt. Clāmor magnus fuit. Itaque cēterī tē nōn audīvērunt. Sed vidē: Nunc cūnctī accurrunt. Dīc: Cūr avunculus nōs vocāvit?“ Pater: „Titus avunculus iterum dē Asiā nārrāre vult et nōs audīre iubet.“

II Deinde Titus dē Asiā nārrat: Mē cum Pompēiō imperātōre in Asiā fu**isse** iam herī audīvistis. *Aliquandō* post multās pūgnās vīta nostra nōbīs nōn iam *placuit:* Cibus nōbīs dēfuit, glōria nōbīs cūrae non fuit, cūnctī rūrsus in Italiam nāvigāre cupīvimus. Sed Pompēius nōs monuit animōsque nostrōs novā spē complēvit: „Rēs pūblica Rōmāna magnam spem in vōbīs posuit. Vōs spem populī Rōmānī numquam **fe**fellisse certē sciō et gaudeō. Iam anteā hostēs pepulistis. Etiam hodiē bonum animum habēte! Semper victōribus magna praeda est.“
Ita imperātor nōs spem āmittere et hostēs timēre nōn sīvit. Paulō post aciēs nostra aciem hostium pepulit et in fugam dedit.

III

Gallus et ancillae

In vīllā domina cum ancillīs vīvit. Anteā etiam gallus in aulā fuit, sed nunc nōn iam adest. Gallus iam māne cecinit et diem adesse nūntiāvit. Ita ancillae ē somnō excit**ātae** et ā dominā mon**itae sunt**: „Ad labōrem properāte, ancillae!“ Tandem ancillīs rēs nōn iam placuit, et gallus ab ancillīs necātus est. Tum ancillae: „Anteā somnus nōbīs ā gallō raptus est; post prīmum gallī clāmōrem statim ā dominā ē somnō excitātae sumus. Nunc labōrēs fīn**ītōs esse** certē scīmus.“ Sed spēs ancillās fefellit: Frūstrā labōrēs fīnītōs esse exīstimāvērunt. Nunc domina ancillās longē ante diem excitat. Domina hōram diēī īgnōrat, nam gallus nōn iam canit. Inde ancillae causam labōrum morte[1] gallī pulsam nōn esse cognōscere dēbent.

[1] mors, mortis f.: Tod.

1. Ōlim **rēg**ēs bonī populō Rōmānō imperāvērunt. 2. Tarquinius autem, ultimus **rēx** Rōmānōrum, malus et sēvērus fuit. 3. Tum Rōmānī ā Brūtō, virō probō, monitī sunt: 4. „Superāte et pellite rēgem malum!“ 5. Rōmānī Brūtō libenter pāruērunt et rēgem pepulērunt. 6. Deinde in rē pūblicā populus cōnsulibus pāruit; cōnsulēs autem **lēg**ibus pāruērunt. 7. Ita **vōx** populī summa **lēx** fuit, nam cōnsulēs lēgibus, **vōcī** populī, pāruērunt. — 8. Pompēius nōn modo senātōribus, sed etiam populō Rōmānō cōpiās Rōmānās rēgem hostium superāvisse et in fugam dedisse nūntiāvit. 9. Rēx in pūgnā cecidit. 10. Praeda rapta est. — 11. Mēnsās ab ancillīs flōribus pulchrīs ōrnātās esse videō. 12. Mārcus praeter hortum cucurrit.

Ersetze die aktiven Perfektformen durch passive und umgekehrt:
Beispiel: Ancilla cibum parāvit. — Ab ancillā cibus parātus est.
1. Columba Cornēliam terruit. 2. Cōnsul victōriam nūntiāvit. 3. Māne ancillae ā dominā vocātae sunt. 4. Fābula nova ab aviā nārrāta est.

5. Clāmor puerōrum ā magistrō audītus est. 6. Mārcus dīcit (Cornēlia dīcit): „Avia mē invītāvit.“ 7. Māter dīcit: „Vīcīnus tē, Mārce (Cornēlia), invītāvit.“ 8. Pater interrogat: „Nōnne magister vōs laudāvit, puerī (puellae)?“ 9. Tabulam ā Lūciō collocātam esse videō.

Setze ins Perfekt: 10. Vōx cōnsulis ā populō audītur. 11. Rēx Rōmānus ā populō pellitur. 12. Pompēius imperātor clārus est. 13. Post victōriam ager hostium Rōmānīs datur. 14. Rōmam curris. 15. Tarquinius rēgnat. 16. *Zeichne den Satzbauplan von B 8 mit den graphischen Symbolen!*

D 1. *Bestimme:* pellor, pellit, pepulit, pellunt, pepulisse, pepulērunt, currit, cucurrit, cucurrisse, sinis, sinit, sīvit, audīmus, audīvistis, audītus sum, audiō, praebuī, praebuistī, creātis, cecidisse, cupīvisse, cupīvistis, rēgnant.
2. *Dekliniere:* summa lēx, ultimus diēs.

* 3. pāruit — pāret. aperuistī — aperīs. exīstimāvī — ? *Verfahre ebenso bei:* exspectāvērunt, vocātus es, migrāvimus, mōnstrātae sunt, dēterritī sumus, salūtātī estis, nāvigāvit, labōrāvistis, datus est, salūtī fuistī, pāruisse.

* 4. laudās — laudāvistī. damus — dedimus. cadit — cecidit. moneō — ? *Verfahre ebenso bei:* ambulāmus, salūtant, nāvigātis, sum, terreō, parant, estis, pārent, timēmus, est, audītis, pellimus, pellere, esse, monēre.

* 5. vocātur — vocātus est. terrentur — territī sunt. audīmur — ? *Verfahre ebenso bei:* pūnior, salūtāminī, portantur, interrogāris; cēna apportātur; puellae vocantur; victōria nūntiātur; vocāris, Mārce (Cornēlia).

E I De corvo et vulpecula

Aliquando corvus mane praeter fenestram villae volavit. Subito clamavit: „*Num* oculi me fefellerunt? Video cibum bonum mihi in fenestra positum esse. Ancilla caseum[1] magnum in fenestra posuit. Species praedae mihi laetitiae est.“

Inde volavit ad fenestram, caseum spectavit, praedae appropinquavit. Tum caseum rapuit et magna cum laetitia in arborem proximam volavit. Subito voce vulpeculae e laetitia excitatus est: „Oh, quam pulcher es, corve! Splendor[2] pennarum densarum oculos meos delectat. Dic, *nonne* etiam vox pulchra tibi est? Cane, amice! Etiam heri voce pulchra cecinisti.“

Corvus, dolorum vulpeculae imperitus, blanditia[3] superatus est: Rostrum[4] aperuit, caseus in terram cecidit. Vulpecula autem: „Gratias tibi ago. Te et stultum et vanum[5] esse scivi.“ Statim in silvam cucurrit et praedam devoravit.

[1] cāseus: Käse. [2] splendor, -ōris m.: Glanz. [3] blanditia: Schmeichelei. [4] rōstrum: Schnabel. [5] vānus: eitel.

II De Cincinnato

Cincinnatus et agricola probus et imperator clarus fuit. Agrum parvum habuit, rem publicam Romanam saepe summa e pernicie servavit. Legibus rei publicae et senatoribus semper paruit.

Rem publicam Romanam olim parvam fuisse audivimus. Romanis multi hostes fuerunt. Aliquando consules copias suas ab hostibus magna pugna pulsas esse nuntiaverunt. Tum senatores Cincinnatum ex agro vocaverunt et viro probo novas copias dederunt. Cincinnatus novis copiis hostes pepulit; victoria rei publicae Romanae saluti fuit. Deinde Cincinnatus rursus ad agrum et laborem properavit.

VOX POPULI VOX DEI.

1. Gestern zeigte Markus dem Onkel Titus das neue Landhaus. 2. Markus bat: „Erzähle mir [die Geschichte] von der großen Schlacht!“ 3. Titus: „[Es] wurde uns ein Hinterhalt von den Feinden gelegt (= bereitet). 4. Aber die List der Feinde hat uns nicht getäuscht. 5. Die Feinde wurden in einer großen Schlacht geschlagen und überwunden. 6. Damals haben die Götter des Staates uns geholfen.“

LECTIO UNDECIMA

Syrus servus tacet

Gāius, *quod* dominus sevērus est, ā Syrō servō nōn amātur. Dominus Syrō semper dīcit: „Bonus servus labōrat et nihil dīcit, *nisi* interrogātus est.“

Aliquandō Gāius Syrum amīcōs ad cēnam invītāre iubet, quod diēs fēstus est. Etiam Quīntus et Gnaeus amīcī invītantur, *quamquam* vīllae amīcōrum longē ā vīllā Gāī absunt. Merīdiē, *ubi* cēna parāta est, cūnctī convīvae vīllam intrant praeter Quīntum et Gnaeum. Gāius, *postquam* Syrum advocāvit, interrogat: „Nōnne etiam Quīntum et Gnaeum invītāvistī, *ut* tibi imperāvī?“ — „Invītāvī amīcōs, ut mihi imperāvistī, domine.“ — „Cūr nōn adsunt?“ — „Aegrōtī sunt. Convīvae, *sī* aegrōtī sunt, venīre nōn possunt.“ — „Cūr amīcōs aegrōtōs esse mihi nōn statim nūntiāvistī?“ — Syrus „Ut mihi imperāvistī“, inquit, „domine: Nihil dīcō, nisi ā tē interrogātus sum.“ — Tum convīvae rīdent.

B *Lies § 26B der Begleitgrammatik und beachte bei der Übersetzung der folgenden Sätze die richtige Tempuswahl im Deutschen:*

1. Ubi ancilla cāseum[1] in fenestrā posuit, corvus advolat. 2. Ubi corvus cāseum rapuit, vulpēcula ad arborem accurrit. 3. Vulpēcula: „Si vōce pulchrā canis, corve, cūnctae bēstiae dēlectantur." 4. Corvus, quamquam vulpēculam bēstiam malam esse scīvit, tamen dolō superātus est. 5. Vulpēcula, postquam corvum fefellit, cum praedā domum properāvit. — 6. Faustulus, ubi vōcēs puerōrum parvōrum audīvit, accurrit et frātrēs in casam portāvit. 7. Rōmulus, quod hostēs ā vīcō novō arcēre cupīvit, mūrum aedificāvit. — 8. Titus: „Ita est, puerī, ut vōbīs nārrāvī: Hostēs virtūte superāvimus, quamquam equī hostium nōbīs magnō terrōrī fuērunt. Itaque post pūgnam propter virtūtem ab imperātōre laudātī sumus." 9. Titus: „Ubi nox adest, hostēs virōs armātōs clam ad mūrum mittunt, sed legiōnāriī hostēs ā mūrō arcent." —10. Olim hostēs Rōmānōrum, postquam frūstrā Capitōlium expūgnāre temptāvērunt, Rōmam dēlēvērunt.

[1] cāseus: Käse.

C *Denke über den Sinnzusammenhang der beiden Einzelsätze nach und verbinde sie zu einem Satzgefüge! Beispiel:*

Mārcus equum cōnscendit. — Mārcus ā patre laudātur.

(Daß Marcus auf das Pferd zu klettern wagt, ist für den Vater ein Grund, *ihn zu loben.) Also:* Mārcus, **quod** equum cōnscendit, ā patre laudātur.
1. Lūcius aegrōtus est. — Lūcius in hortō lūdere nōn potest. 2. Mārcus amīcum venīre audit. — Statim ad fenestram currit. 3. Mārcus ā patre vocātus est. — Mārcus nōn venit. 4. Magister: „Britannia Rōmānīs īgnōta est. — Mercātōrēs Rōmānī ad Britanniam līberam nōn nāvigant." 5. Fābulae aviae vōbīs nōn placent. — In hortō lūdere licet. 6. Nōn respondeō. — Interrogātus nōn sum.

D 1. quod equum timēre nōn dēsinit 2. quamquam invītātus nōn sum 3. sī bene canitis 4. nisi ā portā arceor 5. ut imperāvit 6. ubi in arborem volāvistī 7. postquam cecinērunt 8. quod nōs fefellistis 9. postquam pulsī sunt 10. ubi domum cucurrī 11. sī amīcum quaeris 12. nisi fatīgātae estis.

13. *Konjugiere Präs. und Perf. in Akt. und Pass. (=24 Formen) und bilde die Infinitive (= 4 Formen):* vocāre, pellere, rapere, cūstōdīre, terrēre!
14. *Bestimme:* temptāvistī, vōcis, vocāris, excitātī sumus, deās, dās, posuī, equī, fallī, timōrī, collocāta est, creāvistis.

I

De cicada[1] et formica[2]

Cicadae quotannis totam aestatem canunt, quamquam aliae bestiae, ut formica, semper cibum quaerunt. Ubi hiems adest, ceteris bestiis cibus non deest, cicadas autem fames[3] vexat.
Aliquando hieme cicada ad formicam vicinam cucurrit et „Ad te venio“, inquit, „quod magnam copiam cibi custodis. Praebe mihi parvam copiam cibi, quod fame[3] vexor.“ Formica, postquam cicadam audivit, vicinam interrogavit: „Cur tu aestate non ut aliae bestiae cibum quaesivisti?“ Cicada: „Aestate semper cecini; cunctae bestiae vocem meam libenter audiverunt. Inde etiam tu voce mea delectata es.“
Sed quamquam cicada valde oravit, animus formicae mollitus non est. „Merito[4]“, inquit, „nunc puniris, quod mihi aestate non oboedivisti, quamquam te saepe ad laborem monui.“ Et addidit: „Si aestate cecinisti, nunc saltare[5] tibi licet!“

[1] cicāda: Grille. [2] formīca: Ameise. [3] famēs, is f.: Hunger.
[4] meritō: zu Recht. [5] saltāre: tanzen.

II

De lupo et asino[1]

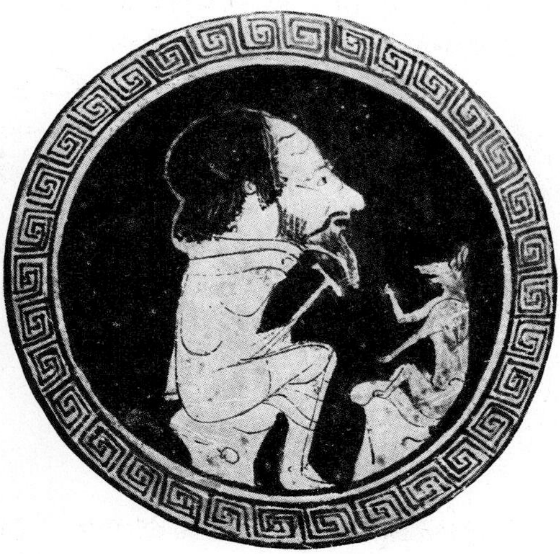

Asinus[1] aegrotus in lecto iacet, sed filius patri aegroto adest. Pater, quod insidias lupi timet, filium portam aperire vetat. Aliquando lupus ad casam accurrit et portam pulsat[2]. Filius ad portam quaerit: „Quis pulsavit?“ Lupus „Amicus“, inquit, „adest; si amicus adest, portam aperire debes.“ Tum filius asini, quamquam valde timet, portam paulum[3] aperit et „Quamquam audio“, inquit, „vocem amici, video faciem[4] lupi.“ Et arcet lupum a casa.

[1] asinus: Esel. [2] pulsāre: klopfen an. [3] paulum: ein wenig. [4] faciēs, -ēī: Gesicht.

1. Sobald die Magd den Käse *(cāseus)* ins Fenster gelegt hatte, flog der Rabe herbei. 2. „Wenn mich die Schärfe meiner Augen nicht getäuscht hat“, sagte er, „liegt dort eine schöne Speise.“ 3. Nachdem er herangeflogen war, ergriff *(rapere)* er die Speise. — 4. Weil der Fuchs die Beute des Raben haben will, sagt er: „Singe, wie du gestern gesungen hast!“

XII LECTIO DUODECIMA

A Dē forō Rōmānō

Titus: „Campus Mārtius et for**um** Rōmān**um** ā multīs vīsitantur. Vōsne Campum Mārtium et for**um** Rōmān**um** iam vīsitāvistis, puerī?“ Mārcus: „Campum Mārtium iam vīsitāvimus, sed dūc nōs per forum Rōmānum! Mōnstrā nōbīs aedifici**a** pulchr**a** for**ī** cēterāsque rēs pulchrās!“ Postquam in forum intrāvērunt, Titus „Mult**a**“, inquit, „aedifici**a** et templa in for**ō** sunt. Ecce templum parvum Iānī deī! *Cum* bellum *geritur,* portae templī aperiuntur, nam Rōmānī Iānum deum in bellō templum relinquere et cōpiīs Rōmānīs auxili**ō** esse dīcunt.“
Mārcus templō novō appropinquat, tabulam legit:

• POMPEIUS • IMP • MINERVAE •

„Ecce, Lūcī,“ inquit, „nō**men** Pompēī in tabulā legitur.“ Etiam Lūcius litterās nō**minis** legit. Titus: „Pompēius templum Minervae prō

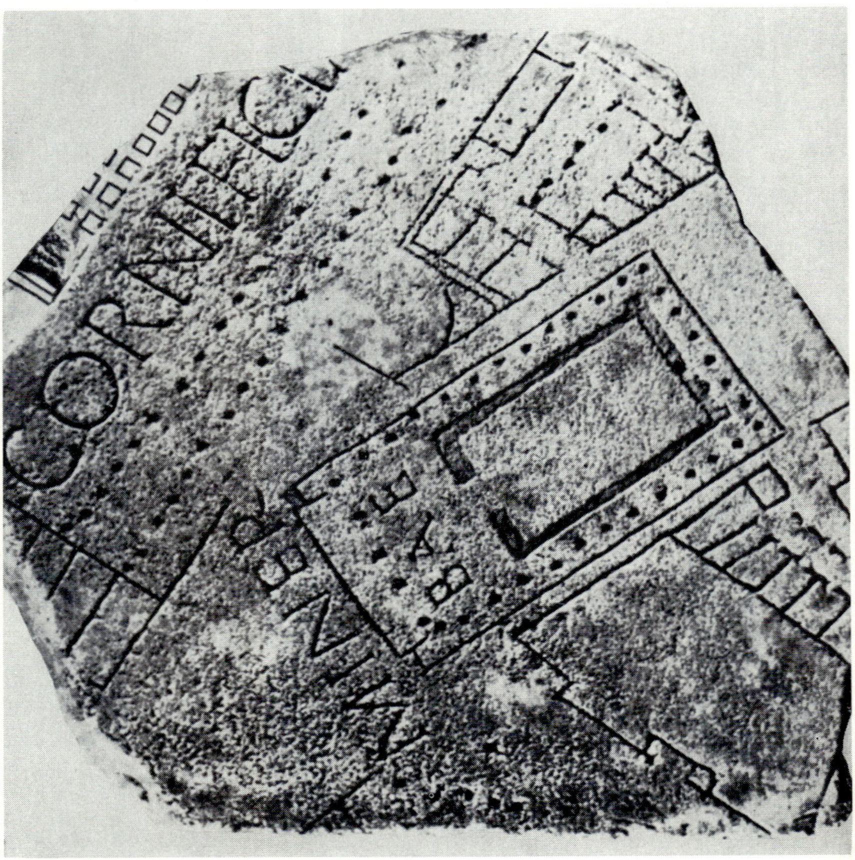

victōriīs dēdicāvit[1]. Ita deae su**ō** nōmin**e** grātiās agit. Cūnctī nō**men** victōris legere dēbent. Multōs virōs clārōs forum Rōmānum aedifici**īs** pulchr**īs** ōrnāvisse vidēmus; nōmin**a** honōrēsque virōrum in tabulīs legimus; ita memoria nō**minum** clār**ōrum** servātur."
Deinde aedificium magnum intrant. Vōcem poētae audiunt: „Audīte car**mina** nova, Rōmānī! In car**minibus** meīs Pompēius laudātur." Multī accurrunt, op**us** novum ā poētā recitātur. Etiam Mārcus op**us** novum poētae audit. In op**ere** rēs gestae Pompēī celebrantur. Titus: „Multī poētae op**era** et carmina sua in forō recitant. Sed nunc, puerī, domum migrāre dēbēmus! Vōs fatīgātōs esse videō. *Multa* spectāvimus, cūncta vidēre hodiē nōn licet, quod temp**us** nōbīs dēest." Postrīdiē Mārcus: „Aliō temp**ore** cētera spectāre cupiō!"

[1] dēdicāre: weihen

1. Titus: „Iam antīquīs temporibus Rōmānī templa deōrum aurō ōrnāvērunt. 2. Temporibus bellī templum Iānī aperītur. Cum hiems adest, Rōmānī bellum nōn gerunt; cum aestās venit, cum hostibus pūgnātur." 3. *Paucīs hōrīs post* puerī cum avunculō forum relinquunt. 4. Via Appia *magnā longitūdine est:* Ā forō Rōmānō ūsque ad oppidum Brundisium dūcit; aliās viās *longitūdine superat.* 5. Puerī Viā Appiā domum migrant. 6. Ibi pauca castella ā Rōmānīs aedificāta sunt.

Mīles hostēs *venīre audit (audīvit).* Statim hostēs *appropinquāvisse nūntiat (nūntiāvit).*
Wodurch wird im aci ausgesagt, daß die Handlung des aci gleichzeitig mit der Handlung des Hauptprädikats geschieht?
Wodurch wird im aci ausgesagt, daß die Handlung des aci der Handlung des Hauptprädikats vorangegangen ist („vorzeitig" ist)? Untersuche ebenso:
1. Titus Rōmānōs hostēs superāvisse nārrat. 2. Mārcus Lūcium accurrere videt. 3. Māter puerīs dīcit: „Vōs multa in forō spectāvisse gaudeō." 4. Hostēs novās cōpiās legiōnāriīs submittī cognōvērunt. 5. Homērus Trōiam dēlētam esse nārrat. 6. Cōnsulēs victōrem deīs grātiās agere iubent. 7. Templa aurō ōrnāta esse audīvimus.

1. *Nenne den Nominativ zu:* forum, ōrātōrum, cōnsulum, oculum, oculōrum, diērum, mūrum, nōminum, fluviōrum, operis, mēnsīs, librīs, līberīs, nōminis, mūrīs, carminis, victōris, lēgis, operibus, clāmōribus, opus, flōribus, ultimōrum.

2. *Dekliniere:* poēta antīquus, flūmen lātum.

3. *Wiederhole die Bedeutung von:* tum, tandem, tam, tamen, quam, cum, num, nam, ōlim, interdum, nunc, deinde, sī, sed, sum, nōn, nisi, nōnne,

nōn modo — sed etiam, quid, quod, quō, quis, sub, subitō, quamdiū, quamquam, quandō, ut, ubi, unde, ibi, ita, itaque, iam, nōn iam, per, propter, post, -que, -ne, iterum, rūrsus, posteā, māne, merīdiē, postrīdiē, quotannīs.

* 4. *Übersetze und verwandle in die entsprechende Form des Präsens:*
Beispiel: superāvimus — wir besiegten — superāmus
cecidistī, complētum est, vexāvisse, collocātae sunt, quaesīvimus, praebuistī, cūstōdītum esse, dormīvit, cognitī sunt, dēlēvī, āfuērunt, adfuisse, raptum esse, sīvistis, cupīvērunt, fefellit, dedistī, datae sunt, pulsa esse, accurrisse.

* 5. *Übersetze und verwandle in die entsprechende Form des Perfekts:* curris, rapiō, cadimus, laudāre, complēmus, monēre, cupiunt, dēsumus, accurrunt, quaeris, rapere, adsum, sinitis. — (templa) complentur, (amīcus) quaeritur, (aciēs) pellitur, laudātur, excitāminī, pōnuntur, complētur, audīrī, pōnor, portāminī, rapī, aperītur.

E I Mures[1] cum ranis[2] bellum gerunt

Antiquis temporibus mures cum ranis magno bello pugnaverunt. Tum praeclarus rex, Psicharpax nomine, muribus imperavit. Postquam autem felis[3] Psicharpaci insidias paravit, rex fuit summo in periculo. Deinde fugam paravit et in fuga flumini lato appropinquavit. Ibi imperium fuit Physignathi, regis ranarum. Itaque Psicharpax mus Physignathum ranam oravit: „Serva me e periculo, Physignathe! Felem fugio. Porta me trans flumen, amice!“ Ranarum rex oboedivit et murem per aquas fluminis portavit. Subito serpens[4] duos reges terruit. Inde rana periculo territus est et murem in flumen altum cadere sivit.
Postridie mures, ubi regem suum timore regis ranarum necatum esse audiverunt, doluerunt et bellum paraverunt. Prima pugna acies ranarum a muribus pulsa est, quamquam cunctae ranae summa virtute fuerunt. Postquam autem dei ranis auxilio fuerunt, ranae hostes multos annos ab imperio suo deterruerunt. Tandem dei bellum longum finiverunt: Firmo limite firmisque castellis mures a ranis arcuerunt.
Olim limes ranarum a flumine per planitiem latam usque ad silvam magnam pertinuit. Limitem non fuisse longum constat. Alii autem dicunt limitem ranarum etiam limites Romanorum longitudine superavisse. Hodie reliquiae limitis — vallum, castella ceteraque — non iam inveniuntur, quod primo post Christum natum saeculo homines[5] opus magnum deleverunt et ranas muresque cunctas in terras pepulerunt.

[1] mūs, mūris: Maus. [2] rāna: Frosch. [3] fēlis, fēlis: Katze. [4] serpēns: Schlange. [5] homō, hominis m.: Mensch; Mann.

II De bellis Germanorum

Antiquis temporibus Romani cum Germanis multis bellis pugnaverunt. Olim Cimbri et Teutoni, duo populi Germanorum, postquam e patria sua migraverunt, novos agros novamque patriam in Gallia et Italia quaesiverunt. Acies Romanorum a Germanis pulsa et deleta est, quod Germani magna virtute fuerunt. Periculum Germanorum populum Romanum valde terruit, sed paucis annis post Cimbri et Teutoni a copiis Romanis magna pugna deleti sunt.

Etiam Caesar, imperator praeclarus, cum Germanis pugnavit et copias regis Ariovisti e Gallia trans flumen Rhenum pepulit.

Tandem multas post pugnas primo p. Chr. n. (post Christum natum) saeculo imperatores Romani Germanos aliosque populos firmis limitibus firmisque castellis ab Imperio Romano arcuerunt. Limes Germanicus ceteros limites longitudine superat. A flumine Rheno usque ad Danuvium pertinet. Etiam hodie reliquiae muri, valli, castellorum visitantur et spectantur.

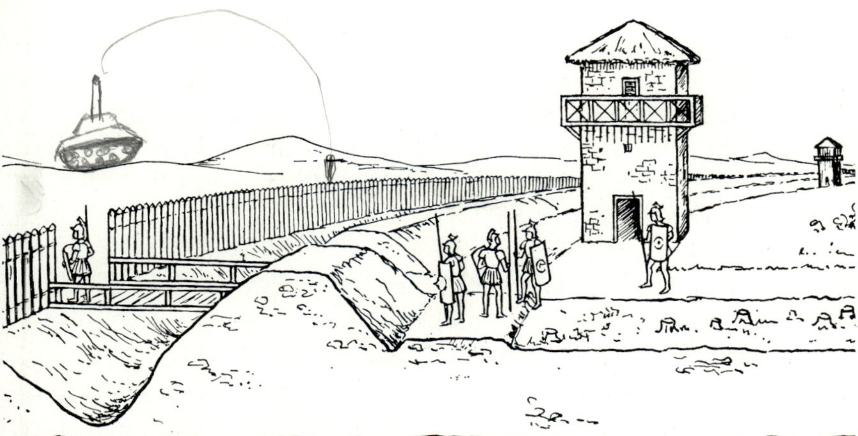

1. Auf dem römischen Markt ist ein neues Gebäude von einem berühmten Feldherrn erbaut worden. 2. Damals sind auch viele Tempel mit schönen Götterstatuen geschmückt worden. 3. Von den Göttern erzählt der Dichter Homer. 4. Homers Werke werden in der Schule gelesen. — 5. Die römischen Könige sind vom Volk vertrieben worden. 6. Der Name des letzten Königs ist uns bekannt: [Es] war Tarquinius Superbus.

XIII LECTIO TERTIA DECIMA

A

Dē Alexandrō, Priamī fīliō

Antīquīs temporibus in Asiā fuit Trōia, oppidum praeclārum. Ibi populus Trōiānōrum sub Priamō rēge **vīx**it, ut Homērus, poēta clārus, carminibus suīs cecinit. Multōs post annōs fīlius Priamō nātus est, Alexander nōmine. Sed ōrāculum rēgem monuit: „Necā Alexandrum! Alexander fax[1] Trōiae est!“ Tum pater servum cum fīliō parvō in silvam **mīs**it; servum puerum interficere **iuss**it. Servus, postquam in silvam **vēn**it, imperāta rēgis nōn **fēc**it; puerum nōn interfēcit, sed in silvā exposuit[2] et **relīqu**it. Ibi puer ā pāstōribus inventus et ēducātus[3] est. Nōmen autem puerī pāstōrēs īgnōrāvērunt.

Aliquandō puer in oppidum Trōiam **dēscend**it et lūdīs Trōiānōrum interfuit. Postquam multōs Trōiānōs vīcit, Priamus rēx Alexandrum **animadvert**it et interrogāvit dē patre et mātre. Tum rēx fīlium cognōvit. Ita cūnctī vīdērunt Alexandrum nōn interfectum, sed servātum et ā pāstōribus ēducātum[3] esse. Quamquam multī Trōiānī verba ōrāculī **metu**ērunt, Priamus fīlium ā cēterīs **dēfend**it et in aulam rēgis intrāre iussit.

[1] fax: Brandfackel. [2] expōnere: aussetzen. [3] ēducāre: aufziehen.

B 1. Caesar nāvigia ad lītus Asiae rēxit. 2. Ex Asiā Caesar, postquam hostēs magnā celeritāte vīcit, litterās Rōmam mīsit: „Vēnī, vīdī, vīcī!“ 3. Caesar imperātor multōs annōs in Galliā mānsit et, quamquam Gallī *magnā (cum) virtūte* sē dēfendērunt, Galliam superāvit et multa oppida expūgnāvit.— 4. Incolae, postquam oppidum expūgnātum esse animadvertērunt, mūrum nōn iam dēfendērunt, sed dē mūrō dēscendērunt et sē in silvīs occultāvērunt.

D *Setze das Verb ins Präsens:* 1. Vīdī tē accurrere. 2. Cūr nōn vēnistī? 3. Vīdistīne fīliōs vīcīnī? 4. Syrus portās aperuit. 5. Puerī in campum missī sunt. 6. Equī in campum ductī sunt. 7. Puerī dē arbore dēscendērunt. 8. Arbor ab equīs in aulam trācta est. 9. Num equōs metuistis, puerī? 10. Quid dīxistī, pater? — 11. Mīlitēs equōs cōnscendērunt. 12. Cōpiae castellum fēcērunt. 13. Oppidum ab incolīs dēfēnsum est.

14. *Bestimme:* mitte, līmite, mīlite, mīlitēs, mīsistī, missī sumus, mīsī, mittī, mīsistis, virī, vīdī, vidē, vīsī sumus, videō, dēfēnsī sunt, dēfendī, dēfendis, dēfēnsae estis, maneō, manē, māne, mānsistī, rēxī, rēx, rēgī, regī, regis, rēgis, rēxērunt, rēxisse, geritur, surgimus.

15. *Bilde von der gegebenen Präsensform alle dir bekannten Tempora!*
Beispiel: salūtat: salūtāvit, salūtātur, salūtātus est.

Ebenso: monet, trahit, dūcunt, vidēmus, regere, vincitis, dēleō, dant, pōnit, cūstōdīmus, dīcis, rapitis, pellimus, sinō, cognōscere.

De equo ligneo

Paucis annis post Alexander a patre in Graeciam missus est. Ibi Helenam, uxorem regis Graecorum, rapuit et secum in oppidum Troianorum duxit. Itaque Graeci Troianis bellum paraverunt. Ubi magnis cum copiis ad litus Asiae venerunt, Troiam expugnare temptaverunt. Sed decem annos frustra pugnaverunt et laboraverunt, quod incolae oppidum magna virtute defenderunt. Tandem Graeci Troianos dolo vicerunt. Equum ligneum fecerunt, milites in equo occultaverunt, equum et Sinonem, virum callidum[1], in litore reliquerunt. Tum ceteri Graeci navigia conscenderunt, litus reliquerunt, ad insulam proximam recesserunt. Ibi noctem exspectaverunt.

Troiani magno cum gaudio Graecos litus reliquisse animadverterunt. Ubi ex oppido properaverunt, equum ligneum viderunt. Postquam Sinonem invenerunt, virum de equo ligneo interrogaverunt. Sino Troianis dixit equum ligneum donum deorum esse. „Trahite“, inquit, „equum in oppidum vestrum! Collocate donum deorum in foro!“ Troiani Sinoni fidem habuerunt.

[1] callidus: schlau.

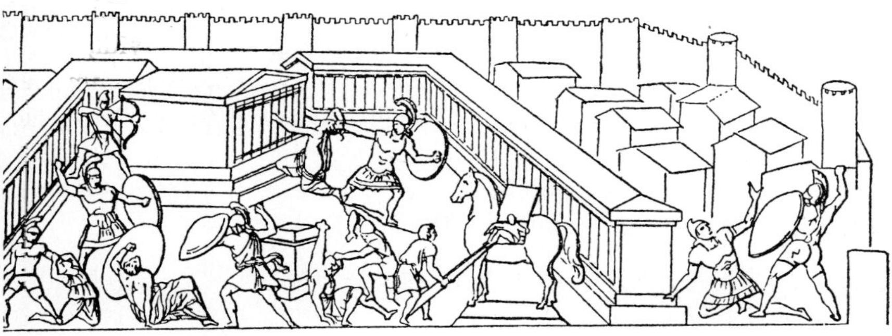

II Troia deletur

Troiani, postquam verba Sinonis audiverunt, dolum Graecorum non metuerunt, quamquam Laocoon, vir cautus, incolas monuit: „Nonne animadvertistis Sinonem ab hostibus missum esse? Ego verbis Graeci fidem non habeo!“ Sed Neptunus, deus Oceani, angues[1] magnas ad litus misit. Postquam Laocoon cum filiis ab anguibus[1] interfectus est, ceteri Troiani non iam dolum metuerunt, sed Sinoni fidem habuerunt: Dono deorum viam per murum aperuerunt et equum magna cum laetitia in oppidum traxerunt.

[1] anguis, -is f.: Schlange.

Postquam nox venit, Sino Graecos clam ex equo liberavit. Milites, ubi ex equo descenderunt, ceteris Graecis portas oppidi aperuerunt. Tum Graeci Troiam expugnaverunt, multos incolas interfecerunt, aedificia oppidi deleverunt.

*G 1. „Wo hast du die Beute gefunden, Rabe?" 2. „Im Gutshof habe ich [sie] bemerkt und geraubt." — 3. „Wohin wurden die Soldaten geführt?" 4. „Sie mußten einen Grenzwall und viele Kastelle bauen. 5. Auch Onkel Titus war [bei] den Arbeiten dabei. 6. Die Arbeiten wurden von einem Legaten geleitet."

XIV LECTIO QUARTA DECIMA

A I Dē Sinōne

Equus lĭgneus in lītore stā**bat**, mīlitēs Graecī ab**era**nt. Sinō prope equum *sedēbat.* Tum Trōiānī oppidum *relīquērunt* et ad equum accurrērunt. Trōiānī diū ante equum stābant et spectābant; cūnctī tacēbant et dolum Graecōrum timēbant; tandem Sinōnem animadvertērunt et advocāvērunt. Sinō, quod cautus et timidus erat, diū procul manēbat. Tum, ubi perīculum nōn esse vīdit, Trōiānīs appropinquāvit et magnā vōce clāmāvit: „Mē miserum! Auxilium ā vōbīs petō, Trōiānī!"
Trōiānī diū frūstrā virum interrogābant; Sinō speciem timidī, sed probī virī praebēbat et tacēbat. Tandem Trōiānīs respondit: „Gladiōs Graecōrum effūgī; servāte mē ab odiō Graecōrum!" Postquam Trōiānī Sinōnī auxilium prōmīsērunt, Sinō multa et falsa verba dē fātō suō et dē equō lĭgneō fēcit.

A II Dē lupō et septem capellīs[1]

Septima capella mātrī nārrāvit: „Cum cēterīs sex capellīs in casā era**m**; perīculum nōn timēbāmus. Tū, māter, aberās, cibum in silvā quaer**ēbās**. Ego cum cēterīs lūdēbam. Lūdus nōbīs magnō gaudiō erat. Ego sub lectō occultābar, soror sub mēnsā occultābātur; cēterae nōn occultābantur, sed nōs quaerēbant. Cūnctae plēnae gaudiī *erāmus*, *cum* subitō lupus ante portam *stetit*. Speciem lupī nōn īgnōrābāmus, itaque statim *timor lupī* nōs cēpit et lūdere dēsiimus. Lupus: ‘Cūr tacētis? Anteā laetae erātis, casa plēna clāmōris erat. Etiam ego vōbīscum lūdere cupi**ēba**m. Aperīte! Magnam *cōpiam cibī* vōbīs apportō. Num timōre amīcī vestrī capiminī? *Timor capellārum* iam diū animum meum offendēbat. Etiam nunc *timōre vestrō* offendor.' Nōs autem clāmāvimus: ‘Tū bēstia *summae audāciae* es, lupe!' Lupō tum portam nōn aperuimus, sed posteā lupus nōs falsā speciē falsāque vōce fefellit."

[1] capella: Geißlein.

1. Mīlitēs Graecī in equō līgneō sedēbant et noctem exspectābant. Trōiānī autem dormi**ēba**nt; perīculum nōn iam metuēbant, cum Sinō Graecōs ex equō līberāvit et portās oppidī aperuit. — 2. Fenestra patēbat; cāseus[1] in fenestrā iacēbat et speciem pulchram praebēbat, cum corvus advolāvit et cōnsilium cēpit cāseum rapere. — 3. Herculēs fīlius Iovis erat; Herculī magnum rōbur corporis erat. 4. Saepe contrā bēstiās saevās et virōs malōs pūgnābat. 5. Ita multīs hominibus auxiliō erat. 6. Etiam posterī memoriam Herculis servābant. — 7. Decem annōs Graecī cum Trōiānīs bellum gerēbant; ultimō annō Trōia expūgnāta est.

[1] cāseus: Käse.

Bestimme die Genitive: 1. Trōiānī, quamquam dolōrum Graecōrum imperītī nōn erant, tamen verbīs Sinōnis fidem habuērunt. 2. Sinōnī cōpia verbōrum falsōrum nōn dēerat; multa et falsa dē equō līgneō et dē fātō suō nārrāvit. 3. Mīlitēs Graecī, quod in equō erant, cūncta verba Sinōnis Trōiānōrumque audīvērunt; timor mīlitum magnus erat. 4. Sinō: „Equus līgneus vōs timōre Graecōrum līberāre potest, nam dōnum deōrum est. Trahite equum in forum oppidī." 5. Ita Sinō, vir summae astūtiae[1], Trōiānōs fefellit.

[1] astūtia: Schlauheit.

1. pōnēbāmur, posuimus, pōnimus, fugiō, fūgī, fugam, fugiēbam, fugiunt, fūgērunt, fuge, fugā, fūgistis, metuēbāris, timōris, timuistis, timēbātis, līberāmur, līberābās, līberās, līberī, līberāvī, audiēbam, audiēbāminī, audīvī, audiēbar, sēdistis, lūsimus, captae sunt, rīdēmus.

2. *Nenne den Infinitiv Präsens zu:* veniēbās, mīsimus, faciēbāmus, mānsērunt, dēfēnsum est, trāxistis, metuēbant, quaerēbāminī, missī sunt, vīcit, vīxit, vīdit, vēnit, dictum est, stetī, dēsiī, claudēbam, pertinuit, caedēbam, cupiēbātur, vīsī sunt, recessērunt, movēbātis.

3. *Dekliniere:* rōbur magnum, homō fīdus, uxor aegrōta, līmes longus, rēs gestae, opus prīmum, lēx praeclāra.

I Hercules incolas timore leonis liberat

Olim incolae Graeciae leone saevo terrebantur. Leo agros vastabat, etiam homines interficiebat; cuncti homines pleni timoris erant. Tum Eurystheus rex Herculem, filium Iovis et virum summae virtutis, incolas leone liberare iussit. Hercules magno robore corporis erat; gladius, clava[1], sagittae[2] arma Herculis erant. Hercules, quod leonem in silva se occultare sciebat,

[1] clāva: Keule. [2] sagitta: Pfeil.

ibi diu bestiam quaerebat. Postquam magna vestigia[3] bestiae invenit, leoni paulatim appropinquabat. Leo in specu[4] magno iacebat; sine timore Herculem appropinquare sivit; non recessit, quod homines non metuebat. Hercules, ubi specum intravit, sagittas in leonem misit. Sagittae bestiam non vulneraverunt, quod corium[5] leonis durum erat. Tum Hercules gladio leonem petivit; gladius fractus est. Deinde clava magna caput leonis pulsavit[6]. Postquam etiam clava fracta est, Hercules consilium cepit manibus[7] bestiam interficere. Ita leo interfectus est.

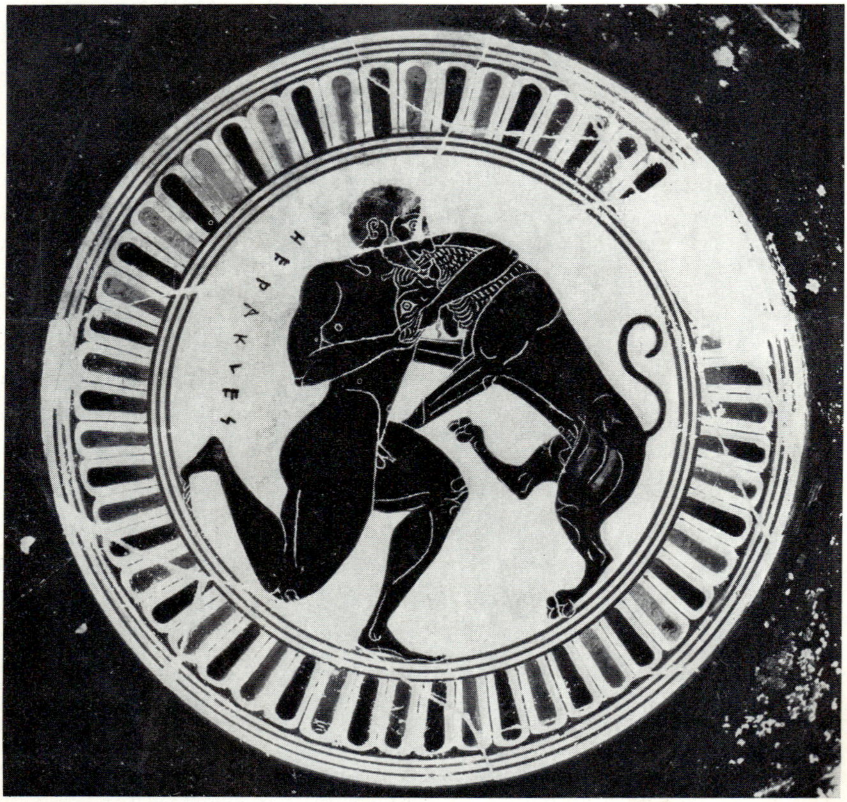

Corium[5] leonis ad regem Eurystheum portavit, sed rex Herculem cum corio aulam intrare non sivit. Nam etiam corium leonis metuebat. Incolae autem Herculi gratias agebant. Memoria Herculis etiam a posteris diebus festis et ludis celebrabatur.

[3] vestīgium: Spur. [4] specum (Akk.), specū (Abl.): Höhle.
[5] corium: Fell. [6] pulsāre: schlagen. [7] manibus: mit den Händen.

De Tantalo

Tantalus, rex Phrygiae, deis erat amicus et a deis saepe ad cenam invitabatur. Etiam consiliis Iovis, patris deorum hominumque, intererat, sed aliquando consilium deorum hominibus nuntiavit. Etiam aliam rem malam fecit: Filium suum interfecit et deis pro cena praebuit. Deos autem non fefellit, sed offendit. Dei filio Tantali vitam reddiderunt[1], patrem in Tartarum miserunt.
Ibi Tantalus etiam hodie ita punitur: In aqua stat, sed cum aquam haurire[2] cupit, aqua recedit. Poma[3] prope caput Tantali pendent[4], sed cum poma capere vult, poma recedunt. Ita Tantalus odium deorum numquam effugit.

[1] reddō, -didī, -ditum, reddere: wiedergeben. [2] haurīre: trinken. [3] pōmum, -ī n.: Apfel. [4] pendēre: hängen.

ET ARMA ET VERBA VULNERANT.

1. Cornelia lebte bei (= mit) ihrer Großmutter in einem Gutshaus. 2. Einmal besuchte sie ihre Freundin Julia. 3. Sie mußte einen weiten (= langen) Weg gehen *(= īre)*, aber endlich kam sie zum Gutshaus der Familie von Julia. 4. Cornelia stand lange vor der Tür des Hauses, dann rief sie: 5. „Mach auf, Julia! Ich weiß, daß du da bist.“ 6. Da öffnete sich die Tür, Cornelia trat ein und wurde von Julia begrüßt.

LECTIO QUINTA DECIMA

Magister dē Niobā nārrat

Discere et legere interdum puellīs puerīsque iūcundum nōn est. Puerī *lūdere* et ambulāre, puellae fābulās audīre mālunt, quamquam hominēs *discendō* et legendō sibi doctrīnam[1] parant. Itaque puellae dīcunt: „Aliō tempore iam multa didicimus, magister, hodiē cupidae sumus *audiendī fābulam*. Etiam *bene* audiendō doctrīnam[1] parāre licet.“ Deinde magister: „Sī vōs parātae estis *ad audiendum*, puellae, ego parātus sum ad nārrandum. Audīte fābulam dē Niobā, Tantalī fīliā!
Nioba uxor rēgis Thēbārum erat magnamque habēbat familiam; septem fīliī atque septem fīliae Niobae erant. Fortūna Niobam ad superbiam[2] excitāvit. Aliquandō diē fēstō fīliae statuam Lātōnae deae ōrnābant, cum māter appropinquāvit et interrogāvit: ‛Quid facitis? Cūr statuam deae ōrnātis?’ Fīliae respondērunt: ‛Familiam nostram cūrā deae salvam esse

[1] doctrīna: Wissen; Bildung. [2] superbia: Übermut; Stolz.

cognōvimus, itaque *grātiās agendī causā* statuam deae ōrnāmus.' Tum Nioba: 'Stultae estis, sī familiam nostram deae Lātōnae cūrae esse putātis. Familia nostra meā cūrā salva est. Nōn Lātōnae, sed mihi grātiās agite!' Lātōna dea, postquam verba Niobae audīvit, valdē offēnsa est et līberōs suōs advocāvit, Apollinem et Diānam. Līberī Lātōnae ūnō diē cūnctōs Niobae līberōs sagittīs[3] interfēcērunt. *In pūniendō* facultātem effugiendī līberīs nōn dedērunt."

[3] sagitta: Pfeil.

B 1. Audiendō, videndō, sentiendō et hominēs et bēstiae discunt. 2. Puerī cupidī erant et audiendī et videndī poētam praeclārum. 3. Multī hominēs discendī nōn sunt cupidī. 4. Magister puerīs praecepta discendī et bene legendī dabat. 5. Diū labōrandō atque multa legendō puerī puellaeque linguam[1] Latīnam discēbant. — 6. Graecī, quamquam pūgnandī perītī erant, decem annōs frūstrā cum Trōiānīs bellum gerēbant. 7. In pūgnandō multī Graecōrum cecidērunt; tandem, ut Trōiānī putābant, cēterī discessērunt. 8. Trōiānī, quod cupidī erant equum videndī, ex oppidō cucurrērunt; paucōs custōdēs relīquērunt; portās nōn clausērunt. 9. Lāocoōn frūstrā Trōiānōs retinēbat. 10. Postquam nox vēnit, Sinō portās aperuit et Graecīs sīgnum advolandī dedit. 11. Nōnnūllī Trōiānī, postquam perniciem effūgērunt, in Italiam ēmigrāvērunt.

[1] lingua: Sprache.

C *Zeichne das Satzbauschema unter Verwendung der Satzteilsymbole!*

1. Diū labōrandō et multa legendō linguam Latīnam didicimus.
2. Daedalum multōs annōs in exiliō fuisse fāma est.

* *Vergleiche! Gib Gemeinsamkeiten und Unterschiede an;*

3. Legere iūcundum est.
   Reading is fun.
   Lesen macht Spaß.
4. Legendō hominēs doctrīnam sibi parant.
   By (means of) reading men acquire learning.
   Durch Lesen (oder: Indem sie lesen, ...) erwerben die Menschen Wissen.
5. Hodiē cupidī sumus fābulam audiendī.
   Today we want to hear a story.
   Heute möchten wir eine Geschichte hören.
6. Bene audiendō doctrīna parārī potest.
   By listening well learning may be acquired.
   Durch gutes Zuhören kann man Wissen erwerben.
7. Parātus sum ad nārrandum.
   I am ready to tell.
   Ich bin bereit zum Erzählen (oder: zu erzählen).

1. movendī causā 2. cupidus legendī 3. in pūgnandō 4. parātus ad volandum 5. praecepta volandī 6. multa vetandō 7. ōrandī causā 8. ad currendum 9. accurrendō 10. diū ōrandō 11. saepe labōrandō 12. frūstrā quaerendō 13. multa legendō 14. cupidus pūgnandī 15. parātus ad ēmigrandum 16. sīgnum pūgnandī 17. in rīdendō.

18. *Bestimme:* dūcendī, dūcī, ductī sumus, dūxī, trahendō, trahō, trāctum est, ōrandī, ad ōrandum, ōrātōrem, ōrātōrum, ad legendum, legēbam, lēgērunt, discunt, ad discendum, discēbam, vastāmus, vastāta est, vastāvimus, ad vastandum, carminum, hieme.

De Daedalo et Icaro

Daedalum, artificem[1] praeclarum, cum Icaro filio diu in Creta insula in exilio vixisse fama est. Minos insulam regebat et Daedalum retinebat

[1] artifex, artificis: Künstler; Baumeister.

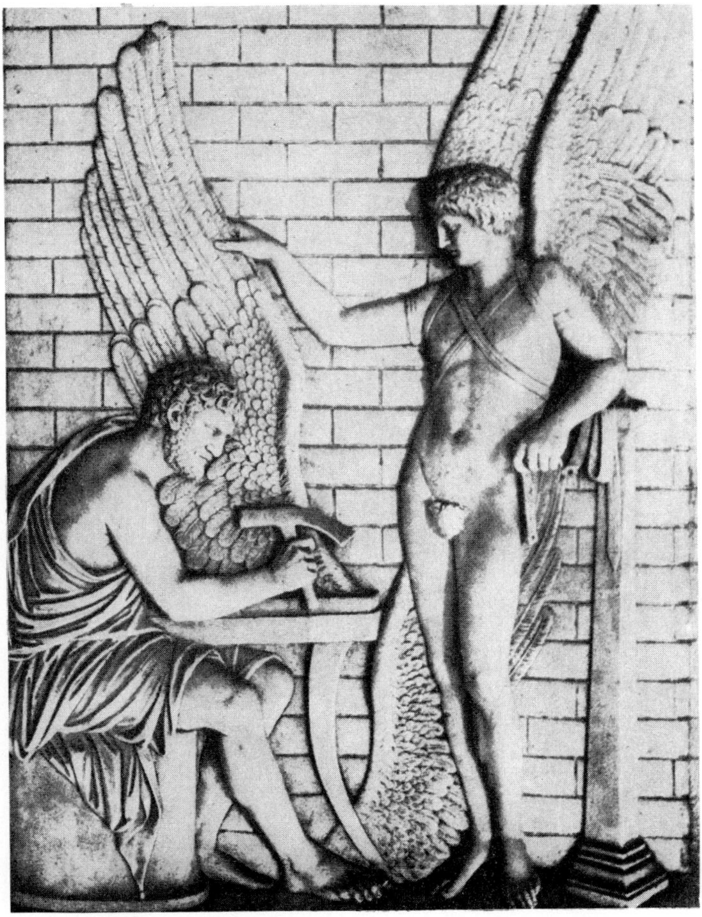

labyrinthum aedificandi causa. In labyrintho Minotaurus, bestia saeva, custodiebatur et hostiis[2] humanis nutriebatur[3].

Multos post annos Daedalus cupidus erat insulam relinquendi et amicos videndi. Regi „Cupidus sum", inquit, „in patriam remigrandi[4]. Postquam multos annos tibi servivi, tempus discedendi adest. An putas, rex, tibi ius esse Daedalum semper retinendi?"

Rex „Ita est", inquit, „veto te insulam relinquere." Sed Daedalus potentiam regis non metuit. Spem fugiendi non amisit, quod peritus erat novas res inveniendi. Multa cogitando[5] tandem sibi filioque viam aperuit fugiendi: Pennas cera[6] ligavit[7] et ita alas sibi Icaroque paravit. Puero praecepta volandi dedit. Tempus discendi longum non erat; iam pater quaesivit: „Paratusne es ad volandum, mi fili?" Icarus „Paratus sum", inquit, „et cupidus sum tecum volandi." Ita custodes regis fefellerunt et insulam reliquerunt. Sed puer incautus in altum volavit et soli appropinquavit. Itaque in volando cera alarum calore solis mollita est; puer alas amisit et in aquam cecidit. Pater filium in insula Icaria sepelivit[8].

[2] hostia: Opfer. [3] nūtrīre: ernähren. [4] remigrāre: zurückkehren. [5] cōgitāre: überlegen. [6] cēra: Wachs. [7] ligāre: verbinden. [8] sepelīre: begraben.

*E II De Creta antiqua

Antiquis temporibus incolae Cretae insulae et navigandi periti et semper ad navigandum parati erant. Ita multae divitiae[1] in insula colligebantur. Graeci, postquam de divitiis[1] regis Minois et incolarum Cretae audiverunt, cupidi erant insulam expugnandi et divitias[1] rapiendi. Itaque multa navigia fecerunt.

Graeci pugnando et vastando imperium Cretae deleverunt, sed etiam multas et bonas res cognoverunt, alias ab incolis Cretae didicerunt. Etiam hodie in insula reliquiae aedificiorum pulchrorum sunt. In visitando memoria regis Minois servatur.

[1] dīvitiae, -ārum: Reichtum.

***G** 1. Ich bin begierig, viel zu sehen und zu hören. 2. Bist du bereit zu erzählen? 3. Durch Hören und Lesen lernen wir. 4. Aber viele Menschen sind nicht wißbegierig. — 5. Der Feldherr fragte die Soldaten: „Seid ihr bereit zum Kampf?" 6. Dann gab er das Zeichen zum Kampf.

LECTIO SEXTA DECIMA

Menēnius Agrippa plēbem ad concordiam vocat

Ōlim discordia in rē pūblicā Rōmānā erat, quod patriciī[1] tōtam **pot**entiam reī pūblicae habēbant. Itaque plēbs Rōmam relīquit et ē patriā discessit. Tum cōnsulēs senātōrēsque magnō timōre complētī sunt: „Sī plēbs abest, nēmō nōs ab hostibus dēfendere **pot**est. Sine plēbe rem pūblicam servāre nōn **pos**sumus.“ Deinde Menēnium Agrippam, ōrātōrem bonum, advocāvērunt: „Iam saepe verbīs tuīs patriae adesse **potu**istī. Nōnne etiam nunc plēbem ad concordiam cōgere potes?“ Menēnius facultātem vīdit molliendī animōs plēbēiōrum[2] et plēbēiīs fābulam nārrāvit: „Aliquandō membra[3] corporis labōrāre et ventrī[4] servīre dēsiērunt, quod ventrem corporī nōn **prōd**esse putābant. Dīxērunt membra: ‘Nōs corporī **prō**sumus, venter nihil prōdest; nam venter labōribus nostrīs semper bene vīvit neque labōrat. Sī nōs ventrī cibum nōn apportāmus, etiam venter ad labōrandum cōgitur.’ Ita membra fēcērunt, sed discordia neque membrīs neque corporī **prōfu**it: Tōtum rōbur corporis paulātim dēlēbātur. Nōnne vidētis, Rōmānī, discordiam et nōbīs senātōribus et vōbīs plēbēiīs semper obfuisse et obesse?“

[1] patriciī, -ōrum: die Patrizier. [2] plēbēiī, -ōrum: die Plebejer.
[3] membrum: Glied. [4] venter, ventris m.: Magen.

1. Amīcus amīcō prōdest, neque obest. 2. Ego libenter amīcīs prōsum; cūr tū amīcīs nōn prōdes? — 3. Postquam Lūcius advēnit, Mārcus quaesīvit: „Cūr herī ā scholā āfuistī, Lūcī?“ 4. Lūcius respondit: „Aegrōtus eram; neque migrāre neque ambulāre poteram; itaque neque lūdīs vestrīs interesse potuī.“ — 5. Ubi hostēs oppidō appropinquāvērunt opprimendī causā, incolae statim mūrum ascendērunt. 6. Quamquam incolīs multa dēerant ad dēfendendum, tamen prīmō hastīs, deinde gladiīs magnā virtūte dīmicāvērunt. 7. Nōnnūllī etiam lapidēs in hostēs iēcērunt. 8. Postquam diū pūgnātum est, incolae proelium fīnīvērunt et dē pāce ēgērunt. 9. Hostēs cōpiam aurī accēpērunt et in terram proximam invāsērunt.

* Mārcus lupus est

10. Līberī in hortō lūdunt: Mārcus lupus est clāmatque: „Fugite, amīcī! Vōs capere cupiō. Iam diū lupus esse cupiēbam!“ Līberī in casam fugiunt, portam claudunt, „lupum“ in casam nōn accipiunt. Itaque ā Mārcō nōn capiuntur. Postquam Mārcus per fenestram in casam invāsit,

amīcōs amīcāsque capere et rapere potest. Līberīs facultās fugiendī nōn datur. Mārcus clāmat: „Nunc ā mē caperis, Iūlia!“ et Iūliam capit. Iūlia clāmat: „Vae! Capior ā lupō! Adeste mihi!“ Tum cēterī „lupum“ opprimunt.

C *Zeichne den Satzbauplan:* Venter labōribus nostrīs bene vīvit.

D 1. venīre possumus 2. anteā venīre nōn potuimus 3. nōn cūncta nōbīs prōsunt 4. multa nōbīs obsunt 5. prōdeste amīcīs vestrīs 6. quamquam lūdō nōn interfuistis 7. quod nōn potuī 8. ubi potuimus 9. sciō tē venīre nōn posse 10. tibi prōdesse cupiēbam 11. fugere nōn potuērunt 12. ad fugiendum 13. facultās līmitem capiendī 14. accipis dōnum 15. lapidēs iaciēbāmus 16. lapidēs iactī sunt 17. lapidēs iactōs esse 18. lapidēs iacī 19. pācem accipiunt 20. pācem acceptam esse 21. nōs pācem accēpisse 22. Rōmānōs audāciā victōs esse.

23. *Dekliniere:* rēs dūra, leō saevus.

*24. *Bestimme:* potuī, posuī, pōnī, potuistī, posuistī, prōfuistī, prōfuisse, potuisse, posse, pōnite, dēfuī, fūgī, fūgistis, prōsumus, possum, absum, obsum, obfuimus, prōfuimus, intererātis, poterātis, prōderātis, obesse, caperis, capis, cēpistis, captīvīs, capiendī, cēpī, capī, caput, capitis, capite, cēpit, capitī.

E I

Agricola filios ad concordiam monet

Agricolae erant quattuor filii. Sed pater plenus doloris erat, quod filios cottidie inter se iurgare audiebat. Pater filios a iurgando arcere non poterat, quod praecepta nihil proderant.

Pater, quamquam animos filiorum orando molliri non posse sentiebat, tamen concordiam inter filios confirmare cupivit. Itaque virgam cepit, liberos vocavit, dixit: „Spectate virgam! Quis virgam frangere potest?“ Filii facile virgam frangere potuerunt.

Tum pater quattuor virgas coniunxit et filios interrogavit: „Num etiam nunc virgas frangere potestis?“ Filius maximus diu temptabat, sed, quamquam robur corporis puero non deerat, frustra in frangendo laborabat neque virgas frangere potuit. Etiam ceteri filii non potuerunt, nihil robur corporis profuit.

Tum pater „Nemo“, inquit, „virgas frangere potest, nam coniungendo virgas confirmavi. In unitate robur. Et vos, filii, nemo superare potest, ubi concordia coniuncti estis. Discordia obest, concordia autem semper prodest.“ Ita pater filios a semper iurgando deterruit.

II P. Decius Mus pro patria vitam dat

Aliquando Romani cum Latinis magno dimicabant proelio. Primo multae hastae iaciebantur, deinde gladiis dimicabatur. Iam nonnulli Romani fugiebant. Res Romana in summo erat periculo.
Ubi P. Decius Mus, imperator Romanorum, etiam ceteros opprimi et in fugam rapi vidit, deos oravit: „Accipite, dei, vitam meam pro victoria et nomen honoremque rei publicae Romanae servate!“ Statim in hostes invadit et hasta vulneratur. Paulo post mortuus est[1].
Tum milites Romani clamaverunt: „Ecce, dei vitam imperatoris pro victoria acceperunt! Itaque victoriam nobis dederunt!“ Rursus in hostes invaserunt et Latinos in fugam dederunt.

[1] mortuus est: er starb.

(Telephongespräch): 1. Lucius: „Wie geht's (= Was treibst du), Markus? 2. Kannst du heute mit den anderen Jungen zu mir kommen?“ 3. Markus: „Leider nein (= Ich kann nicht); ich muß im Garten arbeiten und kann daher [bei] eurem Spiel nicht mitmachen. 4. Aber es war nett (= angenehm), deine Stimme gehört zu haben.“ — 5. Der römische Feldherr sagte [zu] seinen Soldaten: „Die Feinde sind da! Seid ihr bereit zur Verteidigung?“ 6. Die Soldaten antworteten: „Wir sind kampferfahren und bereit.“ 7. Mut und Waffen haben den Soldaten beim Kampf sehr genützt.

II LECTIO DECIMA SEPTIMA

*1. *Quem* herī vīsitāvistī, Mārce?
Whom did you visit yesterday, Mark?
Wen hast du gestern besucht, Markus?

Fragesatz mit *Interrogativ*pronomen

Amīcus, *quem* vīsitāvī, Lūcius vocātur.
The friend *whom* I visited is called Lucius.
Der Freund, *den* ich besucht habe, heißt Lucius.

Behauptungssatz: Hauptsatz mit eingebautem *Relativsatz*, der durch *Relativpronomen* eingeleitet wird.

2. *Du kennst die Fragepronomina* cui? quem? quid? cuius? ā quō? quis? *Ordne diese Pronomina in der üblichen Reihenfolge der Kasus und nach m./f. und n. gesondert!*

3. *Vergleiche damit die folgende Tabelle über den Singular des Relativpronomens:*

quī	quae	quod	*welcher; der*	*welche; die*	*welches; das*
cuius	cuius	cuius	*dessen*	*deren*	*dessen*
cui	cui	cui	*dem*	*der*	*dem*
quem	quam	quod	*den*	*die*	*das*
ā quō	ā quā	quō	*von dem*	*von der*	*von dem*

Unterstreiche die Wörter, die mit dem entsprechenden Fragepronomen übereinstimmen!

4. *Im Plural haben die Relativpronomina folgende Formen:*

quī	quae	quae	*die*
quōrum	quārum	quōrum	*deren*
quibus	quibus	quibus	*denen*
quōs	quās	quae	*die*
ā quibus	ā quibus	quibus	*von denen*

Welche Endungen sind dir bereits aus der Deklination der Substantive bekannt?

5. *Unterstreiche die beiden Pluralformen, deren Ausgänge von den dir gewohnten Ausgängen abweichen!*

6. *Benutze diese Tabellen bei der Übersetzung des folgenden Textes:*

Dē agricolā, cui quattuor fīliī erant

Nārrāvī vōbīs dē agricolā, cui quattuor fīliī erant. Pater, cuius fīliī cottīdiē iūrgābant, valdē dolēbat. Contrōversiae, quae inter fīliōs erant, fīnīrī nōn poterant. Praecepta, quae pater saepe dabat, nihil prōderant. Nam fīliī, quī ā patre monēbantur, nōn oboediēbant. Tandem pater fīliōs, quōrum contrōversiās pellere nōn poterat, in ūnum locum convocāvit. Fīliī, inter quōs pater concordiam et pācem firmāre cupiēbat, convēnērunt et patrem interrogāvērunt: „Quā dē causā, pater, virgās, quās ibi vidēmus, apportāvistī?“ *Quī* nihil respondit, sed ūnam virgam, quam tenēbat, frēgit. Tum fīlium maximum, quī prope patrem stābat, aliam virgam, quae in mēnsā iacēbat, frangere iussit. *Quod* fīlius sine magnō labōre facere potuit. Tum pater quattuor virgās coniūnxit et fīliīs, quōrum animī attentī erant, dēmōnstrāvit et dēnuō interrogāvit: „Quis virgās, quae ā mē coniūnctae sunt, frangere potest?“ Tum etiam fīlius maximus, cui rōbur corporis nōn dēerat, frūstrā labōrāvit. Quā ex rē pater magnum gaudium cēpit. Ita fīliīs concordiam semper prōdesse dēmōnstrāvit. Quod fīliī tandem didicērunt.

1. Leō, quī agrōs vastābat, etiam hominēs interfēcit. Quem Herculēs vīcit. 2. Iuppiter Herculem post multōs labōrēs dūrōs in Olympum vocāvit. Ibi deī habitant. Quōrum in numerō etiam Herculēs habēbātur. — 3. Castellum, quod Rōmānī ōlim exstrūxērunt, fēriīs spectāvī. 4. Castellum, quod in Taunō situm est, nunc quoque vīsitātur.

5. *Quid* apportāvistī, Mārce? — *Quod dōnum* apportāvistī? 6. Quis (Quī rēx) diū Trōiānīs imperāvit? 7. Quī librī tibi valdē placuērunt? 8. Quem librum herī apportāvistī? 9. Quod castellum in Taunō situm est?

1. *Unterstreiche in der Geschichte A 6 und in B 1–4 die Relativpronomina und ihre Beziehungswörter! Beispiel:* ... **fīlium** maximum, **quī** prope stābat .... — *Adjektive stimmen mit den Substantiven, zu denen sie gehören, in Kasus, Numerus und Genus überein. Worin stimmen Relativpronomina mit ihren Beziehungswörtern immer überein?*

* *Ergänze ein passendes Relativpronomen:* 2. Puerī, ... fēriās agunt, per campōs ambulant. 3. Ascendimus tumulum, ē ... magna plānitiēs vidērī potest. 4. Puerī, ... lūdum ibi spectāmus, amīcī meī sunt. 5. Adsunt amīcī, ... invītāvistī. 6. Lūdus, ... interfuimus, nōs dēlectāvit. 7. Spectāvistīne castellum, ... in Taunō situm est? 8. Fenestra, ē ... columba dēvolāvit, aperta erat. 9. Herculēs, ... rōbur magnum erat, leōnem interfēcit.

Ergänze ein passendes Beziehungswort im Nominativ: 1. ..., quī vēnērunt 2. ..., quī vēnit 3. ..., quod dīxistī 4. ..., cuius rōbur magnum erat 5. ..., quārum timor magnus erat 6. ..., cui fābula nōn placuit 7. ..., quibus grātiam dēbēmus 8. ..., ā quibus puerī ē perīculō servātī sunt 9. ..., quōrum animī excitātī nōn fuērunt 10. ..., quae fābulam audīvērunt 11. ..., quae Rōmānī aedificāvērunt.

12. *Bestimme:* quae, quid, quod, ā quō, ā quā, aqua, quī, quis, quōrum, equōrum, cuius, quibus, cibus, rēbus, cui, fuī, rapuī, fūgī, fugit, cēpī, capī, capior, raperis.

Hercules stabula Augiae purgat

Audite de alio labore, quem Eurystheus rex Herculi imposuit! Fuit in Graecia vir nomine Augias, cuius divitiae magnae erant. Boves[1], quos possidebat, numerari non poterant. Immensa erat copia stercoris[2], quod in stabulis atque in aula iacebat; removeri non iam potuit. Qua ex re incolae iam procul malo odore,[3] qui totam regionem complebat, vexabantur.

[1] bōs, bovis: Rind. [2] stercus, -coris n.: Mist. [3] odor, -ōris m.: Geruch.

Quod Eurystheus rex audivit. Herculem stabula Augiae uno die purgare iussit. Hercules, qui tam magnam stercoris[2] copiam furca[4] removeri non posse vidit, aliam viam invenit laborem durum conficiendi: Aquas fluminis, quod antea praeter aulam fluebat, novo limite in stabula atque aulam rexit.

Ita Hercules stercus facile e stabulis aulaque removit atque totam regionem a malo odore[3] liberavit.

[4] furca: Mistgabel.

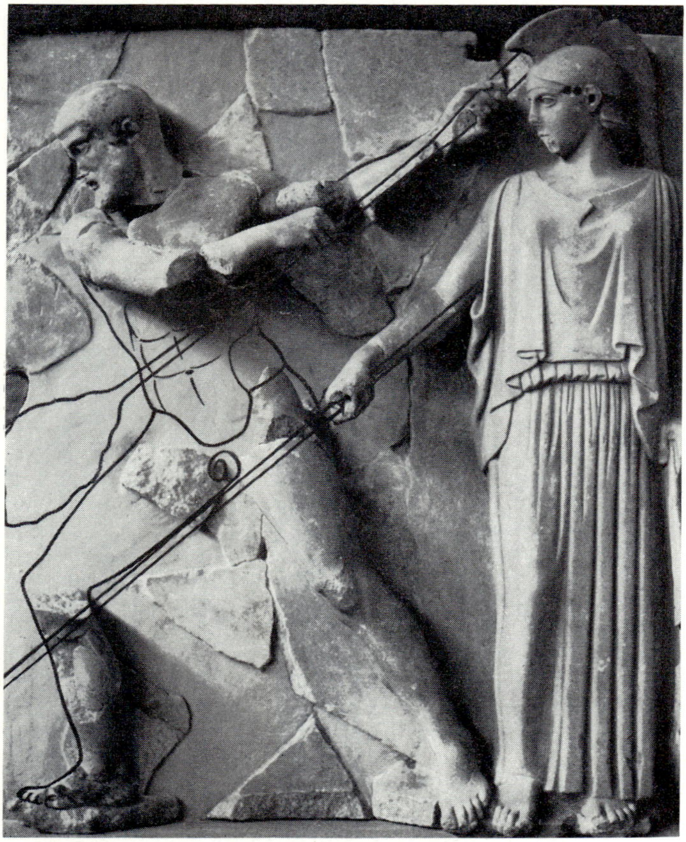

*E II De Troianis

Olim in oppido praeclaro Asiae, cui nomen erat Troia, Priamus rex habitabat, qui populo Troianorum imperabat. Priamus oppidum, cuius reliquiae nunc quoque visitari possunt, viis latis et templis pulchris ornavit et muris altis firmavit.

Sed fato malo, quod dei Troianis paraverunt, Troia deleta est. Nam Alexander, Priami filius, in Graeciam navigavit et Helenam pulchram rapuit. Graeci autem, qui Helenam raptam esse iure dolebant, cupidi erant pugnandi. Itaque incolis Troiae bellum paraverunt, in quo magnus numerus Graecorum et Troianorum interfectus est.

Perı́c(u)la tı́midus étiam, quaé non súnt, vidét.

1. Daedalus, der lange im Exil lebte, sehnte sich *(cupidus erat)* nach der Heimkehr. 2. Daedalus, den der König bewachen ließ, konnte die Insel nicht verlassen. 3. Endlich fand er einen Weg zu entkommen; [und] auf diesem Weg verließ er Kreta. 4. Die Flügel, deren Wachs *(cēra)* durch die Sonnenwärme weich wurde *(Passiv)*, trugen Ikarus nicht mehr.

III

LECTIO DUODEVICESIMA

Quīntus ab amīcīs ad lūdum invītātur

Mārcus et Lūcius Quīntō: „Audī, Quīnte! **Vol**umus in campō lūdere. Venī nōbīscum! Etiam aliī amīcī venīre volunt."

Quīntus: „Herī lūdere volēbam, sed nēmō vestrum **volu**it. Hodiē librum novum legere volō. Sed dīcite: Quā dē causā lūdere in campō **vul**tis? Cūr nōn in aulā vestrā lūdere **vīs**, Mārce?"

Mārcus: „Pater nōs in aulā nostrā lūdere nōn vult. ‚**Nōl**ō', inquit, ‚vōs semper in aulā nostrā vidēre. Puerōs lūdere in campō **māl**ō'. Ita pater dīxit."

Quīntus: „Sī vōs in aulā lūdere nōn vultis, ego domī manēre et librum legere mālō."

Mārcus dēnuō interrogat: „Sī hodiē nōn vīs, num aliō diē nōbīscum in campō lūdere māvīs, Quīnte?"

Quīntus: „Ego mē nō**lle** dīxī! Nōnne audīvistī mē legere **vel**le?"

Lūcius: „*Nōlī* stultus *esse*, Quīnte! Venī!"

Quīntus: „Nōlēbam et nōlō!" Addit etiam: „Nōlīte diutius mēcum iūrgāre! Mihi iam odiō estis."

Mārcus cēterīs amīcīs paulō post: „Quīntus venīre nōluit, sed domī sedēre et discere māluit."

Amīcī: „Quīntum stultum esse nunc certē scīmus."

B 1. Minōs Daedalum Crētam relinquere nōlēbat. 2. Cum Daedalus rēgem ōrābat, rēx virum praeclārum audīre nōlēbat. 3. Daedalus autem, quod fortūnam temptāre quam servīre māluit, „Sī nōs," inquit, „discēdere nōn vīs, rēx, ego fīliusque interīre[1] quam in Crētā manēre mālumus". 4. Rēx: „Sī in Crētā manēre nōn vultis, sed interīre[1] māvultis, ecce, facultās vōbīs datur. Sed nōlīte īram meam commovēre! Nōlī fortūnam temptāre, Daedale!" 5. Deinde rēx custōdibus: „Sciō Daedalum rēgnum meum relinquere velle; in patriam discēdere quam in Crētā manēre māvult. Custōdīte virum callidum! 6. Cum Daedalus fugam parat, impedīte[2] virum malum! Daedalum effugere nōlumus." 7. At Daedalus, postquam vīdit negārī, quod cupiēbat, ālās sibi fīliōque parāvit. 8. Pater, quod fīlium in altum volāre nōlēbat, praeceptum sevērum dedit: „Nōlī sōlī, nōlī aquae appropinquāre, mī fīlī!" 9. Iam Daedalus fīlium servātum esse putābat, cum puer incautus dēfessus in aquam cecidit.

[1] interīre: umkommen. [2] impedīre: hindern.

C 1. *In welchen Sätzen in A und B regieren die Formen von* velle, nōlle, mālle *einen aci? Unterstreiche den aci farbig!*

2. *In welchen der Sätze in A und B hängt von den Formen von* velle, nōlle, mālle *ein bloßer Infinitiv ab? Unterstreiche diesen in anderer Farbe!*

Lies § 44 der Begleitgrammatik und übersetze:

3. Mārcus et Lūcius ad tumulum in campō situm currunt. Mārcus vincit, nam *Mārcus prīmus*, Lūcius ultimus ad tumulum *venit.* Mārcus gaudet; *Mārcus laetus* cēterīs puerīs nārrat: „Ego prīmus ad tumulum vēnī." Cēterī: „*Tē prīmum advēnisse* vīdimus, Mārce." Ita tōtum diem lūdunt. Tum puerī dēfessī, sed laetī in vīcum migrant.

4. Rōmānī *Cicerōnem cōnsulem creāvērunt.* — *Mārcus Tullius Cicerō* nōn modo *ōrātor*, sed etiam *iūris perītus* magnam glōriam *sibi parāvit.* Cōnsul rem pūblicam Rōmānam bene administrāvit.

* *Vergleiche! Gib Gemeinsamkeiten und Unterschiede an:*

5. Mārcus prīmus ad tumulum venit.
   Mark arrives first at the hill.
   Markus kommt als erster beim Hügel an.
6. Rōmānī Cicerōnem cōnsulem creāvērunt.
   The Romans made (or: elected) Cicero their consul.
   Die Römer wählten Cicero zu ihrem (oder: als) Konsul.
7. Cicerō ōrātor glōriam sibi parāvit.
   Cicero acquired fame (or: became famous) as an orator.
   Cicero wurde als Redner berühmt.

1. mālō, malum, mālēbam, nōlō, nōlī, nēmō, nōmine, nōlīte, nōnne, nōn vīs, nōbīs, vītīs, viīs, nōminis, sentīris, nōluistī, nōn vultis, nōlēbātis, māluimus, voluimus, volumus, volēbāmus, volāmus, occultāmur, māluī, mollīvī, malī, malō, maneō, māne.

2. *Dekliniere:* mīles dēfessus, flūmen longum, vōx clāra.

*3. *Ersetze die Formen von* cupere *durch die entsprechenden Formen von* velle: cupis, cupiēbāmus, cupīvistis, cupiunt, cupiō, cupitis, cupīvit.

*4. *Ersetze* antepōnere *(vorziehen) durch* mālle: antepōnō, anteposuit, antepōnēbās, antepōnunt, antepōnis, antepōnēbant, anteposuistis, antepōnit.

*5. *Ersetze* negāre *durch* nōlle: negant, negāvī, negātis, negābam, negā, negāvērunt, negās, negābat.

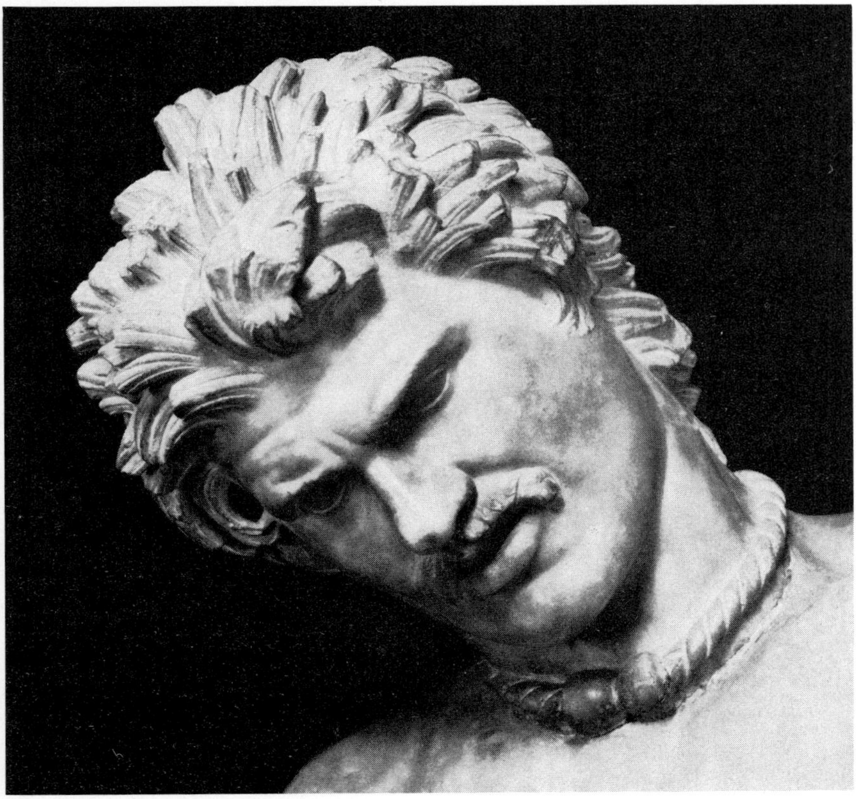

I Galli Romam diripiunt, Capitolium frustra oppugnant

Quarto ante Christum natum saeculo Galli, qui etiam Celtae nominabantur, e Gallia Germaniaque in Italiam invaserunt. Postquam Celtae a sociis populi Romani agros poposcerunt, quod multitudinem hominum ex suis agris alere non iam poterant, Romani legatos in castra Gallorum miserunt. Qui cum Gallis agere nolebant, sed verba mala in Gallos iactare malebant. Unus ex legatis etiam ducem Gallorum hasta interfecit. Quae res iram Gallorum commovit. Itaque Galli statim Romam contenderunt. Acies Romanorum, qua Romam ante muros defendere volebant, magna pugna pulsa est.

Reliqui incolae, quorum timor magnus erat, ne portas quidem defenderunt, sed in Capitolium fugerunt. Quem locum muris bene munitum esse putabant. Galli, ubi per portas apertas in oppidum invaserunt, laeti ad diripiendum et delendum cucurrerunt. Capitolium autem dimicando capere non potuerunt, quamquam magna audacia muros expugnare temptabant. Itaque collem ascendebant noctu. Iam primi murum attingebant[1], iam erant cupidi custodes opprimendi, cum anseres[2] sacri, qui in templo Iunonis alebantur, custodes defessos e somno excitaverunt. Quae res Romanis saluti fuit. Galli de colle deiecti sunt.

[1] attingere: berühren. [2] ānser, -eris m.: Gans.

***E II** **Galli tandem discedunt**

Galli, postquam Capitolium diu frustra oppugnaverunt, de pace agere quam diutius bellum gerere malebant. Legati Gallorum, postquam in arcem[1] Romanorum venerunt, magnam copiam auri poposcerunt. Sed Galli aurum, quod Romani apportabant, falsis ponderibus[2] pependerunt[3]; quin etiam[4] dux Gallorum gladium suum ponderibus addidit. Quae res animos Romanorum denuo ad dimicandum commovit, quamquam viri, qui Capitolium defendebant, defessi erant. Iam pugna iniqua[5] renovabatur[6], cum Camillus novis cum copiis advenit et Gallos in fugam dedit.

[1] arx, arcis f.: Burg. [2] pondus, -eris n.: Gewicht. [3] pendō, pependī, pēnsum, pendere: aufhängen; abwiegen. [4] quīn etiam: ja sogar. [5] inīquus: ungleich. [6] renovāre: erneuern; wiederaufnehmen.

***F** Multós timére débet, quém multí timént.

***G** 1. Der Vater konnte seine Söhne nicht vom Streit zurückhalten. 2. Er mahnte: „Streitet nicht! Ich will lieber, daß ihr Eintracht wahrt.“ 3. Obwohl der älteste Sohn die Stäbe zerbrechen wollte, konnte er [es] nicht. — 4. Willst du etwa lieber in der Stadt bleiben, obwohl die Feinde schon eindringen? 5. Ich will lieber in der Stadt bleiben und bei der Verteidigung dem Vaterland nützlich sein.

X LECTIO UNDEVICESIMA

Herculēs incolīs Graeciae submittitur

1. Herculēs, *postquam* ā rēge *vocātus est*, statim venit. 2. Rēx: „Stabula Augīae, quod magnā cōpiā stercoris[1] complēta sunt, malō odōre[2] incolās vexant. Pūrgā stabula!"
3. Herculēs, quamquam imperiō offēnsus est, tamen labōrem dūrum suscipit. 4. Tum Herculēs, quod etiam ā cēterīs incolīs ōrātus est, ad aulam Augīae properat.

1. Herculēs ā rēge *vocātus* statim venit. 2. Rēx: „Stabula Augīae magnā cōpiā stercoris complēta malō odōre incolās vexant. Pūrgā stabula!"
3. Herculēs imperiō offēnsus tamen labōrem dūrum suscipit.
4. Tum Herculēs etiam ā cēterīs incolīs ōrātus ad aulam Augīae properat.

5. Herculēs ab Augīā salūtātus statim in stabula properāvit. 6. Stabula stercore[1] complēta Herculem nōn dēterrēbant. 7. Magna autem furca[3], quam Augīās Herculī dedit, nihil prōfuit. 8. Augīās Herculem ad labōrem excitāvit, sed Herculēs ab Augīā monitus furcam abiēcit et aliam viam invēnit labōrem dūrum cōnficiendī.

9. Incolae, quī spectābant, subitō clāmāvērunt: „Flūmen ab Hercule callidō dērīvātum[4] nunc per stabula fluit! 10. Tōtum stercus flūmine ē stabulīs remōtum facile in mare[5] portātur." 11. Ita opus ingeniō Herculis ūnō diē cōnfectum cūnctōs incolās laetitiā affēcit.

[1] stercus, -coris n.: Mist. [2] odor,-ōris m.: Geruch. [3] furca: Mistgabel. [4] dērīvāre: ableiten. [5] mare *(Akk. u. Nom.)*: Meer.

12. *In den Sätzen A 1–4 wurde jeweils ein GS durch ein sogenanntes* **prädikatives Partizip** *ersetzt. Nenne die drei Arten von GS, bei denen dieses möglich ist!*

13. *In den Sätzen A 5–6 und 8 kannst du das prädikative Partizip (PP) kürzer durch eine adverbiale Bestimmung wiedergeben.*

14. *Die Sätze A 9–11 können dadurch übersetzt werden, daß man das PP durch einen dt. Hauptsatz wiedergibt und das lat. Prädikat nebenordnet, das heißt mit „und" verbindet (sog. Beiordnung).*

15. *Welche Regel läßt sich über das Tempus in dt. Gliedsätzen aufstellen, mit denen man das lat. PP wiedergeben kann?*

* 16. *Vergleiche und beschreibe die verschiedene Einordnung des prädikativen Partizips in den Hauptsatz bzw. Rahmensatz:*

Herculēs ā rēge vocātus statim venit.
Called by the king, Hercules comes immediately.
Vom König gerufen, kommt Herakles sofort
(oder: Der vom König gerufene Herakles kommt sofort).

B 1. Lēgātī Rōmānōrum dē pāce ad Gallōs missī Gallōs superbīs verbīs offendēbant. 2. Cōpiae Rōmānōrum ā Gallīs pulsae in Capitōlium fūgērunt. 3. Collis diū frūstrā obsessus noctū ā Gallīs ascendēbātur. 4. Capitōlium ā Gallīs paene captum ab ānseribus[1] servātum est. 5. Custōdēs ē somnō excitātī Gallōs dēiēcērunt. 6. Posteā Gallī morbō malō vexātī cum Rōmānīs dē pāce ēgērunt. 7. Tandem cōpiae ā Camillō coāctae Rōmam līberāvērunt. 8. Rōmānī ā Camillō servātī valdē gaudēbant; Gallī superātī recessērunt.

[1] ānser, -eris m.: Gans.

C 1. *Unterstreiche in A und B das PP und sein Beziehungswort!*

2. *Warum heißt diese Konstruktion auch* „participium coniūnctum"?

3. *Zeichne mit Verwendung der graphischen Symbole die Satzbaupläne von B 1 und 2!*

Übersetze den lateinischen Text durch einen deutschen GS:

1. Helena ab Alexandrō rapta — *lebte sie lange zufrieden in Troja.*
2. Oppidum mūrīs firmīs mūnītum — *trotzte sie zehn Jahre den Feinden.*
3. Trōiānī decem annōs obsessī — *verloren sie nicht den Mut.*
4. Equus ab hostibus in lītore relictus — *erregte es keinen Verdacht.*
5. Equus in forō collocātus — *wurde es als Gottheit verehrt.*
6. Portae Trōiae apertae — *ermöglichten sie das Eindringen der Feinde.*
7. Trōia ā Graecīs dēlēta — *wurde es nicht wieder aufgebaut.*

D 1. *Dekliniere:* socius circumventus, multitūdō coācta, opus cōnfectum.

2. *Konjugiere (je 6 Formen des Präs., Ipf. und Perf. in Aktiv und Passiv):* removēre.

E I

De bellis Persarum

Olim rex Persarum, quamquam non modo Persis, sed etiam ceteris Asiae populis imperabat, Graecorum quoque terras, qui et in Graecia et in litore Asiae habitabant, possidere volebat.

Itaque immensae Persarum copiae in navigia impositae in Graeciam transportatae sunt. Quae apud Marathonem ab incolis Athenarum victae atque pulsae infecta re rursus in Asiam se receperunt.

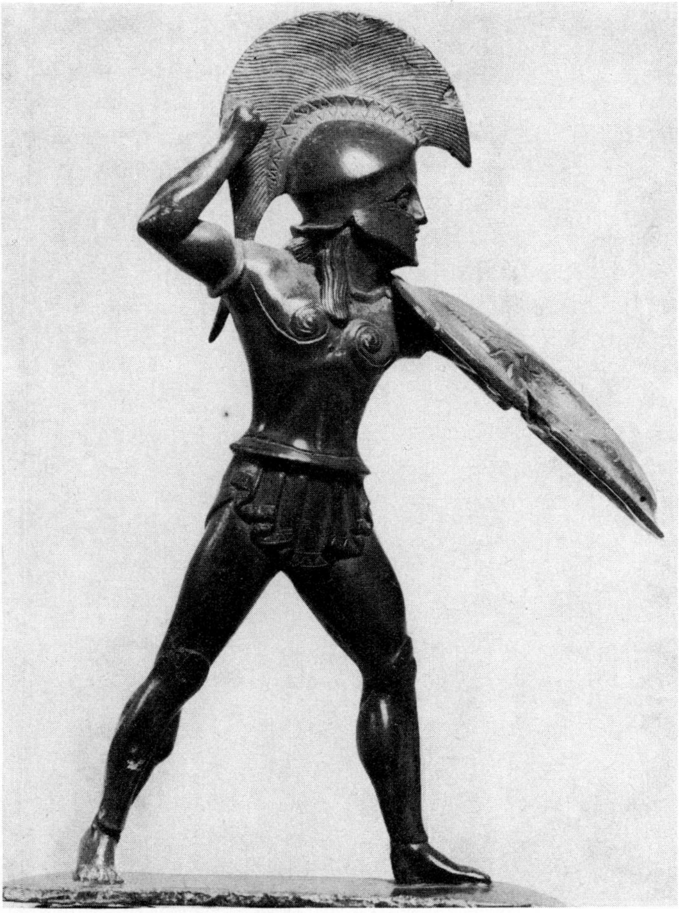

Decem annis post alius rex Persarum denuo cum magno numero navigiorum et immensa multitudine militum in Graeciam invasit. Ubi copias Persarum paulatim appropinquare nuntiatum est, paene cuncti Graecorum populi periculo Persarum moti milites ad defendendum miserunt.
Angustiae Thermopylarum quasi ianua Graeciae erant. Postquam imperatores Graecorum milites in angustiis instruxerunt, Persae diu frustra parvas copias Graecorum oppugnabant. Sed tandem Graeci a multitudine Persarum circumventi superati sunt. Athenae, quae muris munitae non erant neque defendebantur, a Persis deletae sunt. *Templa* flammis *deleta* iram et animum Graecorum ad pugnandum excitaverunt.
Paulo post rex Persarum a Graecis ad Salaminem insulam proelio praeclaro victus in Asiam recessit.

*E II De pugna ad Thermopylas facta

Quod angustiae Thermopylarum quasi ianua Graeciae erant, Leonidas, rex Lacedaemoniorum, ibi cum parvis copiis multitudinem immensam Persarum exspectabat. Ubi Persae advenerunt, multi Graeci domum fugere cupiebant. Itaque ceteri timore Persarum territi domum missi sunt, Lacedaemonii autem cum paucis aliis in angustiis manserunt. Pauci milites in angustiis collocati diu se ab hostibus defendebant. Tandem proditor[1] Graecus Persis aliam viam praeter angustias monstravit. Graeci a Persis ita circumventi oppressi et, quamquam summa virtute dimicabant, cuncti interfecti sunt.

[1] prōditor: Verräter.

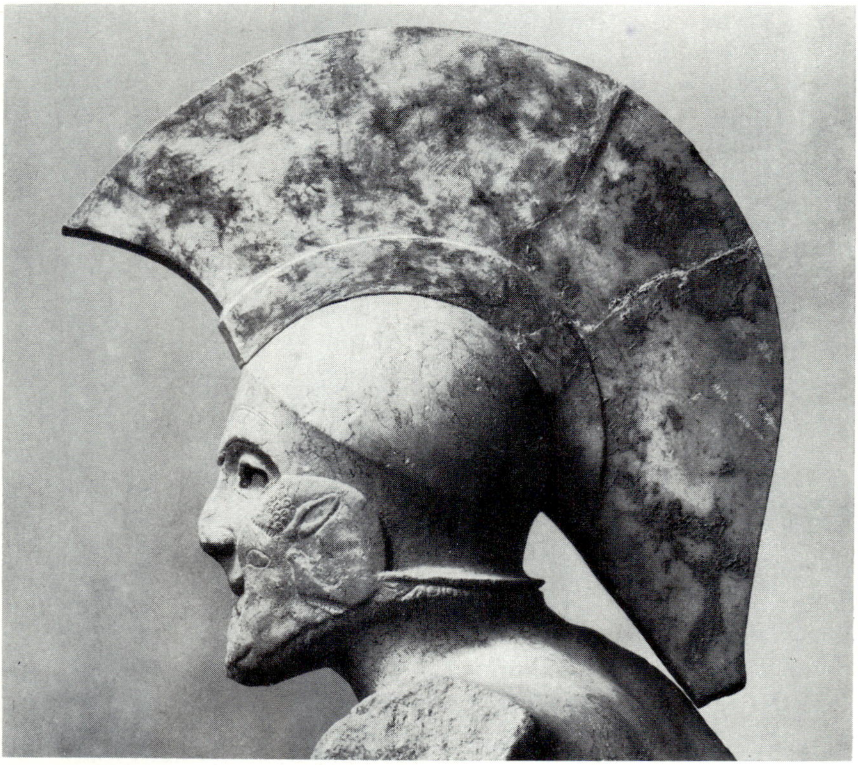

***G** 1. Nachdem Helena von Alexander geraubt worden war, lebte sie in Troja. 2. Obwohl die Trojaner von den Griechen zehn Jahre lang belagert worden waren, gaben sie die Hoffnung auf Rettung nicht auf. 3. Weil die Griechen im hölzernen Pferd verborgen waren, wurden sie nicht gesehen. 4. Sino wurde an der Küste zurückgelassen und erzählte den Trojanern eine falsche Geschichte. 5. Die Griechen drangen nach ihrer Befreiung aus dem Pferd in die Stadt ein.

LECTIO VICESIMA

Agricola et fīlius equum ferunt

Agricola et fīlius cum equō oppidum vīsitāre volēbant. Fīlius ab equō **fer**ēbātur, pater pedibus iter faciēbat. Sōl calidus patrem fatīgābat. Vīcīnus advēnit: „Quā dē causā tū, eque, puerum fe**rs**? Puerum ferrī, virum autem migrāre aequum nōn est.“ Faciunt, quod vīcīnus poposcit: Nunc pater fertur, fīlius migrat. Paulō post viātor[1] appropinquat: „Quid est? Quā dē causā tū, pater, ab equō ferris, fīlius autem parvus currere cōgitur? Fer puerum, eque!“ Tum agricola: „Sī ego feror, vituperor; fīlium sī equus fert, aequum nōn est. Sīn ambō[2] fe**rimur**, vituperārī nōn possumus.“ Itaque ambō equum miserum cōnscendunt.

Dum et pater et fīlius feruntur, philosophus obviam vēnit: „Vae! Nōnne tū quoque, eque miser, nunc duōs hominēs ferre coāctus ā deīs ōlim creātus es? Inīquī estis, hominēs. Cūr nōn vōs equum fertis? Nōnne sentītis equum miserum esse?“ Tandem equus ab hominibus in oppidum **lāt**us est. Incolae oppidī agricolam fīliumque, quod equum **tul**ērunt neque lātī sunt, iūre illūsērunt[3].

[1] viātor, -ōris: Wanderer. [2] ambō *(Nom.)*: beide. [3] illūdō, illūsī, —, illūdere: verspotten.

1. *Quid novī* fertis, amīcī? 2. Amīcī Caesarī *nōmen rēgis* offerre volēbant. 3. *Quod fert fortūna, fer!* — *Quod fert fortūna, ferrī dēbet.* 4. Iter ab oppidō ad vīcum fert. 5. Cōnsul māne castra movērī et sīgna ferrī iussit. 6. Germānōrum populī multum inter sē differunt. 7. Germānī sine causā Gallīs bellum intulērunt. 8. Caesar sē ad decimam legiōnem contulit. 9. Statim Rōmānī sīgna in hostēs īnferunt. 10. Quā rē Gallīs spēs salūtis sublāta est. 11. Frūmentum ex agrīs in vīcum cōnfertur. 12. Mercātōrēs frūmentum aliāsque rēs in forō offerēbant. 13. Fēriae magna gaudia nōbīs afferunt (attulērunt). 14. Ferunt (Dīcunt) Graecōs cūnctōs Trōiānōrum virōs interfēcisse. — *Graecī* cūnctōs Trōiānōrum virōs *interfēcisse feruntur (dīcuntur)*. 15. Fāma nārrat Graecōs decem annōs Trōiam oppūgnāvisse. — Decimō annō Trōia dolō Ulixis expūgnāta dīrepta esse fertur (dīcitur). 16. Fēminae Trōiānōrum in Graeciam ductae esse feruntur (dīcuntur). 17. Rōmānī *captīvōs* in ūnum locum *collātōs* in oppidum proximum ēgērunt. 18. Gallī magnam cōpiam frūmentī in castra Rōmāna lātam esse dolēbant. 19. Imperātor epistulam ā nūntiō allātam statim mīlitibus recitāvit. 20. Angustiae dēnsīs in silvīs sitae Rōmānīs perniciēī fuērunt. 21. Cīvitātem Helvētiōrum Germānīs saepe bellum intulisse Caesar rettulit.

***C** *Vergleiche! Beschreibe die Satzbauänderungen:*
Graecī cūnctōs Trōiānōs interfēcisse feruntur.
The Greeks are said to have killed all the Trojans
(or: It is said that the Greeks have killed all the Trojans).
Die Griechen sollen alle Trojaner umgebracht haben
(oder: Man sagt, daß die Griechen alle Trojaner umgebracht haben).

D 1. ferre, ferēbat, ferō, ferimus, ferunt, fers, fert, ferte, fertis, fer, ferris, fēriīs, ferrī, fertur, ferimur, ferendum, obfuimus, obtulimus, alitis, allātīs.
2. *Verwandle ins Perfekt Aktiv und Perfekt Passiv* (z.B.: fers → tulistī, lātus es): differtis, tollis, cōnferunt, referō, cōnferimus, offers, affert.
3. *Konjugiere (Präs., Ipf. und Perf. Akt. und Pass.)*: abicere.

E I De pugna ad Salaminem insulam facta

Persas Graecis bellum intulisse legistis. De dolo, quo Themistocles, dux Graecorum, hostes apud Salaminem insulam fefellit, nunc audite!
Dum Persae Athenis appropinquant, incolae Athenarum oraculum Delphicum consuluerunt de defendendo. Paucis diebus post responsum[1] dei allatum est: „Muros aedificate ligneos!" Qua ex re magnae controversiae erant inter populi duces. Quamquam multi Athenas muris ligneis defendere volebant, Themistocles monuit: „Nolite stulti esse, amici! Deus nos navigia parare iubet. Muri lignei, si in oppido aedificantur, nemini prosunt. Navigia parate! Navigia quasi muri lignei sunt."
Summa celeritate navigia aedificantur; feminae liberique in Salaminem insulam conferuntur ibique occultantur; cuncti, qui arma ferre possunt, se in navigia conferunt.
Graeci callidi aciem navigiorum inter Salaminem insulam et terram Atticam instruxerunt. Navigia Graecorum a magnis Persarum navigiis et longitudine et celeritate differebant. Itaque rex Persarum signa in Graecorum aciem inferre primo noluit. Tum Themistocles, quod pugnam in diem posterum differre nolebat, noctu per nuntium epistulam ad regem Persarum ferri iussit. Qua in epistula scripsit: „Themistocles, amicus Persarum, regi regum salutem dicit. Offero tibi occasionem vincendi. Statim signa ferte in Graecos in unum locum collatos! Nam Graecis pedem referre et fugere in animo est. Vale!"
Epistula Themistoclis regem fefellit. Mane Persae veniunt. Tum Graeci clamorem tollunt: „Ferte auxilium nobis, dei!" Navigia propelluntur[2], arma conferuntur.
Multas horas dimicabatur; longitudo navigiorum Persis oberat; tandem Persae a Graecis victi se receperunt. Magnam praedam Graeci oraculo Delphico donum rettulerunt.

[1] respōnsum: Antwort. [2] prōpellere: vorwärtstreiben.

II

Copiae Romanae a Germanis opprimuntur

Varus, postquam ab imperatore Augusto imperium trium[1] legionum accepit, bellum trans Rhenum Germanis intulit. Germanos timore copiarum Romanarum territos esse putabat et iam pedem referre atque in hiberna[2] se conferre volebat, cum relatum est: „Cherusci, qui trans saltum Teutoburgiensem[3] habitant, imperium nostrum ferre nolunt.“ Varus bellum non differt, longitudinem itineris non metuit, signa densas in silvas infert.

Multos dies legiones densas per silvas iter faciebant. Nusquam[4] hostes oculis offerebantur, sed saepe nuntii afferebantur de insidiis Arminii, ducis Cheruscorum. Et subito Germani e silvis signa in legiones Romanas intulerunt, magnum clamorem sustulerunt, tres[1] legiones magna pugna totas deleverunt.

[1] trēs (Gen.: trium): drei. [2] hīberna, -ōrum: Winterlager. [3] saltus Teutoburgiēnsis: Teutoburger Wald. [4] nūsquam: nirgendwo.

1. Der Esel[1], der eine große Last[2] trug, sagte zum Pferd: 2. „Du trägst nichts; trag mit mir zusammen[3] die Last; durch gemeinsames[3] Tragen wird[4] uns der Weg angenehm sein.“ 3. Aber das Pferd wollte die Last nicht tragen: „Was du mir angeboten hast, gefällt mir nicht; ich bin ein Pferd, nicht ein Esel!“ 4. Wenig später war der Esel tot[5]. 5. Die ganze Last wurde dem Pferd übertragen[6].

[1] asinus: Esel. [2] onus, oneris n.: Last. [3] ūnā (Adv.): zusammen. [4] erit: wird sein. [5] mortuus: tot. [6] dēferre: übertragen.

I

LECTIO VICESIMA PRIMA

1. *Multīs nāvigiīs* Persae in Graeciam vēnērunt.
2. *Multīs nāvigiīs dēlētīs* Persae in Asiam pedem rettulērunt.
3. *Multīs nāvigiīs dēlētīs tamen* nēmō Persārum in Graeciā relictus est.

I

Athēnae ā Persīs expūgnantur

Postquam Xerxēs, rēx Persārum, Athēnīs appropinquāvit, Graecī perīculō territī in nāvigia sē contulērunt; nōnnūllī autem incolārum in arcem sacram templīs ōrnātam et valdē mūnītam, cui nōmen erat Acropolis, fūgērunt. Portā līgneā statim clausā Graecī Persās multōs diēs arcēre poterant. Tandem Persae viā occultā[1] inventā noctū fortūnam bellī temptāvērunt et arcem sacram ibi ascendērunt, ubi cūstōdēs Graecōrum

[1] occultus, a, um: geheim.

somnō superātī iacēbant. Cūstōdibus statim ē somnō excitātīs tamen arx dēfendī nōn potuit. Athēnīs ab hostibus occupātīs et arce captā flammīsque dēlētā Graecī tamen dē salūte nōn dēspērāvērunt. Themistoclēs multīs nāvigiīs coāctīs apud Salamīnem īnsulam hostēs magnā pūgnā in fugam dedit.

B

1. Hostibus caesīs atque bellō fīnītō — *kehren die Truppen zurück.*
2. Carthāgine dēlētā — *beherrscht Rom das westliche Mittelmeer.*
3. Labyrinthō ā Daedalō aedificātō — *zeigt sich König Minos undankbar.*
4. Ālīs ex pennīs factīs — *gelingt Daedalus die Flucht.*
5. Colle ā Gallīs circumventō — *verzweifelten die Römer dennoch nicht.*
6. Frūmentō in castra collātō — *war alles für den Winter vorbereitet.*
7. Litterīs allātīs et spē salūtis auctā — *griff Caesar an.*
8. Subitō clāmōre sublātō — *stürmten die Gallier vor.*
9. Sīgnō datō — *begannen die Soldaten den Kampf.*
10. Populīs, quī ad ōceanum habitant, ūnā aestāte pācātīs — *marschierte Cäsar ins Innere des Landes.*
11. Cohortibus quattuor relictīs — *überschritt Cäsar den Fluß.*
12. Legiōne ūnā praemissā — *folgte Cäsar mit dem übrigen Heer.*
13. Tempore cōnsilium capiendī nōn datō — *handelten alle richtig.*
14. Magnō numerō nāvigiōrum dēlētō — *zogen sich die Perser aus Griechenland zurück.*
15. Tōtā regiōne pācātā — *begab sich Cäsar zurück nach Italien.*
16. Centuriōnibus aut vulnerātīs aut interfectīs, sīgniferō[1] necātō, sīgnīs in ūnum locum collātīs, multīs mīlitibus iam vulneribus cōnfectīs — *war die Lage sehr gefährlich.* —
17. *In labyrinthō ā Daedalō aedificātō* — *wurde der Minotaurus gefangengehalten.*
18. Ā mercātōribus ē perīculō servātīs — *werden den Göttern Opfer gebracht.*
19. Dē perīculō ā mīlitibus susceptō — *berieten die Feldherren.*
20. Cum mīlitibus in proeliō vulnerātīs — *kehren wir zurück.*
21. Per iānuam ab uxōre apertam — *kann er entfliehen.*

[1] sīgnifer, -ferī: Standartenträger.

***C** *Vergleiche! Gib Gemeinsamkeiten und Unterschiede an:*

Portīs clausīs Graecī Persās nōn iam metuēbant.

(With) the doors shut, the Greeks were no longer afraid of the Persians.

Weil die Tore geschlossen waren, fürchteten die Griechen die Perser nicht mehr.

D 1. imperātōre vulnerātō 2. litterīs ā patre missīs 3. mīlitibus territīs 4. portīs oppidī paene clausīs 5. cūstōdibus oppressīs 6. mūrīs exstrūctīs 7. victōriā incolīs nūntiātā 8. arbore ā servīs caesā 9. aciē īnstrūctā 10. cōnsiliō pūgnandī captō 11. clāmōre ā mīlitibus sublātō 12. clāmōre ab incolīs audītō 13. oppidō captō 14. in oppidō captō 15. itinere ūnō diē cōnfectō 16. spē auctā 17. līmite lapidibus exstrūctō 18. occāsiōne datā 19. concordiā et ūnitāte cōnfectā.

De nuntio Marathonio

Primo Persarum bello, quod fuit decem annis ante victoriam apud Salaminem partam, Darius multis navigiis coactis copias in Graeciam transportavit. Tum incolae Athenarum nuntio *Spartam* misso a Lacedaemoniis auxilium petiverunt copiasque poposcerunt. Sed Lacedaemonii diebus festis atque sacrificiis prohibiti auxilium ferre non potuerunt. Ita incolae Athenarum navigiis Persarum iam appulsis[1] apud Marathonem hostes exspectabant. Tota planitie a militibus Persarum, qui numerari non poterant, completa incolae Athenarum, quorum numerus non erat magnus, spem salutis in fortitudine ponebant. Signo proelii dato magna celeritate in Persas incurrerunt, hostes aut interfecerunt aut usque ad navigia pepulerunt. Persis in fugam datis victores laeti, sed non superbi erant. Miltiades enim, qui copiis praeerat, consilio convocato dixit: „Statim victoriam domum nuntiare debemus, quod Persae Athenas sine praesidio relictas capere possunt. Incolae autem parati esse debent ad defendendum.“ Postquam dux quaesivit: „Quis ad currendum paratus est?“ unus ex viris, quamquam pugnando defessus erat, Athenas cucurrit. Itinere longo *paucis horis* peracto nuntius in forum Athenarum advenit clamavitque: „Victoria nostra est!“ Verbis dictis corruit[2] labore confectus.

[1] appellere: landen. [2] corruere: zusammenbrechen.

II Milites Graeci e periculo servantur

Dario, regi Persarum, duo filii erant, Cyrus et Artaxerxes. Patre morbo confecto filii inter se de imperio contendebant. Cyrus Graecis militibus conductis[1] copias in Asiam contra fratrem duxit. Apud Cunaxam, vicum prope Babylonem situm, fratres acies instruxerunt. Sed dum Graeci Persas in fugam dant, Cyrus in pugna cecidit. Cyro interfecto Graeci causam dimicandi non iam habebant. Itaque Artaxerxes Graecos bellum finire et arma abicere iussit. Quod Graeci facere negaverunt.

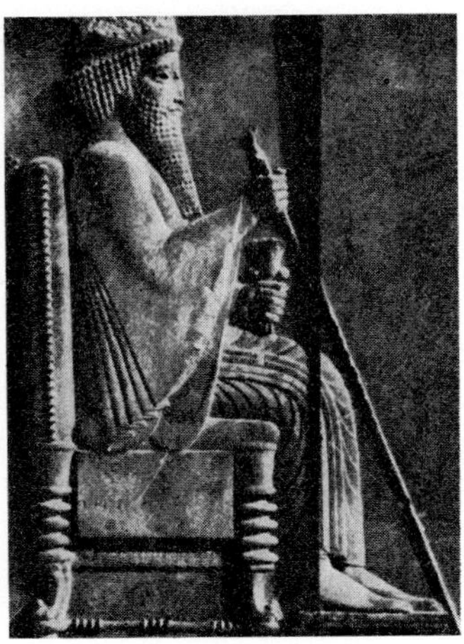

[1] condūcere: anwerben.

Postea duces Graecorum ab imperatore Persarum ad consilium vocati a Persis dolo necati sunt. Ducibus necatis reliqui Graeci de salute non desperaverunt. Novis ducibus a militibus creatis Graeci post multas pugnas multosque labores rursus ad Pontum in regiones a Graecis habitatas venerunt.

*F Lupus et persona tragoedi[1]

Personam tragoedi lupus in agro invenit, quam iterum atque iterum vertit[2]. „O, quam pulchra species“, inquit, „at cerebrum[3] non habet neque sensum[4]“. — Fabula de hominibus dicitur, qui gloriam et honorem neque prudentiam[5] habent.

[1] persōna tragoedī: Tragikermaske. [2] vertere: umdrehen. [3] cerebrum: Gehirn. [4] sēnsus: Gefühl. [5] prūdentia: Verstand.

***G** 1. Nachdem die Perser besiegt waren, hatte Athen großen Ruhm. 2. Weil Kriegsgefahr gemeldet war, forderte Themistokles die Einwohner Athens auf, Schiffe zu bauen. 3. Nachdem viele Schiffe gebaut waren, war Athen zur Verteidigung bereit. 4. Als die Perser geschlagen waren, segelten die Schiffe der Griechen nach Asien. 5. Dort befreiten sie viele griechische Staaten von den Persern.

XXII LECTIO VICESIMA SECUNDA

A Horātius poēta ē perniciē servātur

Horātius poēta aliquandō Viā Sacrā per forum Rōmānum **ībat**, cum vir, quī poētae nōmine tantum nōtus erat, accurrit clāmāvitque: „Ō, quid agis, mī amīce? Unde venīs? Quō īs?“ Horātius respondit: „Ad amīcum nōn tibi nōtum **eō**.“ Sed vir aliēnus quaerit: „Cūr nōn īmus ūnā? Mihi quoque eōdem[1] iter est.“ Tum ūnā eunt. In eundō vir aliēnus verba multa et stulta facit. Poēta, cuius animus offēnsus est, tacet. Verba hominis molestē fert. Horātius, quamquam modo[2] celeriter[3] īre, modo cōnsistere studet, garrulum[4] nōn effugit.

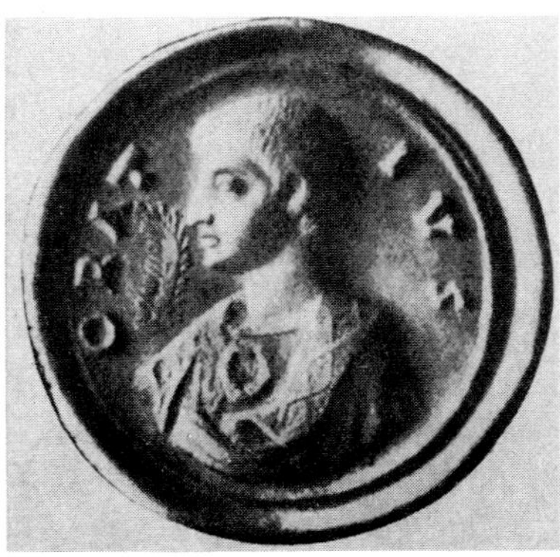

Tandem poēta servātus est. Nam obviam **iit** homō, quī garrulō inimīcus erat, et „Ecce“, clāmāvit, „videō tē, quī in iūs vocātus[5] tamen nōn (iistī →) īstī ad iūdicium! Ī mēcum ad praetōrem!“ Deinde abiērunt. Sīc Horātius servātus est.

[1] eōdem: dorthin. [2] modo ... modo: bald ... bald. [3] celeriter *(Adv.)*: schnell. [4] garrulus: Schwätzer. [5] in iūs vocātus: trotz Vorladung (vor Gericht).

1. Bellō cōnfectō Camillus victor in patriam rediit. 2. Amīcum adīre volō, sed in forum abiit. 3. Cūr nōn etiam vōs in forum īstis, amīcī? 4. Nōs libenter eō īmus, quō vōs ītis. 5. Caesar in Britanniam trānseundī causā nāvigia aedificārī iussit. 6. Adversīs nūntiīs allātīs Gallī statim dē rēbus maximīs cōnsilia ineunt. 7. Captīvī clam ē castrīs Rōmānīs exīsse feruntur. 8. Gallī flūmen trānsīre nōn dubitāvērunt. 9. Hostibus pulsīs mīlitēs laetī in castra rediērunt. 10. Sīc trānsit glōria mundī[1]. 11. Fāma crēscit eundō. 12. Nōn, *quae* praeteriit, *hora* redīre potest. 13. Quintus cum amīcō certābat dē brevitāte[2] epistulae: „Nēmō epistulam tam exiguam[3] scrībere potest quam ego.“ Atque fēriīs amīcō nūntiāvit: „Eō rūs[4]“. Amīcus respondit: „I!“ 14. Mīlitēs opere dūrō fatīgātī flūmen transiērunt.

[1] mundus, i: Welt [2] brevitās, -tātis f.: Kürze. [3] exiguus: knapp. [4] rūs: aufs Land.

1. *Mache B 6 und 9 abhängig von cōnstat!*
2. *Ersetze in B 6 und 9 das Partizip durch einen Nebensatz!*

1. īre, ībat, it, iit, iī, īmus, iimus, īstis, īstī, eō, īs, eunt, iērunt, eundī, īsse, īte, este; trānsībātis, rediērunt, exeō, ineunt, exīsse, adīte, abītis, praeterīstis, abībam, exiī, adiī, adī, addī, addis, adīs, ades.
2. *Dekliniere:* cohors aucta, spēs āmissa, nōmen magnum.
3. *Konjugiere:* ferre, īre, esse.
4. *Bilde die 4 Infinitive von* scrībere *und* augēre.

De Aristide

Persis victis Athenae totam per Graeciam magno in honore erant. Incolae autem Athenarum ducibus rei publicae saepe gratiam non habebant, sed viros claros, quorum potentiam timebant, in exilium exire cogebant, ut Aristidem, cui propter eximiam iustitiam cognomen[1] erat Iusti.

[1] cognōmen, -minis n.: Beiname.

Cum controversiae erant inter populi duces atque discordia rei publicae imminebat, totus populus etiam e vicis prope Athenas sitis in forum vocabatur. Suffragium[2] ita ferebatur: Unusquisque[3] nomen viri, quem in exilium mittere volebat, in testa[4] inscribebat; cunctis testis collectis nomen viri damnati pronuntiabatur[5]; suffragio[2] sic lato vir damnatus in exilium abire debebat.

Die[6] constituta multi viri in forum eunt. Audiuntur voces variae: „Unde venitis? Quo itis? Qua re occupati estis?“ — „E vico venimus, in forum imus ad suffragium ferendum[2].“ — „Certe iam mane e vico existis?“ — „Ita est. Mane exiimus.“ — „Ite nobiscum!“ Forte etiam Aristides praeterit. Tum unus ex agricolis, scribendi imperitus, Aristidem animadvertit et adit: „Isne et tu in forum, amice?“ — „Eo“, respondet populi dux, qui ab agricola non cognoscitur. Agricola: „Inscribe in testa[4] mea nomen Aristidis!“ Interrogatus ab Aristide: „Num Aristidem in exilium ire vis? Quid tibi fecit mali?“ agricola respondet: „Minime existimo Aristidem hominem malum esse; ne notus quidem mihi est. Sed ubique[7] Aristidem esse „iustum“ audio. Moleste fero nomen Iusti.“ Nomine suo inscripto Aristides testam[4] agricolae reddidit; maestus domum rediit.

[2] suffrāgium ferre: wählen; abstimmen. [3] ūnusquisque: jeder. [4] testa: Scherbe. [5] prōnūntiāre: verkünden. [6] diēs **f**: Termin. [7] ubīque: überall.

*E II De Mida rege

Midae, qui Phryges regebat, immensae divitiae erant; sed vir stultus, quamquam multa iam possidebat, etiam plus[1] habere volebat. Aliquando Bacchus deus multis cum sociis per regnum Midae migrabat. Tum unus ex sociis, Silenus nomine, a via aberravit[2]. Postquam iussu[3] Midae ad Bacchum relatus est, deus gratias[4] referendi causa regem praemium[5] optare iussit. Rex: „Cunctas res, quas corpore contigerim[6], in aurum mutari[7] cupio.“ Quod deus dedit. Midas lapidem sustulit, lapis sublatus in aurum mutatur[7]. Tum rex magno cum gaudio ad mensam properat. Cena allata cibum capit, sed etiam cibus statim in aurum mutatur[7]. Tum rex miser terrore captus Bacchum oravit: „Quam stultus fui! Libera me a dono tam pernicioso[8]!“

[1] etiam plūs: noch mehr. [2] aberrāre: abirren. [3] iussū: auf Befehl. [4] grātiās referre: Dank abstatten; danken (mit Taten). [5] praemium optāre: eine Belohnung wünschen. [6] contigerim: ich berühre. [7] mūtāre: verwandeln. [8] perniciōsus: verderblich; katastrophal.

Aquam petite ab hoste!

Bello Cimbrorum[1] metatores[2] Marii[3] aliquando locum castris stulte[4] constituerunt: Castris ibi positis Cimbri Romanos aqua prohibere poterant. Tum milites aquam poscebant. Marius autem hostes monstravit et dixit: „Inde aquam petite!“ Sic milites Germanos in fugam dare coegit.

[1] Cimbrī: Die Kimbern (ein Germanenvolk). [2] mētātor: Landvermesser. [3] Marius: M. (römischer Feldherr und Politiker, † 86 v. Chr.). [4] stulte (*Adv.*): dumm; falsch.

UBI BENE, IBI PATRIA.

LECTIO VICESIMA TERTIA

Dē nautīs Graecīs

Semper Graecī cupidī erant nāvigandī et terrās aliēnās cognōscendī; nam homō Graecus est animal nāvigandī perītum. Magnus est ūs**us** nāvigandī; nautae enim ē terrīs aliēnīs multās rēs important. Nautīs multa mar**ia** nōta sunt, mult**ōs** port**ūs** vīsitant. Nōnnūllīs in port**ibus** idōneīs locīs turr**ēs** altae exstrūctae sunt. Ē turr**ibus** cūstōdēs mar**e** oculīs perlūstrant[1]. Cum nāvigium turr**ī** et port**uī** appropinquat, cūstōdēs ē turr**ī** nautīs sīgna dant. Iam procul nautae turr**īs** in adit**ū** port**ūs** sitās vidēre possunt. Antīquīs temporibus praeclāra fuit turr**is** in portū Alexandrīae aedificāta, cui nōmen erat Pharus. Quamquam reliquiae turr**ium** multārum nunc quoque restant[2], nōn restant reliquiae turr**is** „Pharī“.

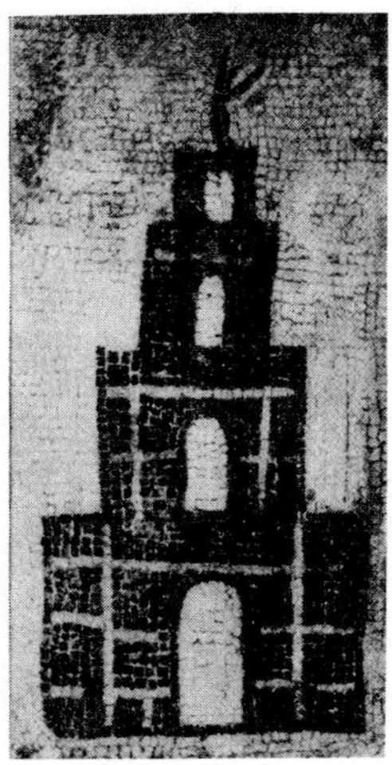

Animālia, quae in mar**ī** vīvunt, nautās interdum terrent. Itaque nautae multās fābulās dē animāl**ibus** saevīs nārrant. Etiam alia perīcula mar**ium** nautīs imminent: Magnī flūct**ūs** summā vī nāvigiīs interit**um** parant. Tum nautae Neptūnum, deum mar**is**, quasī īrātum esse dīcunt. Sed multī nautae v**im** flūct**uum** nōn timent; etiam vīs ventōrum nautās nōn terret. Itaque nautae ē flūctibus servātī mar**ī** fidem servant atque dēnuō nāvigiīs trāns mar**ia** contendunt.

[1] perlūstrāre: beobachten. [2] restāre: noch vorhanden sein.

A II Dē exercitū Graecōrum

Corn**ū** dextrum et cornū sinistrum sunt corn**ua** aciēī. In aciē mediā peditātus, in corn**ū** sinistrō et in cornū dextrō equitātus īnstruitur. Ante pūgnam imperātor tubās[1] corn**ua**que canī iubet; ita sīgnum pūgnandī dat. Cum corn**ū** (corn**uī**) sinistrō perīculum imminet, imperātor mīlitēs corn**ūs** dextrī submittit. Bellīs Persārum exercitūs Graecōrum et fortitūdine et ūsū bellī immēns**ās** man**ūs** hostium superāvērunt.

[1] tuba: Trompete.

B 1. Senātus populusque Rōmānus (SPQR). 2. Officia magistrātuum Rōmānōrum domī bellīque varia fuērunt. 3. Iussū senātūs populīque Rōmānī quotannīs magistrātūs in prōvinciās mittēbantur. 4. Interdum Rōmānī terrā marīque bellum gerere cōgēbantur. 5. Saepe legiōnēs sīgnō proeliī datō hostēs prīmō impetū in fugam dedērunt. 6. Sed variī sunt fortūnae ēventūs. 7. Apud Cannās Poenī exercituī Rōmānōrum magnā pūgnā interitum parāvērunt. 8. Ab incolīs Rōmae moenia ōlim turribus altīs firmāta sunt. — 9. Quamquam vīs ventōrum magnōs flūctūs in portum agit, nautae dē bonō in terram reditū nōn dēspērant. 10. Mare est plēnum animālium variōrum. 11. Nōnnūllī Rōmānī dom**ōs** statuīs aureīs ōrnāvērunt. 12. Vim vī arcēre licet. 13. Senātus victōrem honōre affēcit.

D 1. *Dekliniere:* portus idōneus, opus dīlātum, hortus noster, turris alta, rēs pūblica, manus parva, domus remōta, mare altum, animal saevum, rēx clārus.

*2. *Ergänze:* impetū magn-, ēventūs vari-, exercituum clār-, manū parv-, domum nostr-, dom- nostrās, flūct- excitātī, port- mūnītīs, dom- nostrā.

*3. vim, vī, vīs, virī, virīs, vīrēs, virōs, vīrium, virōrum, amāre, mare, marī, maria, marium, mūrī, templī, fideī, mūrōrum, moenium, manum, manuum, cōnsilium.

E I De erroribus Ulixis

Troia capta Graeci cuncta aedificia, moenia turrisque deleverunt, Troianos interfecerunt, ne a templis quidem vim prohibuerunt.
Sed pernicies exercitui Graeco imminebat; dei enim irati aut navigia Graecorum, qui ex Asia domum navigabant, ventis adversis cuncta per maria pepulerunt aut nautis interitum paraverunt. Errores Ulixis, qui diu terra marique circumagebatur[1], ab Homero poeta in praeclaro carmine nobis relati sunt.

Multis alienarum regionum populis atque animalibus saevis cognitis Ulixes ad Siciliae litus delatus est. Ibi Polyphemus, Neptuni filius, habitabat, cui unus tantum oculus erat. Nonnullis sociis a Polyphemo necatis et devoratis Ulixes de salute non desperavit. Polyphemum enim vino[2] defessum manu sua caecavit[3]. Postquam se suosque e manibus Polyphemi liberavit, magna celeritate ad navigium contendit.

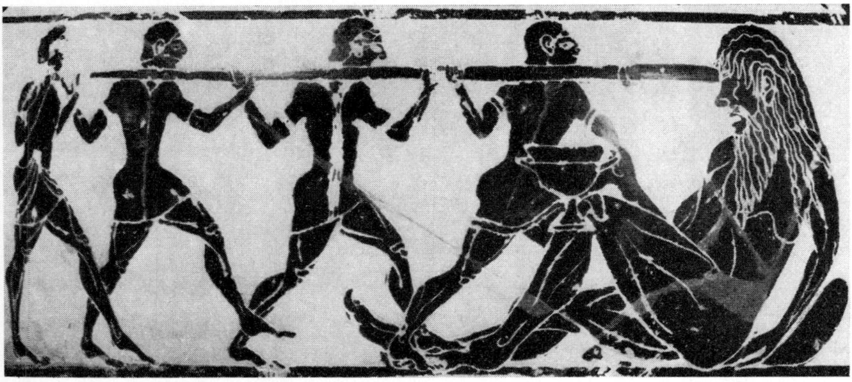

Neptunus autem, deus maris, ira commotus Ulixem reditu prohibere constituit magnosque fluctus excitavit. Postquam navigium et impetu fluctuum et vi ventorum deletum est, Ulixes multos dies fluctibus iactabatur; tandem in insulam Scheriam venit.
Inde incolae Scheriae Ulixem iussu Iovis in patriam detulerunt. Sed Ulixi domum suam cum pace redire minime licuit. Nam ibi multi viri erant, qui Penelopam, fidam Ulixis uxorem, in matrimonium ducere volebant. Sed una cum Telemacho filio atque nonnullis servis probis, qui reditum domini etiam multos post annos exspectabant, Ulixes eximia cum virtute atque ingenio inimicos cecidit. Sic tandem erroribus peractis e periculis laboribusque liberatus est.

[1] circumagere: umhertreiben. [2] vīnum: Wein. [3] caecāre: blenden.

II De bello Punico secundo[1]

Notum est peditatum Romanum saepe primo impetu magnas manus hostium in fugam dedisse. Sed bello Punico secundo ad lacum[2] Trasumennum magna pugna exercitui Romanorum a Poenis interitus paratus est. Etiam ad Cannas Romani pulsi sunt. Tamen senatus populusque Romanus de re publica non desperavit. Senatores convocati novum exercitum colligi iusserunt.

[1] secundus: zweiter. [2] lacus, -ūs: See (l. Trasumennus: der Trasumennische See).

Tandem bellum bonum habuit eventum. Placuit enim senatui exercitum trans mare mitti in Africam. Apud Zamam summa vi de victoria et de principatu[3] inter Romanos et Poenos dimicatum est. Cornibus aciei pulsis reliquus Poenorum exercitus impetum Romanorum non iam sustinuit[4].

[3] prīncipātus, -ūs: führende Stellung; Macht. [4] sustinēre: aushalten.

***F** **Vir parvus gladio accinctus[1]**

Aliquando M. Tullius Cicero orator in foro generum[2] suum P. Cornelium Dolabellam, parvae staturae[3] hominem, vidit longo gladio accinctum. „Quis", inquit, „generum meum ad gladium alligavit[4]?"

[1] accīnctus: gegürtet. [2] gener: Schwiegersohn. [3] statūra: Gestalt. [4] alligāre: anbinden.

EVENTUS STULTORUM MAGISTER.
MANUS MANUM LAVAT. (lavāre: waschen)
FACILE ITUR VIA MUNITA.

***G** 1. Gern fahren die Seeleute über die Meere, aber wenn starker Wind die Fluten aufwühlt, nähern sich die Schiffe einem Hafen. 2. Viele Häfen haben an der Einfahrt hohe Türme, von denen [aus] die Hafenbeamten [auf] das Meer schauen. 3. Habt ihr schon gesehen, daß in unserm Hafen viele <und> schöne Häuser stehen? 4. Einige der Häuser sind voll unermeßlicher Reichtümer. 5. Seeleute können viele Geschichten erzählen über verschiedene Tiere, die im Meere leben, und über die Gefahren der Meere. 6. Sie sagen: „Wir lassen uns durch die Gewalt der Fluten und durch den Ansturm des Meeres nicht erschrecken, aber wir sind auch gern in Häfen."

XXIV LECTIO VICESIMA QUARTA

A Incolae Athēnārum mūrōs longōs exstruunt

Persīs victīs et ē Graeciā pulsīs Themistoclēs reī pūblicae praefuit. *Is vir* etiam in pāce salūtī reī pūblicae prōvidēbat: Cōnsilium cēpit mūrōs longōs exstruendī. **Iīs (Eīs)** mūrīs Pīraeum, portum Athēnārum, cum oppidō coniungī et ita aditum Athēnārum tūtum esse volēbat. At **id** cōnsilium (**ea** rēs) Lacedaemoniīs nōn placuit, quibus Athēnae invidiae erant quīque potentiam **eius** oppidī crēscere nōlēbant; sōlī enim prīncipātum Graeciae tenēre mālēbant.

Cīvitās Themistoclem lēgātum Spartam mīsit. *Is* itinere cōnfectō neque magistrātūs neque rēgēs adiit, sed cēterōs lēgātōs, virōs eximiī ingeniī, esse in itinere eōsque exspectārī dēbēre dīxit. Lacedaemoniī *ei* fidem habēbant. Dum ita tempus praeterit, incolae Athēnārum iussū Themistoclis vīribus coniūnctīs mūrōs lōngōs exstruere contendēbant. Sed ubi magistrātūs Lacedaemoniōrum dolum dētēxērunt, eum verbīs dūrīs accūsāvērunt. Is autem sē ōrātiōne dēfendit et dīxit: „Nōnne crēditis, Lacedaemoniī, *eam* lībertātem, *quam* māiōrēs vestrī vōbīs trādidērunt, cūnctīs Graecīs cāram[1] esse dēbēre? Persās contrā lībertātem Graecōrum coniūrāvisse cōnstat. An id negāre potestis? Patent *cōnsilia eōrum*. Num eae angustiae, in quibus Leōnidās cecidit, memoriā nōn iam tenentur? Lībertātem nostram adhūc quasi mūrīs līgneīs dēfendimus. Nunc eam mūrīs ex lapidibus factīs dēfendere volumus. Sīc nōn modo nōbīs, sed etiam cūnctīs Graecīs prōdesse possumus."
Paulō post iī (eī) mūrī cōnfectī sunt.

[1] cārus, a, um: teuer; wertvoll.

1. Themistoclēs patriam servāvit; incolae autem grātiam ei nōn habēbant, sed eum damnāvērunt et in exilium īre coēgērunt. 2. Cicerō, quī cōnsul reī pūblicae praeerat, nōn modo ōrātor clārus fuit, sed etiam litterīs studuit. 3. Frāter eius lēgātus in exercitū Caesaris fuit. — 4. Iī, quī arma ferre poterant, in ūnum locum convēnērunt. 5. Iīs, quī in oppidō obsidēbantur, imperātor magnās cōpiās submīsit. — 6. Caesar turrim idōneō locō exstruī iussit; mīlitēs eam turrim ad moenia oppidī mōvērunt. 7. Caesar ūnam legiōnem in sinistrō cornū posuit eīque equitātum *praesidiō dedit*. 8. Caesar, ubi suōs in perīculō esse animadvertit, sex cohortēs iīs subsidiō mīsit. 9. Proeliō cōnfectō Gallī *eō locō*, *quō* tum erant, adventum Caesaris exspectābant.

*10. Helvētiī ē patriā exīre in animō habēbant. Tum Orgetorīx apud eōs coniūrātiōnem nōbilitātis[1] fēcit. Ea rēs populō Helvētiōrum est ēnūntiāta[2]. Iī Orgetorīgem causam dīcere[3] coēgērunt. Sed Orgetorīx amīcōs suōs, quōrum magnum numerum habēbat, armātōs sēcum ad iūdicium dūxit. Per eōs sē ē perīculō ēripuit[4]. Deinde Helvētiī propter eās rēs īrātī ei vim attulērunt neque multō post Orgetorīx ē mediō sublātus est.

[1] nōbilitās, -tātis f.: Adel.
[2] ēnūntiāre: verraten.
[3] causam dīcere: sich verantworten.
[4] ēripere: befreien.

Rōmulus prīmus Rōmānōrum rēx fuisse fertur: *Bestimme die Satzteile!*

1. is, īs, es, it, et, id, quid, eō, eum, eunt, iērunt, ei, iī, ī, ībam, eam, iīs, estis, ītis, īstis, praeter eum, praetereunt.

2. *Dekliniere :* is exercitus, ea rēs pūblica, id tempus, is ōrātor clārus, ea fābula nova, id flūmen lātum, is vir clārus, is error.

3. *Konjugiere :* dēferre, nōlle.

E I Pericles populum monet

Athenas bellis Persarum confectis principatum Graeciae obtinuisse iam legimus. Postquam Pericles, dux populi, eum principatum in imperium severum et durum mutavit, multae Graecorum civitates praesidium societatemque Lacedaemoniorum quaesiverunt.

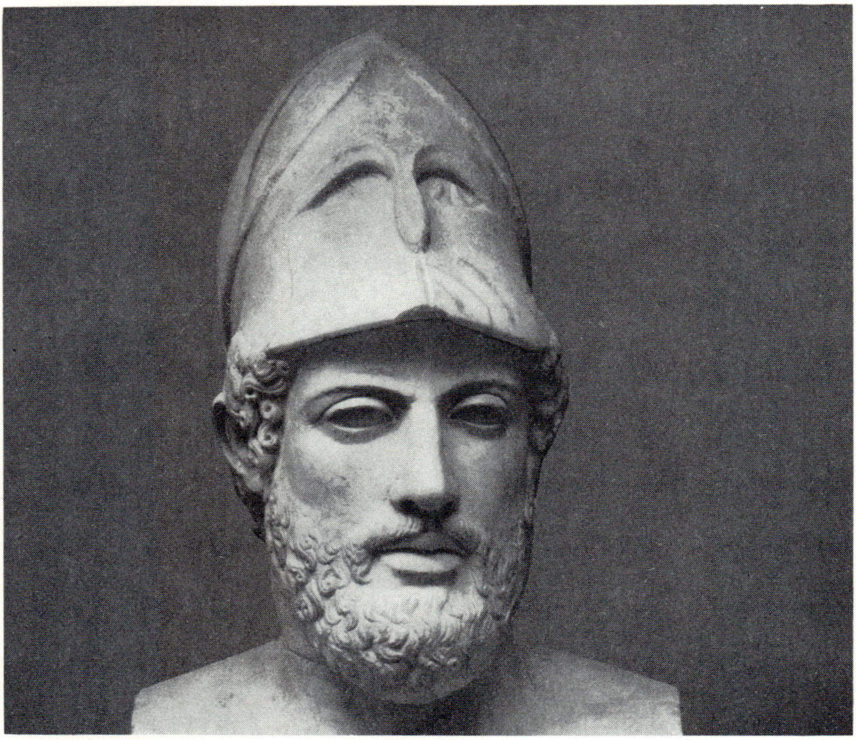

Multas post controversias res ad arma deducitur. Pericles, qui tum rem publicam administrabat, plebem convocat et necessitatem[1] bellandi iis demonstrat. „Iam diu“, inquit, „Lacedaemoniis invidiae sumus. Nunc eas divitias, quas virtute nostra peperimus, nunc ea navigia, quibus cuncta per maria aliis populis imperamus, nunc id imperium, quod a maioribus nostris acceptum cottidie augemus, aut diripere aut delere iis in animo est. Sed nolite timere! Iis, qui aliis imperare volunt, pericula belli et res adversas timere non licet. Quamquam peditatus Lacedaemoniorum magnus est, tamen magnum periculum a copiis eorum non imminet. Habemus navigia, habemus portum moenibus munitum. Is portus etiam cum oppido moenibus longis coniunctus est. Itaque eas res, quae nobis ad bellum usui sunt, aut in patria nostra parare aut per mare importare possumus. Sed nolite fortunam belli temere[2] temptare! Servate societatem earum civitatum, quae nobis amicae sunt! Nolite imperium augere, dum inter Athenas et Spartam de principatu certatur!"

Ea oratione Pericles animos incolarum confirmavit. Qui ei summum imperium mandaverunt. Paulo autem post Pericles morbo confectus est. Incolae Athenarum alios creaverunt duces. Ii viri cupiditate gloriae inducti verba Periclis neglexerunt. Et deletum est eorum erroribus imperium magnum Athenarum.

[1] necessitās, -atis f.: Notwendigkeit. [2] temere (Adv.): leichtsinnig.

II De Minotauro

Olim in Creta animal saevum vixit, quod partim[1] hominis, partim tauri[2] speciem praebebat, Minotaurus nomine. Is labyrinthum habitabat. Id aedificium Daedalus, vir magni ingenii, exstruxisse fertur. Minos, rex Cretae, in labyrintho Minotaurum custodiebat eique homines obiciebat[3]. Fortuna eorum mala erat. Nam semper Minotaurus eos, qui in labyrinthum mittebantur, statim devorabat. Etiam incolae Athenarum Minoi regi propter filium eius olim interfectum quotannis septem iuvenes[4] et septem virgines[5] mittere debebant.

Sed Theseus periculum, quod amicis eius imminebat, sustulit. Ariadna, regis Minois filia, quae eum amabat, ei filum[6] et gladium dedit. Eae res Theseo multum profuerunt. Theseus, postquam gladio Minotaurum necavit, amicos quoque liberavit et filo[6] e labyrintho salvus exiit. Eo opere peracto Ariadna cum iis in Graeciam fugere parata erat.

[1] partim ... partim: teils ... teils. [2] taurus: Stier. [3] obicere: vorwerfen. [4] iuvenis: junger Mann. [5] virgō, -ginis: Mädchen. [6] fīlum: Faden.

Ranarum[1] convicia[2]

Agricolae Lycii[3] Latonam[4] deam ab aqua prohibebant atque etiam minas[5] et convicia addebant. Ea res deae iram movet; irata malos agricolas mutat in ranas. Neque tamen mutati maledicere[6] desinunt. Quámquam súnt sub aquá, sub aquá maledícere témptant.

[1] rāna: Frosch. [2] convīcium: Lästerung. [3] Lycius: aus Lykien (Land in Kleinasien). [4] Lātōna: L. (eine Göttin). [5] mīnae, -ārum f.: Drohungen. [6] maledīcere: schimpfen.

***G** 1. Die Römer liebten die Germanen nicht. 2. Diese hatten (= waren von) nämlich große Körper und kämpften mit großer Kühnheit. 3. Kaiser Augustus, der auch ihnen den römischen Frieden geben wollte, sandte den Legaten Varus nach Germanien und gab ihm ein großes Heer. 4. Aber das Heer dieses Mannes ist in den Wäldern von Arminius und seinen (= dessen) Bundesgenossen vernichtet worden. 5. Diejenigen, die entfliehen konnten, erzählten vom Untergang des Heeres. 6. Die Germanen behielten diese Dinge lange [in] Erinnerung.

XXV LECTIO VICESIMA QUINTA

A Dē Athēniēnsium fortūnā

Multārum urb**ium** Graecārum rēs gestae nunc quoque celebrantur. Magna erat glōria Athēniēnsium. Iī rem pūblicam suam valdē amābant; nam ibi multa, quae ad salūtem cīvitātis pertinēbant, iūdiciō nōn hominum paucōrum, sed cūnctōrum cīvium gerēbantur. Athēniēnsibus magna classis nāvium longārum erat, quā imperium magnae partis Graeciae obtinēbant. Magistrātūs urbis et ducēs classis quotannīs ā populō creābantur. Urbs moenibus longīs mūniēbātur.

Sed ea urbs nōn modo art**e** bellandī, sed etiam docendō[1] glōriam peperit: Sōcratem, philosophum praeclārum, cīvem Athēnārum fuisse scītis. Eius discipulus[2] fuit Platō. Posteā alius quoque vir doctus[3], Aristotelēs, multōs annōs in eā urbe litterīs studēbat.

At fortūna Athēniēnsium invidiam Lacedaemoniōrum aliārumque gentium excitāvit. Postquam iī hostēs Athēniēnsibus bellum intulērunt, diū variō ēventū certātum est. Memoriam multārum et victōriārum et clādium Thūcȳdidēs posterīs trādidit. Tandem Athēniēnsēs victī sunt; moenia urbis iussū hostium dēlēta sunt.

Sed clādēs Athēniēnsium etiam iīs, quī auctōrēs eius clādis fuērunt, ūsuī nōn erat. Victōrēs magnās inter sē contrōversiās alēbant. Tandem Macedonēs, gēns bellandī perīta, cēterīs Graecīs fīnem et discordiae et lībertātis attulērunt.

[1] docēre: lehren. [2] discipulus: Schüler. [3] doctus: gelehrt.

B 1. Postquam Caesar paucīs mēnsibus eās cīvitātēs, quae ad ōceanum sēdēs habēbant, pācāvit, Rōmānī magnīs itineribus magnāque celeritāte in fīnēs Nerviōrum pervēnērunt. 2. Eō diē Caesarī nūntiātur hostēs nōn longē ā castrīs Rōmānōrum sub monte altō cōnsēdisse. 3. Merīdiē

Caesar peditātum et equitātum ē castrīs dūxit. 4. Aciē hostium pulsā ūsque ad noctem ad castra eōrum pūgnātum est. 5. Nox cohortibus fīnem pūgnandī fēcit. 6. Postrīdiē imperātor magnam praedae partem mīlitibus dōnō dedit. 7. Posteā Caesar mīlitēs pontem līgneum in Rhēnō facere iussit. 8. Germānī vim Rōmānōrum ā vīcīs prohibēre nōn iam poterant. 9. Itaque fīnibus suīs relictīs ēmigrāvērunt novāsque sēdēs petīvērunt. — 10. Rōma urbs septem collium appellātur; in colle Capitōlīnō arx firma et templa deōrum fuērunt. 11. Hannibal, dux Carthāginiēnsium, Rōmānīs ad Cannās clādem magnam attulit et cīvitātem magnō terrōre complēvit. 12. Secundō a. Chr. n. (ante Chrīstum nātum) saeculō in urbe Rōmā duo fuērunt virī clārī, M. Catō senex et P. Scīpiō iuvenis.

Bestimme die Satzteile in folgenden B-Sätzen und zeichne ihre Satzbaupläne : 9, 5, 7, 6, 3.

1. *Bilde den Gen. Plur. von :* pēs, clādēs, mīles, legiō, homō, hostis, cīvis, cīvitās, lēx, turris, vīs, vīcus, corpus, animal, pater, mare, puer, ars, magister, nāvis, dux, classis, rēx, pars, senex, iuvenis, aetās, īgnis.
2. *Dekliniere :* is pōns longus, ea clādēs maxima, turris alta, arx firma.
3. cīvī, cibī, cibum, cīvium, hostium, gladium, clādium, clādēs, clādis, classis, classēs, rēs, arce, arcērī, arcī, arcem, arcēs, nāvī, nāvigia, nāvigā, nāvigās, nāvēs, praeterīs, offēnsīs, remōvistis.
4. *Konjugiere :* posse, prōdesse, dare.

I De Alexandro Magno

Quarto a. Chr. n. saeculo Philippus, rex Macedonum, cunctos fere Graecorum populos, qui in Europa habitabant, sub imperium suum coegit. Post Philippi mortem Alexander, filius eius, quamquam iuvenis erat, consilium magnae audaciae iniit: fines imperii in Asiam proferre atque civibus earum urbium Graecarum, quae in Asia sitae sub imperio Persarum erant, libertatem reddere constituit.

Multis navibus collectis Alexander bellum suscepit, exercitum mare traduxit, in Asiam, terram hostium, invasit. Postquam copiae Persarum, quae ad Granicum flumen Graecis resistebant, pulsae sunt, Alexander usque ad litora Phoeniciae iter fecit. Apud Issum Darius, rex Persarum, hosti obviam iit. Signo proelii dato a prima luce usque ad noctem de victoria certatum est. Persis magna clade affectis Graeci Aegyptum invaserunt eamque provinciam totam occupaverunt. Anno post in Mesopotamia ad Gaugamela denuo barbaros[1] superaverunt. Deinde multae Asiae gentes Dario fidem non iam servaverunt neque subsidium tulerunt. Sors eius misera fuit: Amici regem e medio sustulerunt.

[1] barbarus: Barbar.

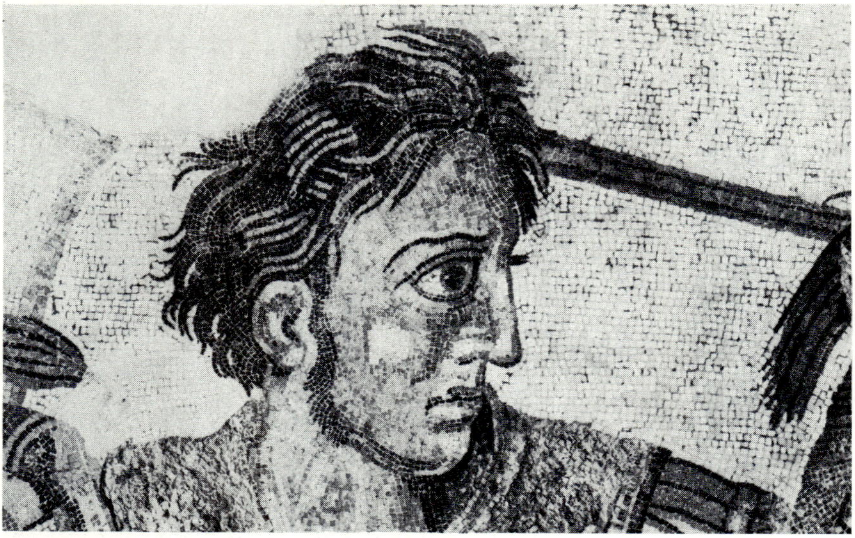

Graeci victores iter per terras alienas fecerunt. Alta montium iuga transcenderunt, arces in montibus sitas obsederunt et ferro ignique expugnaverunt, flumina lata pontibus exstructis superaverunt, paene in extremas Asiae partes pervenerunt. Longitudine itinerum numquam fatigabantur. Classis Graecorum maria adhuc ignota transcurrit[2]. Etiam Indus, flumen fabulosum[3], a Graecis visitatus est. Totus fere orbis terrarum Alexandro, qui ex eo tempore Magnus appellatus est, serviebat. Sed iam paucis annis post morbus regem iuvenem confecit.

[2] trānscurrere: durchfahren. [3] fābulōsus: sagenhaft.

*E II De Carthagine

Olim Carthago urbs magnae potentiae fuit. Carthaginiensium maiores ex antiqua Phoeniciae urbe, cui nomen erat Tyrus, emigravisse feruntur. Carthaginienses et boni nautae et mercatores callidi erant. Classis eorum e multis navibus constabat. Saepe cum Graecorum urbibus in Sicilia sitis de principatu marium contendebant. Pars Graecorum Romanos auxilio vocavit. Ita Carthaginienses eam quoque gentem in numero hostium habebant. Quamquam Hannibal, dux clarus, exercitum Carthaginiensium ex Hispania trans iuga Alpium duxit Romanisque multas clades attulit, tamen populus Romanus victus non est. Romani classem suam magnis copiis completam in Africam miserunt et hostes ibi vicerunt. Bello Punico tertio Carthaginem urbem vi et armis ceperunt et diripuerunt, arcem in colle sitam moeniaque urbis deleverunt, naves rapuerunt.

Lupus ovis[1] pelle[2] indutus[3]

Lupus ovis pelle indutus se immiscuit[4] ovium gregi[5] cottidieque unam ex iis devorabat. Pastor cum id animadvertit, lupum necavit et de alta arbore suspendit[6]. A ceteris pastoribus interrogatus: „Cur ovem suspendisti?“ pellem detexit.

[1] ovis, ovis f.: Schaf. [2] pellis, -is f.: Fell. [3] indūtus: bekleidet; verhüllt.
[4] immiscēre, -eō, -uī *m. Dat.*: mischen unter. [5] grex, gregis m.: die Herde.
[6] suspendere: aufhängen.

1. Es ist bekannt, daß in alten Zeiten den Städten von Feinden oft Gefahren drohten. 2. Deshalb wurden die großen Städte mit Mauern und hohen Türmen befestigt, auf denen einige Bürger standen und die Einwohner bewachten. 3. Wir wissen, daß bei Gefahr diese Bürger von den Beamten der Stadt zusammengerufen wurden und sich durch ihre Kriegskunst oft großen Ruhm erwarben. 4. In einigen Städten wird die Erinnerung an diese alten Zeiten auch heute noch festgehalten. 5. Dann marschieren jährlich an einem Festtag die bewaffneten Bürger durch die Stadt und werden von den anderen Einwohnern, den jungen und den alten Leuten, den Männern und den Frauen, mit frohem Lärm begrüßt. 6. Denn weil die Gefahren schon lange vorbei (= vorübergegangen) sind, bietet dieser Tag für alle Bürger eine Freude.

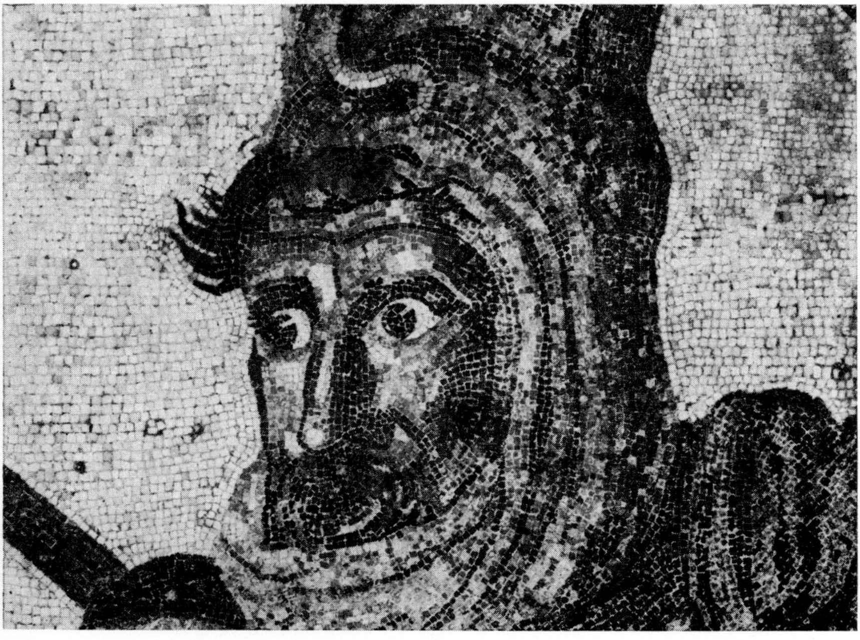

XXVI LECTIO VICESIMA SEXTA

A Alexander Dārīō epistulam mittit

Graecī ante bellum Persārum *Alexandrum ducem creāvērunt*. Quī ante id bellum Dārīō, rēgī Persārum, epistulam mīsit:

„Alexander rēx rēgī Dārīō. Ā cūnctīs Graecīs *ego* līberō suffrāgiō[1] *dux creātus sum*. Quamquam **nōs** populō aliēnō Persārum numquam iniūriam attulimus, **vōs nōbīs** saepe bellum intulistis. Graecīs pāx **vōbīscum** esse nōn iam potest. Quis **nostrum** īgnōrat **vōs** iterum bellum parāre? Itaque apud Graecōs odium **vestrī** magnum est. Sed nēmō **vestrum** patriam nostram subicere potest. Multum enim nōs Graecī **ā vōbīs** barbarīs differimus. **Tū** eās Asiae gentēs, quās ad arma convocāvistī, vī tantum atque armīs **tibi** pārēre et servīre coēgistī — **mihi** Graecī suā sponte summum imperium mandāvērunt. Quī **mēcum** magna perīcula subīre minimē dubitant.“

Et trādūxit Alexander exercitum nāvibus impositum in Asiam et sīgna prōtulit. Frūstrā iīs Persae **sē** obiēcērunt. Persīs victīs Alexander urbēs Graecās ā Persīs dēfēnsās et Graecōs cūnctōs līberātōs esse gaudēbat. Mīlitēs Graecī magnam praedam **sēcum** domum rettulērunt. Multīs arcibus et urbibus expūgnātīs Alexander magnam glōriam et diuturnam[2] memoriam **suī** apud posterōs **sibi** parāvit.

[1] suffrāgium: Wahl. [2] diuturnus: langdauernd.

B

1. Postquam Ariovistus, rēx summō ingeniō, exercitum Germānōrum in Galliam dūxit, *Caesar* ā Gallīs auxiliō vocātus ei epistulam mīsit *eum*que ad colloquium *venīre iussit*. 2. *Caesar scrīpsit velle sēsē* dē rē pūblicā et summīs rēbus cum eō agere. 3. In eō colloquiō Ariovistus: „Ego prius in Galliam vēnī quam tū. 4. Propter discordiam suam prīncipēs Gallōrum nōn tē, sed mē advocāvērunt. 5. Inīquī estis vōs, Rōmānī, quod sine causā nōbīscum bellum gerere vultis. 6. Nōs Germānōs multās iam gentēs vīcisse et tibi nōtum est; vōbīs quoque interitus iam parātus est, nisi statim ē meā Galliā cēditis.“ 7. Verbīs eius audītīs Caesar Ariovistō respondit sē nōn cupiditāte bellandī adductum, sed pācis causā in Galliam vēnisse. 8. „Rōmānī“, inquit, „iniūriam illātam molestē ferunt. 9. Nēmō nostrum bellum optat, sed iūstam bellī causam habēmus, sī Gallōs, amīcōs nostrōs, ā vōbīs dēfendimus.“ 10. Colloquiō fīnītō et Ariovistus et Caesar sē ad suōs rēcēpērunt.

*11. Dux Gallōrum: „Vastātā Galliā magnāque illātā clāde Cimbrī ē fīnibus nostrīs aliquandō exiērunt atque aliās terrās petīvērunt; iūra, lēgēs, mōrēs, agrōs, lībertātem nōbīs relīquērunt. Rōmānī autem quid petunt aliud aut quid volunt nisi invidiā adductī in agrīs cīvitātibusque nostrīs consīdere atque nōs aut interficere aut subicere?" — 12. Daedalus labyrinthum rēgī Mīnōī exstrūxit. Labyrinthō aedificātō Mīnōs eum domum redīre vetuit. Tum Daedalus arte suā sē et Īcarum fīlium, quem sēcum habēbat, occāsiōne datā līberāvit; ālās enim sibi et fīliō parāvit.

1. Ariovistus dīxit sē prius in Galliam vēnisse quam Caesarem.	Caesar eum in Galliā manēre nōlēbat.
sē = Ariovistus (= S)	eum = Ariovistum (*nicht* = S)
S ⌉ P sē ← ⌋	P S ⟶ eum

Kläre ebenso die folgenden Sätze: 2. Multī stultī hominēs putant sē cūncta scīre, quamquam aliī vident eōs stultōs esse. 3. Daedalus in Crētā īnsulā retinēbātur. Quis eum fīliumque eius līberāvit? — Daedalus arte suā sē fīliumque suum līberāvit. 4. Ariovistus dīxit sē nōn cupiditāte bellandī in Galliam vēnisse. Sed Caesar sciēbat Gallōs eum mīlitēsque eius timēre. Gallī exīstimābant eum sē subicere velle. Itaque Caesar eum ē fīnibus Galliae exīre iussit.

1. *Dekliniere:* sēdēs vestra.
2. *Konjugiere:* addūcere, subicere.

I De Alexandri Magni moribus

Victoria ad Issum parta milites Alexandri, postquam castra hostium ceperunt, in tentorio[1] regis Darei non modo magnam auri copiam, sed etiam familiam eius, matrem, uxores, filias earumque ancillas invenerunt. Quae, dum adventum victoris exspectant, cunctae supremam sibi horam adesse putabant. Ubi Alexander in tentorium se contulit, mater Darei ad pedes eius procubuit[2] manusque ad eum sustulit atque „Regina" ,inquit, „regem appello. Ego mihi non timeo, cuius vita fato filii deleta est. Eis autem feminis sola salutis spes posita est in clementia victoris, Alexander!" Timidae et maestae feminae iudicium victoris de vita vel morte exspectabant, cum Alexander eas bonum animum habere iussit. Sortem earum sibi curae esse dixit. Deinde matrem Darei manu adlevavit[3] atque ei „Noli", inquit, „metuere, regina! Alexander sum. Nemo nostrum contra feminas invalidas bellum gerit; cum viris tantum de imperio Asiae certamus."

[1] tentōrium: Zelt. [2] prōcubuit: (sie) warf sich. [3] adlevāre: aufheben.

Tum regina „Rex", inquit, „tu quidem reginam me appellas, sed ego me servam[4] tuam esse dico. Darium regem hodie non modo armis, sed etiam animi magnitudine superavisti."

Sic Alexander non superbum, sed modestum et aequum se praebuit. Postea autem boni mores Alexandri paulatim in malos mutabantur. Neque clementia neque animi magnitudine, sed ira rex movebatur. Alios regere poterat, sibi imperare neglegebat. Aliquando Clitus, qui Alexandri amicus erat, iram regis commovit, quod praedicabat regem a se saepe e periculis servatum esse. Alexander, quod verba eius gloriae et potentiae suae obesse putabat, Clitum hasta transfixit. Amico interfecto odium sui regem invasit, sed se amicum de medio sustulisse frustra dolebat.

[4] serva: Sklavin.

*E II De Petronio centurione

Aliquando M. Petronius centurio temere[1] milites in oppidum ab hostibus occupatum induxit. Tum Petronius, quod de salute desperabat, „Quoniam"[2], inquit, „me una vobiscum servare non possum, vestrae quidem vitae certe providere volo, quos cupiditate gloriae adductus in periculum deduxi. Data facultate vobis consulite et vos e periculo mortis servate!" Deinde in medios hostes incurrit atque eos paulum[3] recedere coegit. Ita militibus via ex insidiis hostium patebat.

At milites ei auxilium ferre quam fugere malebant. Tum centurio vulneratus „Frustra", inquit, „mihi auxilio venire studetis. Iam vires me deficiunt[4]. Abite, dum est facultas, vosque ad legionem recipite!" Ita centurio, paulo post ab hostibus interfectus, suis consuluit et saluti fuit. Eam rem Caesar posteris tradidit.

[1] temere (Adv.): leichtsinnig. [2] quoniam: da (kausale Konjunktion). [3] paulum: etwas. [4] dēficere: verlassen.

*F Taurus[1] et musca[2]

In cornu tauri sedebat parva musca. „Si tibi gravis[3] sum," inquit, „ad devolandum parata sum." Taurus respondit: „Ubi es? Nihil sentio."

[1] taurus: Stier. [2] musca: Fliege. [3] gravis: schwer; lästig.

***G** 1. Vor dem großen Krieg verhandelten die Athener mit den Spartanern. 2. „Nicht wir haben euch Unrecht zugefügt, sondern ihr wollt aus Neid <veranlaßt> unsere Macht zerstören. 3. Wir alle wollen mit euch in Frieden leben, aber wenn ihr uns zwingt, sind wir bereit, uns zu verteidigen. 4. Wer von euch weiß nicht, daß auch bei euren Bundesgenossen der Haß gegen euch groß ist?" 5. Die Spartaner antworteten den Athenern, daß sie den Krieg nicht fürchteten und daß sie und ihre

Bundesgenossen ein großes Heer gegen die Athener und ihre Bundesgenossen gesammelt hätten. 6. Da [antwortete] der Führer der Athener dem König der Spartaner: „Nicht ich stelle das Kriegsglück auf die Probe (= ich versuche), sondern du; du weckst mit deinen stolzen Worten meinen Zorn.“ — 7. Oft glauben die Menschen, daß ihnen das Glück durch eigene Kräfte bereitet wird; wir aber wissen, daß ihnen das Glück von den Göttern gegeben wird.

VII

LECTIO VICESIMA SEPTIMA

Dē Caesare et Catōne

Prīmō a. Chr. n. saeculō Catilīna, senātor Rōmānus, cum paucīs coniūrāvit contrā rem pūblicam. **Eōdem** tempore, quō Cicerō cōnsul coniūrātiōnem Catilīnae dētēxit, in urbe Rōmā duo virī magnā virtūte vīvēbant: M. Porcius Catō et C. Iūlius Caesar. Quibus erat **īdem** animus eximius, **idem** genus praeclārum, **eadem** ferē aetās; mōribus autem dīversī erant. Nam Caesar propter beneficia ā cīvibus magnus habēbātur, Catō propter iūstitiam. **Hic** modestiā, **ille** līberālitāte[1] nōmen sibi parābat. **Huic** mōrēs sevērī, **illī** clēmentia glōriae erat. **Hunc** cūnctī virī senēsque, **illum** iuvenēs praedicābant. **Illīus** enim facilitās[2], **huius** cōnstantia[3] laudābātur. In **illō** hominibus miserīs perfugium[4] erat, in **hōc** malīs perniciēs. (**Haec** et alia dē **illīs** virīs inveniuntur in **illō** librō C. Sallustiī, quī īnscrībitur „Bellum Catilīnae“. **Hoc** opus adhūc legitur.)

Hanc eandem mentem et Caesar et Catō servābant, postquam Cicerō magnum **illud** perīculum, quod reī pūblicae imminēbat, senātōribus aperuit. Nam Caesar sociōs Catilīnae ōrātiōne dēfendēbat **hīs** ferē verbīs: „**Hī** virī, quamquam ūnā cum **illō** Catilīnā cōnsilium iniērunt dēlendī urbem et rem pūblicam, tamen cīvēs Rōmānī sunt. Nōlīte **hōs** cīvēs sine iūdiciō caedere! Cīvēs Rōmānōs iniussū[5] populī necārī lēx sevēra mōrēsque māiōrum vetant!“

Sed Catō: „**Ista** verba timōre mē afficiunt. Tū **ipse**, Caesar, dum nōs clēmentiam etiam cīvibus malīs adhibēre vīs, **hoc ipsum** malum, quod crēvit in **hāc** cīvitāte, augēs. Nisi dē hominibus **istīs** summum supplicium sūmitur[6], rēs pūblica nostra **istā** viā invalida facta cum nōbīs **ipsīs** iam in perniciem incurrit.“ Postquam Catilīna sē **ipsum** ex urbe recēpit, sociī eius coniūrātiōne dētēctā damnātī et **eōdem** diē interfectī sunt. Cūncta **haec** nōbīs trādita sunt etiam verbīs Cicerōnis **ipsīus**.

[1] līberālitās, -tātis f.: Freigebigkeit. [2] facilitās, -tātis f.: Wendigkeit. [3] cōnstantia: Festigkeit. [4] perfugium: Zuflucht. [5] iniussū: ohne Befehl. [6] summum supplicium sūmere dē: mit dem Tode bestrafen.

B 1. Hae Galliae cīvitātēs lēgātōs, quibus Dīviciācus praeerat, ad Caesarem mīserunt; prō hīs Dīviciācus verba fēcit et bellum ā Nerviīs parārī aperuit. 2. Hāc rē cognitā Caesar castra mōvit et equitātum mediā nocte praemīsit. 3. Hīs cōnstitūtīs rēbus Caesar ipse in Nerviōs contendit. 4. Illī subitō gladiīs strictīs ē silvīs cucurrērunt plānitiemque, per quam cohortēs Rōmānae iter faciēbant, complēvērunt.– 5. Hostēs iam vidēbantur ad ipsam rīpam flūminis, quod inter montēs fluēbat.

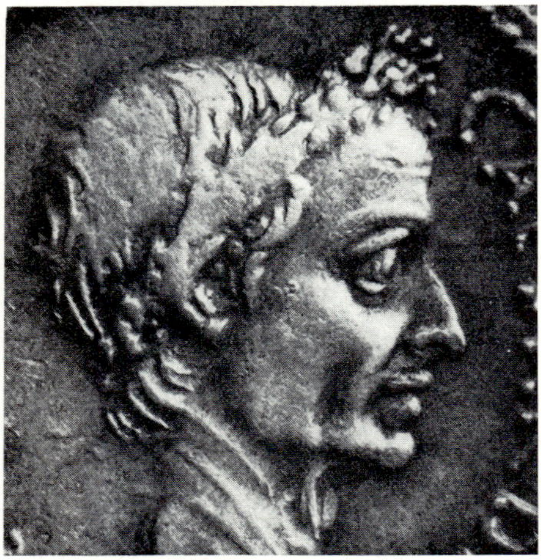

6. Ad pūgnandum parātae erant cohortēs decem, quās ex ipsā coāctās prōvinciā Caesar sēcum habēbat. 7. Caesar ubi rem esse in perīculō vīdit, ipse in prīmam aciem prōcessit. 8. Mīlitibus timōre Nerviōrum territīs Caesar: „*Hī*," inquit, *sunt iīdem* (*eīdem*) *Nerviī*, quibuscum Germānī, quōs iam vīcistis, saepe nōn modo in suīs, sed etiam in illōrum fīnibus contendērunt." 9. Haec ferē verba magnā vōce dīxit; deinde Nerviī ā Rōmānīs in fugam datī sunt. 10. Celeriter haec fāma et hī nūntiī ad cūnctās Gallōrum cīvitātēs dēferuntur.

*11. In exercitū Caesaris erat mīles nōmine Pīsō. Hic frātrī ab hostibus circumventō et impedītō auxiliō vēnit, illum ex perīculō ēripuit, ipse equō vulnerātō dēiectus est. Id postquam frāter procul animadvertit, iterum sē hostibus obiēcit. Et Pīsō et frāter eius cecidērunt. — 12. Ad templum Apollinis Delphicī illud legēbātur: Nōsce[1] tē ipsum! 13. Paucī sē ipsōs vincere, sibi ipsīs imperāre possunt. 14. Nōn eadem cūnctīs hominibus ūsuī sunt.

[1] nōscere: erkennen.

C *Bestimme die Satzteile:* Ante hoc proelium Germānī cohortibus Rōmānōrum occāsiōnem fugiendī dedērunt.

1. hoc, hōc, haec, hae, hāc, huic, hunc, huius, cuius, eius, fīlius, hīs, vīs, iīs, is, eō, deō, dō, ei, deī, iī, ea, eā, dea, eae, deae, id, quid, quod, eum, eunt, ipsī, scrīpsī, istī, īstī, istīs, ītis, istīus, istud, ipsō, ipsum, illud, illōrum, illīus, ille, iste, este, estis, iistis, eundem, eundō.

2. *Dekliniere:* hic collis, haec urbs, hoc mātrimōnium, ille diēs, istud animal, imperātor ipse, eadem clādēs.

*3. a) *Ergänze:* amīcum ips-, amīcī ips-, puellae ips-, sē ips-, nōs ips-, virī ist-, reī pūblicae ist-, rēs pūblica ist-.
b) *Ergänze die entsprechenden Formen von* hic, haec, hoc *und* ille, illa, illud: 1. . . . virum cīvēs praetōrem creāvērunt. 2. Caesar . . . exercituī praeerat. 3. Germānī . . . terram vastāvērunt. 4. In . . . portūs aditū turris magna fuit. 5. . . . templum est Iovis. 6. . . . urbēs ā mīlitibus nostrīs captae sunt. 7. . . . moenia turribus altīs mūnīta sunt.

Cicero Catilinam accusat

Paucis mensibus post quam Cicero a populo consul creatus est, Catilina ceterique principes illius coniurationis eum e medio tollere et urbem ipsam incendere constituerunt. At ea consilia delata sunt ad Ciceronem, qui multis ominibus territus rem publicam in summo periculo esse perspexit. Ex oratione illa, quam Cicero in templo Iovis apud senatores habuit, haec fere verba tradita sunt: „Magnam debemus gratiam deis cunctis atque huic ipsi Iovi, custodi huius urbis, qui hanc urbem adhuc ab isto homine servaverunt. Discede, Catilina, ex hac urbe! Universi cives probi illud cupiunt, universi hi te timent. Nihilne te horum vultus[1] movent? Nonne sentis neminem horum ignorare ista tua consilia? Nonne vides cuncta praesidiis munita esse? Eripe nos ex hoc timore discedendo! In eadem urbe una nobiscum vivere tibi non licet. A te soluta atque secta sunt illa vincula fidei et iuris, quibus societas civium coniungitur.

Nihil interest inter te et hostem, Catilina! Fini tandem falsum istud spectaculum[2], per quod te virum probum praebere studes! In hac urbe nemo te tuaque ista consilia ignorat. Abi ad illum exercitum, quem contra ius atque contra patriam coegisti!"

Catilina his verbis commotus, non sua sponte se e senatu et templo Iovis eripuit atque ex urbe discessit. Socios illius senatus necari iussit. Exercitus Catilinae cladem accepit; eo proelio ipse interfectus est.

[1] vultus, -ūs: Miene; Gesicht. [2] spectāculum: Schauspiel.

*E II Alexander oraculum adit

Alexander equitatum peditatumque Macedonum per Phrygiam, provinciam Asiae, duxit. Praeclarum illius provinciae caput erat Gordium; nam in hoc oppido illa arx et illud vehiculum[1] sacrum inveniebantur, de quibus hac fabula narratur:

Vixit olim in ea regione agricola valde iustus et modestus, cui nomen erat Gordius. Hic aliquando vehiculo in agros vehebatur[2], cum Iuppiter subito omine regnum Phrygiae ei promisit: „Isto cum vehiculo non in hos agros, sed in illam arcem propera! Dei te regem Phrygiae esse volunt.“ Gordius, postquam a civibus rex appellatus est et regnum obtinuit, id vehiculum, omen imperii, in templo arcis collocavit. Huius vehiculi iugum adstrictum[3] erat multis nodis[4] in se ipsos implicatis[5], et oraculum fuit hoc: „Viro illi, qui hos nodos solverit[6], universae Asiae imperium promitto.“

Alexander, ubi templum intravit, „Ego“, inquit, „istorum nodorum vincula solvere cupio.“ Aderant et incolae urbis et socii regis. Hi de bono eius rei eventu desperabant, illis eadem res spem magni gaudii praebebat. Alexander, qui nodorum vincula neque perspicere neque manibus solvere potuit, „Nihil interest“, inquit, „inter manum et gladium!“ Et gladio stricto cuncta illorum nodorum vincula secuit. Ita Alexander ipse honorem imperii sibi oblatum esse demonstravit.

[1] vehiculum: Fahrzeug; Wagen. [2] vehēbātur: er fuhr. [3] adstrictus: befestigt. [4] nōdus: Knoten. [5] implicātus: verknotet. [6] solverit: auflösen wird.

*F Canis[1] per fluvium carnem[2] fert

Canís per flúmen, cárnem dúm ferrét,[3] natáns[4]
aquár(um) in spéculo[5] vídit símulacrúm[6] suúm,
aliámque praédam áb alió ferrí putáns[7]
erípere[8] vóluit. Vérum[9] décept(a) áviditás:
Et, quém tenébat óre[10], ámisít cibúm,
nec, quém petébat, íta potúit attíngeré[11].

[1] canis: Hund. [2] carō, carnis f.: Fleischstück. [3] ferret: ~ ferēbat. [4] natāns: schwimmend. [5] speculum: Spiegel. [6] simulācrum: Bild. [7] putāns: glaubend; weil er glaubte. [8] ēripere: entreißen. [9] vērum dēcepta ⟨est⟩ aviditās: Aber getäuscht wurde die Habgier. [10] ōs, ōris n.; Mund; Schnauze. [11] attingere: erreichen.

Témpora mútantúr, nos ét mutámur in íllis.
DUO CUM FACIUNT IDEM, NON EST IDEM.
IDEM VELLE ATQUE IDEM NOLLE — EA DEMUM FIRMA AMICITIA EST. (dēmum: erst. amīcitia: Freundschaft.)

1. Nach dem Gallischen Krieg kämpfte Caesar gegen Pompeius um die Herrschaft; denn in demselben Staat konnte nur einer von diesen Männern der erste sein. 2. Sowohl in dem Heer dieses [Mannes], als auch im Heer jenes [Mannes] befanden sich römische Bürger; aber diesen rief der Senat zu Hilfe, um die Republik zu retten, jener jedoch wollte selbst einen neuen Staat errichten. 3. Vor der Schlacht sagte Pompeius zu seinen Soldaten: „Fürchtet nicht diese Truppen da! 4. Dies sind nicht dieselben Soldaten, mit denen Caesar die Gallier besiegt hat. 5. Nur ein kleiner Teil jenes Heeres ist [noch] übrig." 6. Dies etwa sprach er mit lauter Stimme, aber nach dem Zeichen zum Kampf wurde sein Heer von den Soldaten Caesars besiegt. 7. Pompeius selbst wurde auf der Flucht getötet. 8. Im selben Jahr machte Caesar sich selbst zum Diktator.

XVIII LECTIO DUODETRICESIMA

I

Num exercitus Rōmānus Rhēnum trānsībit?

Germānīs pulsīs atque trāns Rhēnum in fugam datīs mīlitēs Rōmānī ā Caesare cum centuriōnibus ad cōnsilium adhibitī eum cōnsuluērunt: „Quid in animō habēs, imperātor? Quid reliquā aestāte ag**ē**mus? Nōnne hostēs pūnientur, quod nōbīs bellum intulērunt? Sīn illōs effugere sinēmus, semper ab iīs auxilium Gallīs contrā exercitum populī Rōmānī ferētur." Imperātor „Nōn effugient hostēs", inquit; „bonō animō este, mīlitēs! Bellum nōn differētur. Ego illōs, quamquam trāns Rhēnum cessērunt, pūni**am** et populum Rōmānum timēre cōgam. Crās pontem in flūmine Rhēnō aedificā**bō**, legiōnēs per eum pontem Rhēnum trānsī**bunt** et sēdēs eōrum adībunt. Casās hostium īgne dēlē**bi**mus, agrōs eōrum vastābimus, tōtam regiōnem occupābimus." — „Bene est, Caesar: Tū prīmus Rōmānōrum Rhēnum cum exercitū trānsībis, tū ā senātōribus laudā**be**ris, nōs autem ā cīvibus laudābimur; nōmen populī Rōmānī ab hostibus metuētur. Bonō animō er**i**mus, nam ea rēs populō Rōmānō glōriae erit."

II 1. Imperātor nōs laudābit. — Spērāmus imperātōrem nōs laudāt**ūrum** **(esse)**. 2. Lēgātī verba Caesaris ad suōs referent. — Lēgātī dīxērunt sē verba Caesaris ad cīvitātem suam relātūrōs (esse).

1. Vulpēcula quasi modestiā commōta corvō clārā vōce dīxit: „*Sī canēs*, corve, ego *dēlectābor*. Vōx tua sī ā cūnctīs animālibus audiētur, ipse ab illīs praedicāberis."

2. Caesar lēgātō, quī multa dē vīribus et rōbore Germānōrum saevōrum referēbat, „Nōlī," inquit, „fāmae vel rūmōribus crēdere! An domum discēdere mālēs?" Tum ille respondit: „Id nōn faciam, imperātor," et dīxit sē prīmum sīgna in hostēs illātūrum. 3. Rōmānī hostibus in suprēmō monte vīsīs cōpiās armātās in ipsā flūminis rīpā disposuērunt, sed illōs propter altitūdinem flūminis trānsitūrōs nōn esse putābant. 4. Et timēbant hostēs vim flūminis magis[1] quam tēla Rōmānōrum. 5. Caesar mīlitēs pontem paucīs diēbus factūrōs spērāvit. 6. Īdem victōriam exercitūs Rōmānī sibi populōque Rōmānō honōrī glōriaeque futūram crēdidit.

[1] magis: mehr.

*C *Vergleiche:* Quid reliquā aestāte **ag-ē-mus**? — What **shall we do** for the rest of the summer? — Was **tun wir** im Rest des Sommers?

Mache abhängig von „Trōiānī spērāvērunt" *und bestimme die Satzteile:*

1. Graecī Helenam raptam nōn repetent. 2. Nōn cūnctī quidem Graecī Agamemnōnī oboedient. 3. Ventī adversī classem impedient. 4. Graecī moenia arcis bene mūnītae nōn superābunt. 5. Sīc Graecī īnfectā rē domum redībunt.

D 1. *Bestimme:* mitteris, mittēris, nōlam, volent, nōlētis, volābimus, audior, audiar, audīris, audiēris, audītīs, capiēris, caperis, capiar, laudābunt, laudābant, regunt, regent, ferent, ferēbāmur, monēbimur, volam, volunt, mālet, licet, ībō, ibi, ībam, ībunt, ībant, trānsībitur, trānsīrī, mūtāberis, habēris, trānsfīgeris.

2. *Bilde das Futur zu:* movēmus, laudātis, capiuntur, custōdīre (= custōdītūrum esse), dīcere, dīcitur, discō, invītant, ferre, ageris, lūdis, petere, retinēs, trādūcō, trānscendunt.

3. *Konjugiere (4 Tempora in Akt. und Pass.):* adhibēre.

4. *Bilde die 5 Infinitive von* dispōnere.

E I Caesar cum exercitu in Britanniam invadere in animo habet

Caesar plurimis Galliae nationibus arte bellandi devictis consilium iniit adeundi etiam Britanniam insulam. Inde enim semper auxilia hostibus populi Romani mitti sciebat.

Itaque cunctis militibus convocatis consilia sua demonstravit et „Adibimus", inquit, „Britanniam insulam, nisi vos pericula maris metuetis". Milites: „More maiorum neque mari neque alio periculo terrebimur. Tibi, Caesar, semper paruimus; numquam a nobis desereris. Semper officia praestabimus. Sed dic, imperator: Quae tibi relata sunt de ista insula? Qui portus naves nostras recipere poterunt? Si nos arcebunt,

cum quibus nationibus nobis certamen erit? Quem usum belli habent? Qua via reditus tutus in Galliam patebit?"
Caesar „Bono animo este", inquit, „milites! Ista mihi ipsi curae erunt neque neglegentur. Multis iam rebus providi: Naves a sociis aedificabuntur; mercatores de his rebus, quas cognoscere vultis, interrogabo; legatum cum nave longa in Britanniam praemittam. Is oras maritimas, regiones, portus, gentes nationesque adibit genusque hominum perspiciet. Eundem cunctis rebus peractis mox nuntios certos allaturum spero. Reditum ipse tutum reddam." Hac oratione animos militum confirmavit.

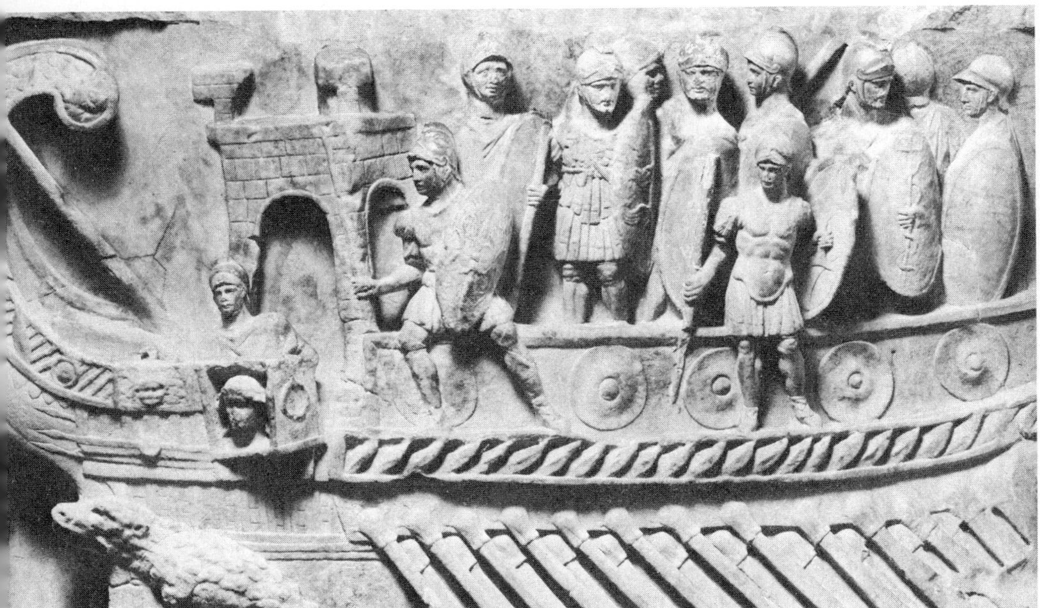

Postquam cuncta ad navigandum parata sunt, Caesar media fere nocte naves solvere iussit. Prima luce aliae naves tutae ad litus Britanniae pervenerunt, aliae autem ventis adversis longe a loco constituto delatae sunt.

*E II Exercitus Romanus litus Britanniae adit

Ubi classis Romana Britanniae appropinquavit, Britanni, qui copiis in litore ipso dispositis adventum Romanorum exspectabant, eos multitudine telorum lapidumque naves relinquere et in ora consistere prohibebant. Tum is, qui decimae legionis aquilam[1] ferebat, dum ceteri propter altitudinem maris dubitant, „Desilite“[2], inquit, „mecum, nisi vultis aquilam deserere! Ego certe meum rei publicae atque imperatori officium praestabo. Spero vos mecum ituros et impetum in hostes facturos esse. An hanc aquam plus quam illos armatos metuetis?“ Quibus verbis magna voce dictis se ex nave iecit atque in hostes aquilam intulit. Reliqui huius virtute moniti universi in fluctus desiluerunt[2] et gladiis strictis impetum in hostes fecerunt. Haec res fortunam belli mutavit.

[1] aquila: Legionsadler. [2] dēsiliō, dēsiluī, —, dēsilīre: hinabspringen.

*F Pyrrhus[1] et Cineas[2]

Aliquando Pyrrhus rex Cineae consilia sua aperiebat et dixit se velle Italiam dicionis[3] suae facere. Tum Cineas „Superatis Romanis,“ inquit, „quid agere in animo habes, o rex?“ „Italiae vicina est Sicilia,“ inquit Pyrrhus, „neque res magni laboris erit eam armis occupare.“ Tum Cineas: „Occupata Sicilia quid postea ages, rex?“ Rex, qui nondum[4] Cineae mentem perspiciebat, „In Africam,“ inquit, „traiciam[5].“ Cui ille: „Quid deinde, rex?“ Pyrrhus respondit: „Tum denique[6] nos quieti[7] dabimus.“ Tum Cineas: „Qua de causa non nunc te quieti das, Pyrrhe? Quid te impedit?“

[1] Pyrrhus: ein griechischer König. [2] Cīneās: Kineas, ein griech. Diplomat. [3] dīciōnis suae facere: unterwerfen. [4] nōndum: noch nicht. [5] trāiciō, trāiēcī, trāiectum, trāicere: übersetzen (nach). [6] dēnique: schließlich. [7] quiēs, quiētis f.: Ruhe; Muße.

Se pósse plús irátus, quám potést, putát.

SERVA ME, SERVABO TE.

***G** 1. Der Perserkönig hoffte, daß die Athener ihm gehorchen würden. 2. „Ich werde eure Stadt nicht zerstören, wenn ihr nicht gegen mich kämpfen werdet“, sagte er zu ihren Gesandten. 3. Die Athener antworteten: „Wir werden uns und unsere Frauen und Kinder gegen *(ab)* deine Heere verteidigen.“ 4. Der Feldherr der Perser hoffte, daß die Athener ihre Tore öffnen würden.

XIX LECTIO UNDETRICESIMA

Dē mīlite, quī animōs commīlitōnum exemplō[1] suō cōnfirmāvit

Mīlitēs Rōmānī altitūdinem maris metuēbant neque dē nāvibus dēsilīre[2] audēbant. Quā rē Britannī *dēlectābantur*. Iam *laetābantur*, quod Rōmānī ad pūgnandum parātī nōn erant, iam glōriābantur dē victōriā, cum mīles Caesariānus commīlitōnēs exemplō[1] suō ad proeliandum excitāvit. Huius audāciā rēs mūtāta est: Plūrimī Rōmānōrum statim in aquam dēsiluērunt[2] et in Britannōs, quī in lītore *stābant* et ex āridō[3] *proeliābantur*, impetum fēcērunt.

Ille enim *commīlitōnēs* vōce magnā *vocāvit et hortātus est*: „Audīte, commīlitōnēs! Sequiminī aquilam[4], quam ferō!"

Hīs verbīs dictīs / Ea verba locūtus

mīles ille aquilam sōlus in hostēs intulit. Tum etiam reliquī mīlitēs,

postquam illum vīdērunt / illum cōnspicātī,

ipsī ē nāvibus dēsilīre[2] cūnctātī nōn sunt. Deinde ūniversī ad lītus contendērunt et hostēs aggressī sunt.

[1] exemplum: Beispiel. [2] dēsiliō, dēsiluī, —, dēsilīre: hinabspringen.
[3] āridum: trockenes Land. [4] aquila: Legionsadler.

1. Postquam Rōmānī lītore potītī sunt, Britannī dē lītore cessērunt et paulātim pedem rettulērunt; deinde Rōmānī prōcessērunt. 2. Caesar eam regiōnem tūtam esse arbitrātus castra prope nāvēs subductās[1] posuit. 3. Eō Britannī sē postrīdiē obsidēs[2] frūmentumque missūrōs pollicitī sunt. 4. Imperātor hostēs ex sinistrā parte aggressūrōs esse prōvīdit et mīlitēs ad virtūtem hortātus ei, quī aquilam[3] ferēbat, imperāvit: „Sequere mē!" — 5. Nautae nāvem, postquam aestū maritimō ad lītus iactāta est magnumque dētrīmentum cēpit, frūstrā reficere cōnābantur. 6. Antīquīs temporibus, ubi hiems advēnit, nāvēs subdūcēbantur[1]. — 7. Nautae nāve frāctā et flūctibus iactātā iam dē salūte dēspērābant, cum alia nāvis auxiliandī causā appropinquāvit. 8. Nautae huius nāvis inter sē cohortātī nāvigium parvum cōnscendērunt et nautās illōs ē perīculō mortis, in quō versābantur, ēripuērunt.

[1] subdūcere: an Land ziehen. [2] obsidēs: Geiseln. [3] aquila: Adler.

Zeichne die Satzbaupläne von B 1–3 unter Verwendung graphischer Symbole!

) *Ersetze die Formen von* proeliārī *durch* pūgnāre, *von* pollicērī *durch* prōmittere, *von* loquī *durch* dīcere, *von* versārī *durch* adesse: proeliābantur, proeliābitur, proeliātī sumus, proeliārī, proeliāre, proeliandō; pollicēberis, pollicitus sum, pollicēris, polliciti sunt, pollicēbāminī; loquuntur, loquendī, loquere, loquēris, loquiminī, locūtus est, loquī; versantur, versābuntur, versor, versāminī, versātī estis.

E I Classis Romana fluctibus et ventis deletur

Romani cum Britannorum nationibus proeliati castra parva prope litus fecerunt. Eo principes Britannorum devictorum postero die venerunt pacis causa et immissi[1] sunt. Postquam sua sponte se obsides[2] daturos imperataque facturos polliciti sunt, Caesar diu cum iis locutus eosque ad pacem cohortatus magnum iis numerum obsidum imperavit.

Paucis diebus post forte erat luna[3] plena, quo die in oceano maritimi aestus maximi esse solent. Quae res Romanis erat incognita. Ita naves a Romanis subductae[4] (quo facto Romani naves tutas esse arbitrabantur) aestu maritimo completae, aliae, quae ad ancoras erant deligatae[5], impetu maris ad litus iactae et deletae sunt. Ii, qui auxiliari conabantur, magnitudine et vi fluctuum impediebantur; facultas aut administrandi aut auxiliandi nemini dabatur.

Qua re totus exercitus valde terrebatur, quod Romani navibus amissis se reditu interclusos esse arbitrabantur.

Iam Britanni inter se cohortati se armare et bellum renovare conabantur; quin etiam cohortes eius legionis, quae diripiendi causa in agris versabatur, telis aggressi sunt. Milites Romani, quamquam labore fatigati erant et iam de salute desperabant, eximia virtute officia praestiterunt.

[1] immittere: hereinlassen. [2] obsidēs, -um: Geiseln. [3] lūna: Mond. [4] subdūcere: an Land ziehen. [5] ad ancorās dēligāre: vor Anker legen.

*E II Exercitus Romanus tandem in Galliam redit

Postquam magna pars classis Romanae deleta est, Caesar periculum magnum esse arbitratus milites convocavit et haec fere verba locutus est: „Nolite, milites, in rebus adversis spem amittere! Quamquam plurimas naves amisimus, non diutius his locis versabimur. Et naves novas aedificabimus et eas, quae detrimentum parvum ceperunt, reficiemus. Vobis polliceor exercitum Romanum mox in Galliam a nobis pacatam rediturum ibique hiberna castra[1] positurum esse."

Haec locutus Caesar cunctos ad laborandum et proeliandum hortatus est. Ita milites disponebantur: Alii naves reficere conabantur, alii hostibus resistebant. Paulo post, quamquam hiems iam aderat et fama de interitu exercitus Romani iam in Galliam afferebatur, paene universi salvi ad oram Galliae pervenerunt.

[1] hīberna castra pōnere: ein Winterlager aufschlagen.

Homo et Colubra[1]

Qui fért malís auxílium, póst tempús dolét!
Gelú[2] rigéntem[3] dóminus cólubram sústulít
sinúque[4] fóvit[5], cóntra s(e) ípse místericórs[6].
Nam út reficta (e)st, nécuit[7] hóminem prótinús[8].

[1] colubra: Schlange. [2] gelū *(Abl.)*: vor Kälte. [3] rigēns, Gen.: rigentis: starr. [4] sinus, -ūs m.: Busen. [5] fōvit *(Perf.)*: er wärmte. [6] misericors: voll Mitleid. [7] necuit = necāvit. [8] prōtinus: sofort.

1. Die Soldaten kämpften lange mit den Britanniern. 2. Die Gesandten der Britannier begleiteten den römischen Feldherrn ins Lager. 3. Nachdem der Feldherr lange mit ihnen gesprochen hatte, bot er ihnen Frieden an. 4. Die Britannier hielten sich nicht lange im Lager auf, sondern versprachen, sie würden am folgenden Tage wiederum kommen. 5. Römische Soldaten folgten ihnen bis ans Lagertor.

LECTIO TRICESIMA

Dē Hercule

1. Mox novam fābulam legētis dē Hercule, quī vōbīs iam nōtus est. Maximum enim auxilium tulit incolīs Graeciae contrā leōnem saevum.

2. Nam miserī erant illī Graecī, dē quibus fābula nostra nārrāvit, quod leō eōs miserō fātō afficiēbat.

3. Itaque Eurystheus Herculem, quī vir **ācer** erat, contrā leōnem mīsit. **Ācris** erat pūgna, quā leōnem dēvīcit. Post pūgnam pellem leōnis gladiō secāre et leōnī dētrahere cōnābātur, sed, quamquam ferrum **ācre** erat, Herculēs frūstrā contendit. Pellis vī ferrōque vulnerārī nōn poterat, arte et ingeniō poterat: Unguibus[1] leōnis ipsīus pellis tandem secta et dētracta est.

4. Posteā Herculēs ad stabula Augīae missus est. **Brevis**, sed difficilis erat labor ille. **Breve** erat tempus, quō illud opus difficile cōnfectum est. Quā dē causā etiam fābula, quam dē Augiā nārrāvī, **brevis** esse potuit.

5. In fābulā, quae mox nārrābitur, perīculum **ingēns** Herculī imminēbit: Anguis enim **ingēns** ferōxque eum terrōre afficiet; sed tandem vīs virī **ingēns** anguem superābit.

[1] unguis, -is m.: Kralle; Pranke.

In den Abschnitten 1–5 sind die fünf Sorten von Adjektiven enthalten, die es im Lateinischen gibt. Die ersten beiden sind dir bekannt, die letzten drei sind dir neu. Schreibe von jeder Sorte den Nom. Sing. aller drei Geschlechter nach folgendem Schema heraus:

5 Sorten lateinischer Adjektive

Nom. Sing.	*1. Sorte*	*2. Sorte*	*3. Sorte*	*4. Sorte*	*5. Sorte*
Mask.					
vir, labor,	novus	a) miser	ācer	...	...
anguis		b) noster			
Fem.					
fābula, pūgna,	nova	a) ...	...	...	...
vīs		b) ...			
Neutr.					
ferrum, tempus,	novum	a) ...	...	...	...
perīculum		b) ...			

Du siehst: Die drei neuen Sorten 3, 4, 5 werden im Nom. Sing. verschieden behandelt. Zeige den Unterschied auf!
In den anderen Kasus haben sie eine gemeinsame Deklinationsweise. Erarbeite diese Kasus aus den Sätzen im folgenden Stück A II und trage die Kasusendungen ins Heft ein nach dem Schema, das am Ende von A II gegeben ist!

A II Dē lēgātō ā Caesare ad ōrās Britanniae praemissō

Caesar, ubi cōnsilium audāx cēpit Britannōs aggrediendī, C. Volusēnum, lēgātum fort**em**, speculandī[1] causā ad ōrās Britanniae praemīsit. Hīc negōtium suscēpit, nāvem celerem cōnscendit, brev**ī** tempore eō pervēnit. Ibi negōtium difficile esse arbitrātus paucōs diēs in altō versābātur neque nāve exiit, quod sē Britannīs ferōcibus committere nōn audēbat. Procul tantum nātiōnēs ferōcēs cōnspicābātur, id autem genus hominum ipse cognōscere cōnātus nōn est. Tandem timōre Britannōrum ferō**cium** et audācium adductus nāvem solvī iussit et īnfectā rē cum omnibus suīs salvīs nāve celerī in Galliam rediit.

Caesar autem eum vituperāvit: „Tibi, virō, ut putāvī, fortī vel audācī, negōtium grave mandāvī, quod tū male gessistī. Nunc classis Rōmāna et peditātus equitātusque Rōmānus perīcula ingent**ia** et proelia ācria in terrā incognitā subīre dēbēbunt." Sīc timor eius virī omnī exercituī dētrīmentō fuit.

[1] speculārī: erkunden; spionieren.

a)	impetus ācer	pūgna ācris	proelium ācre
	(impetūs) ācris	(pūgnae) ācris	(proeliī) ācris
	. . .	*usw.: im Sing. und Pl.*	. . .
b)	diēs brevis	fābula brevis	tempus breve
	. . .	. . .	. . .
c)	vir ingēns	virtūs ingēns	perīculum ingēns
	. . .	. . .	. . .

Zusammenfassung: Kasus bei esse: 1. *Augīae rēgī* dīvitiae immēnsae *erant.* 2. Etiam illa stabula ingentia, quae Herculēs pūrgāvit, *Augīae rēgis fuērunt.* 3. Herculēs magnā vī corporis erat. 4. Herculī ingentēs vīrēs fuisse dīcuntur. 5. In Caesare magna auctōritās apud mīlitēs fuit. 6. Caesar magnā auctōritāte apud mīlitēs fuisse fertur. 7. Caesar dīxit: „Victōria, quam suprēmā aestāte peperimus, nōbīs populōque Rōmānō glōriae erit, inimīcīs autem meīs invidiae.“ 8. Rōmānī aestum maritimum nāvibus celeribus dētrīmentō fore (= futūrum esse) nōn arbitrābantur. 9. Volusēnus, quamquam vir mīlītaris[1] erat, in magnō timōre Britannōrum ferōcium erat. 10. Auxilium sociōrum fortium Rōmānīs ūsuī erat. 11. Alexandrō scelus in Clītum amīcum commissum magnō dolōrī erat.

[1] vir mīlitāris: erfahrener Soldat.

1. *Bestimme:* fortī, forte, ferte, fortis, fertis, fortēs, fortibus, omnēs, omne, nōmine, omnem, ōmen, nōmen, nōmina, nōminā, ōmina, omnia, celere, celerī, cēterī, difficile, difficilium, ingentēs, gentēs, ingentis, gente, ingentī, gentī, miserīs, ācris, negōtium, audācium.

2. *Bilde das Futur zu:* committō, cōnspicāris, aggredior, potiuntur, pollicēminī, versāmur, cōnātur, praestat, dēseris, armant, dispōnimus, adhibētis.

3. *Konjugiere (in 4 Tempora) und bilde die 3 Infinitive von* loquī.

Hercules Hydram, anguem crudelem, superat

Olim anguis crudelis, quae Hydra nominabatur, omnibus Graeciae incolis terrorem intulisse dicitur. Erat duodecim capitum, quibus venenum acre et flammas ingentes misit in omnes, qui appropinquare temptabant. Multis iam hominibus ab illo monstro crudeli caesis rex Eurystheus Herculem advocavit eique dixit: „Auxiliare incolis miseris! Arma te et proeliare cum illa bestia crudeli! Opto et spero hunc laborem bonum eventum habiturum.“

Hercules cum Iolao, iuvene forti, diu frustra in ea regione vagatus tandem specum anguis crudelis invenit. Postquam anguem igni e specu, ubi versabatur, in lucem expulerunt, Hydra viros fortes conspicata surrexit et flammas in eos misit. Hercules autem non cessit, sed gladio acri stricto illam bestiam aggressus est.

At ubi caput primum sectum est, duo capita nova ex eodem loco creverunt. Tum Hercules cum amico consuluit et „Eo modo", inquit, „anguem crudelem non conficiemus, mi amice. Alia arma adhibere debebimus. Affer arbores incensas, exure[1] vulnera, quae huic bestiae mortali afferam!"

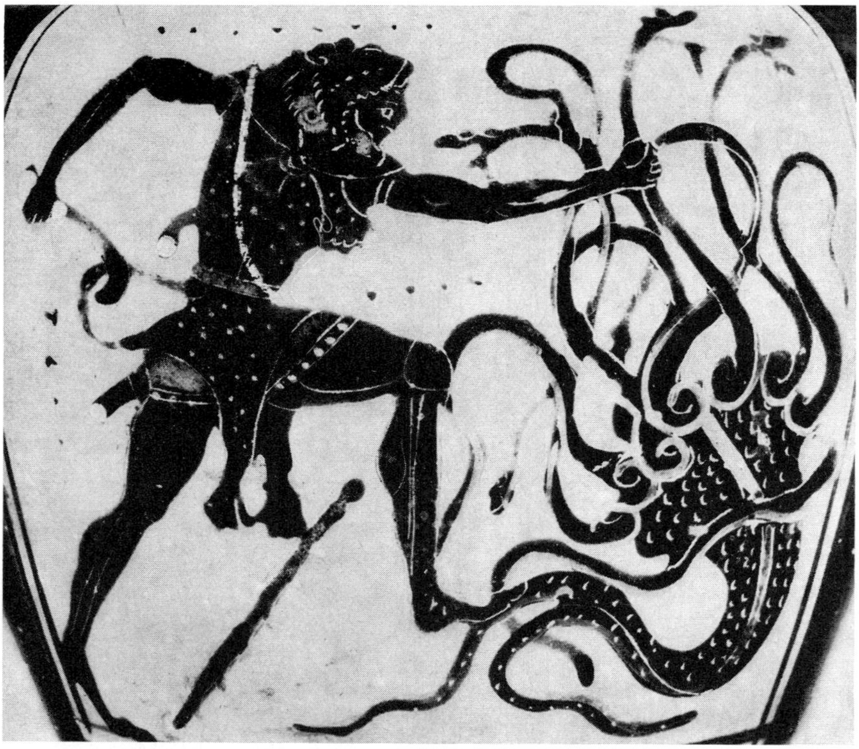

Deinde viri fortes cum angue hoc modo pugnabant: Cum Hercules procedebat et unum ex duodecim capitibus secabat, Iolaus statim vulnus igne exurebat[1]. Tandem, postquam Hercules caput ultimum, id, quod unum tantum immortale erat, secuit et sub terram abdidit, Hydra superata est. Sic tota regio denuo tuta reddita est.

[1] exūrō, exūssī, exūstum, exūrere: ausbrennen.

II

Asinus[1] sub pelle leonis

Olim asinus iugum atque officium diutius ferre noluit atque effugit. Breve tempus per silvas vagatus invenit pellem leonis ingentem. Induit[2] eam et cottidie terrebat homines atque bestias, qui eum leonem ferocem esse arbitrabantur.

Tandem venit dominus ipse. Asinus dominum sibi libertatem ereptu-rum esse arbitratus clamorem ingentem sustulit, nam etiam dominum fugiturum esse sperabat. Sed forte auris[3] asini e pelle leonis eminebat[4]. Quam dominus conspicatus locutus est: „Ista auris mihi nota est, mi amice! Non me falles, quamquam ceteros omnes eo modo fefellisti!"

[1] asinus: Esel. [2] induere: anziehen. [3] auris: Ohr. [4] ēminēre: hervorragen.

Tincti[1] capilli[2]

Méntirís[3] iuveném tinctís, Laetíne, capíllis,
tám subitó corvús, quí modo[4] cýgnus[5] erás.
Nón omnés fallís; scit té Prosérpina[6] cánum[7]:
pérsonám[8] capití détrahet ílla tuó.

[1] tinctus: gefärbt. [2] capillus: Haar. [3] mentīrī: vortäuschen. [4] modo (*Adv.*): eben noch. [5] cygnus: Schwan. [6] Prōserpina: Persephone (Göttin des Totenreichs). [7] cānus: grauhaarig. [8] persōna: Maske.

NON OMNIA POSSUMUS OMNES.
NOMEN EST OMEN.
REM TENE, VERBA SEQUENTUR.

1. Ich habe von Herkules erzählt, der ein tapferer Mann gewesen ist. 2. Er brachte den Menschen Hilfe gegen böse Menschen und wilde Tiere. 3. Seine *(eius)* Hilfe war den Menschen immer nützlich. 4. Ungeheuer sollen seine Körperkräfte gewesen sein. 5. Oft gab ihm der König wichtige Aufträge, die der kühne Mann gut *(Adv.)* ausführte.

XI

LECTIO TRICESIMA PRIMA

Dē Īcarō

Opere cōnfectō Daedalus rēgem adiit et reditum ab eō petīvit, sed Minōs eum in patriam redīre nōn sīvit. Daedalum ōra**nt**em verbīs minantibus reppulit. Tandem ei mortem minā**ns** custōdēs posuit. At Daedalus verba rēgis minant**ia** nōn timuit, sed aequam mentem servāvit.

Ālīs parātīs atque ad volandum adhibitīs Daedalus Īcarusque per aurās[1] volantēs mare fulgēns[2] superāre cōnābantur. Multī hominēs cōnstitērunt, *virōs volantēs cōnspicābantur*, speciem hominum volant**ium** mīrābantur. Posteā Īcarus sōlī appropinquāns ē cōnspectū patris mediā viā volantis remōtus est. Īcarō in mare caden**te** pater auxilium deōrum implōrāvit[3], nam fīliō cadentī ipse auxiliārī nōn poterat.

[1] aura: Luft. [2] fulgēre: glänzen. [3] implōrāre: erflehen.

A II **Herculēs hominibus miserīs auxilium fert**

Hominēs Hydram *metuentēs* domibus suīs exīre nōn iam audēbant, Herculēs autem subsidiō *missus* perīculum illud nōn timēbat, quin etiam ipsō adventū et incolīs illīus regiōnis auxilium suum pollicēns animōs eōrum cōnfirmāvit; deinde sē illud mōnstrum gladiō interfectūrum vel aliō modō prōcessūrum (esse) pollicitus cum Iolāō profectus est. Negōtium enim nōn differre, sed statim suscipere volēbant. Diū quidem anguem crūdēlem quaerentēs prope specum versābantur, tandem eam cōnspicātī pūgnam commīsērunt. Hydrā dolō interfectā Herculēs dē victōriā glōriāns et gaudēns incolās convocāvit, quī Hydram caesam magnā cum laetitiā spectāvērunt. Incolīs laetantibus et gaudentibus Herculēs Iovī patrī grātiās ēgit. Sacrificiō cōnfectō domum abiit.

B 1. Agricola concordiam inter fīliōs cottīdiē iūrgantēs reficere cōnābātur. 2. Pater in eō colloquiō fīliōs verbīs docērī nōn posse intellegēns virgās aequā magnitūdine afferrī iussit. 3. Omnēs facile virgās singulās frangere poterant, sed iam maximō fīliō virgās coniūnctās frangere cōnantī vīrēs dēerant. 4. Etiam cēterī fīliī omnibus vīribus virgās frangere contendentēs frūstrā labōrābant. 5. Vīribus iuvenum paene cōnsūmptīs pater locūtus est: „Nōnne tandem intellegētis in ūnitāte rōbur esse?“
6. Alexandrō bellum cum rēge Persārum gerentī sōlī Lacedaemoniī nōn auxiliābantur. 7. Alexandrō cum parvā manū in Asiam prōcēdentī exercitus ingēns ā rēge Persārum praemissus sē obiēcit. 8. Illō exercitū magnā clāde dēvictō Macedonēs per Asiam prōgredientēs nēmō iam impediēbat, quīn etiam Alexander, postquam Gordium vēnit, illud ōrāculum adiēns rēx Asiae ūniversae appellātus est. 9. Tandem īnfēlīx Persārum rēx ipse eum in Syriam invādentem apud Issum repellere cōnātus est. 10. Rēx Persārum illō proeliō ācrī victus ē pūgnā effūgit. 11. Rēge fugiente etiam mīlitēs Persārum fugae sēsē mandāvērunt. 12. Posteā tōtus ferē orbis terrārum Alexandrō subiectus est. 13. Ita aetāte Alexandrī Magnī fīnēs imperiī Macedonum ūsque ad Indum flūmen prōlātī sunt.

C 1. *Welches PP (und welcher AmP) in Abschnitt B läßt sich kausal, welches konzessiv wiedergeben?*

* 2. *Vergleiche! Gib Gemeinsamkeiten und Unterschiede an:*
Multī hominēs virōs volantēs cōnspicābantur.
Many people saw the men flying (or: fly).
Viele Leute sahen die Männer fliegen (oder: wie die Männer flogen).

3. *Zeichne den Satzbauplan mit den graphischen Symbolen:* Anguis crūdēlis virīs proelium obtulit.

1. *Bestimme:* ingentī, in gente, gentēs, ingēns, ingentēs, gentium, generum, ingentem, tenentibus, timentibus, timentis, timōris, faciēns, facitis, facientis, faciētis, hortantēs, hortāminī, hortātīs, hortantis, hortāns, hortāre, hortō, cūnctārī, cūnctantī, cūnctāminī, cūnctī, cūnctātī, cūnctandī, volente, advolante, possidente, praestante, resistente.

2. *Dekliniere:* mōns sacer, nāvis celeris, cupiditās mala, adventus tūtus, epistula brevis, lūx clāra, clādēs magna, iuvenis audāx.

3. *Bilde Imperfekt, Futur und Perfekt zu:* perveniō, cōnsīdit, resistimus, mandās, neglegunt, dēdūcitis, obtinētur, dētegeris, accūsāmur, geruntur, capiminī, reddor.

4. *Bilde das Part. Präs. Akt. im Nom. und Abl. Sing. Mask. von:* portāre, monēre, dīcere, facere, proeliārī, pollicērī, potīrī, ferre, īre, nōlle.

Hercules aprum[1] Erymantheum capit

Herculi Hydra necata otium longum non dabatur; quin etiam brevi tempore post nuntius allatus est deos mortalibus iratos aprum ingentem misisse et hunc agros vel frumentum agricolarum infelicium dentibus acutis[2] vastare hominesque prope Erymanthum montem viventes vexare. Multis venatoribus, qui eum capere conabantur, interitum paravit. Qua re adductus Eurystheus rex Herculem ipsum, cui mortem optabat quique ei invidiae erat, illud animal ferox sive vivens sive interfectum apportare iussit.

Hercules consilium audax cepit: Aprum solus manibus suis capere et in aulam regis portare sibi proposuit. Quod negotium difficile et magni laboris erat, nam aper viribus ingentibus instructus celeriterque currens Herculem sequentem effugiebat. Hercules summis viribus contendens eum capere non poterat, semper ille e manibus evadebat.

Postquam multi menses praeterierunt, tandem fortuna iuveni forti auxiliata est: Magnae nives[3] hieme cadentes et omnem illam regionem operientes[4] etiam aprum currentem multum impediebant.

[1] aper, aprī: Eber. [2] acūtus, a, um: spitz; scharf. [3] nivēs: Schneemassen.
[4] operīre: bedecken.

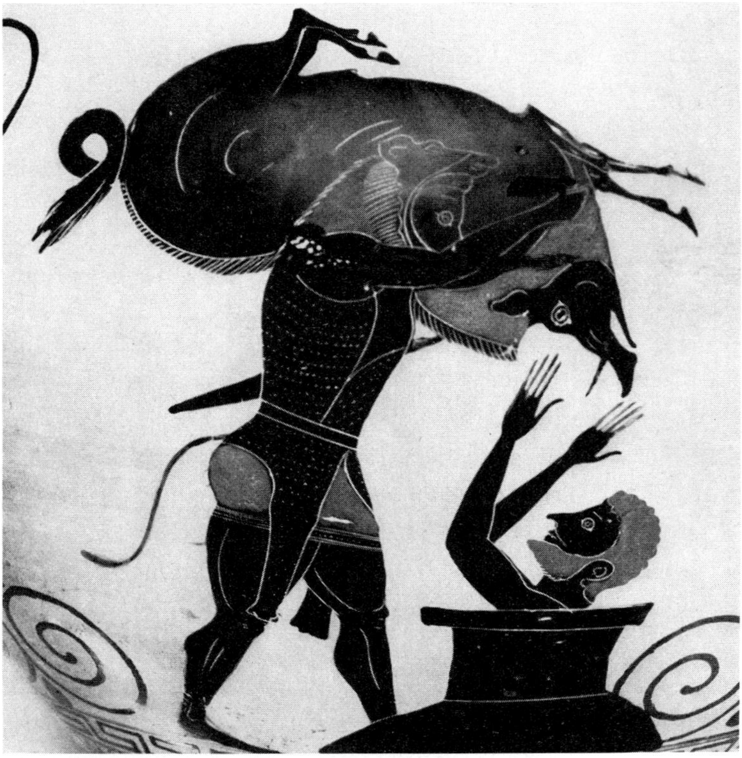

Hercules tandem eum consecutus firmis vinculis vinxit et ad regem portavit. Quo facto rex aprum ferocem timens clementiamque Herculis implorans[5] se in urna occultavit. Herculem in aulam intrare et aprum tradere vetuit. Incolae autem felices huius laboris memoriam semper cum gratia servabant et Herculem denuo magno honore affecerunt.

[5] implōrāre: anflehen; um etwas bitten.

*E II Hercules aves[1] Stymphalides expellit

Herculem ab aula regis redeuntem iidem incolae denuo imploraverunt[2]: „Auxiliare nobis, nam avibus ferocibus vexamur! Istae aves multitudine ingenti nos opprimunt et cibos nostros rapiunt. Pennis acribus viros, qui cum iis pugnare conantur, vulnerant. Pennae earum, quibus nobis vulnera afferunt, acres sunt quasi hastae.“

Hercules postridie Vulcanum, deum ignis, crepundia[3] ingentia sibi facere iussit. Quibus instructus clam in eam regionem, in qua aves feroces versabantur, progressus est. Diu sedes avium quaerebat, tandem eas invenit. Ubi crepundia commovens clamorem ingentem sustulit, omnes aves territae in diversas partes fugae se mandaverunt.

[1] avis, -is f.: Vogel. [2] implōrāre: anflehen. [3] crepundia, -ōrum n.: Rassel.

De vitiis[1] hominum

Perás[2] impósuit Iúppitér nobís duás:
Propriís[3] complétam vítiis póst tergúm[4] dedít,
aliénis ánte péctus[5] súspendít[6] gravém.
Hac ré vidére nóstra mála non póssumús;
alií simúl[7] delínquunt[8], cénsorés[9] sumús.

[1] vitium: Fehler. [2] pēra: Ranzen. [3] proprius, a, um: eigen. [4] tergum: Rücken. [5] pectus, -oris n.: Brust. [6] supendere: aufhängen. [7] simul: sobald. [8] dēlinquere: einen Fehler machen. [9] cēnsor: Richter.

1. Im vierten Jahrhundert v. Chr. drangen die Gallier in Italien ein. 2. Weil die Römer die Feinde fürchteten, verließen sie die Stadt und zogen sich auf die Burg zurück. 3. Indem Camillus in Italien neue Truppen sammelte, befreite er die erschreckten, aber [auf] Hilfe hoffenden Einwohner Roms aus der gewaltigen Gefahr. 4. Als die Gallier nämlich erkannten, daß die Burg nicht erobert werden konnte, forderten sie von den Römern eine große Menge Gold. 5. Während die Römer das Geld sammelten, näherte sich Camillus der Stadt, und als die Gallier den Feind erblickt hatten, begannen sie den Kampf. 6. Der Lärm der Kämpfenden war groß; als die Nacht herankam, wurden die Gallier besiegt und vertrieben. 7. Dem Camillus dankten die Römer, als er unter dem Jubel aller Einwohner in die Stadt zurückkehrte.

XXXII LECTIO TRICESIMA SECUNDA

1. Iam rettulī dē vetere illā urbe, cui nōmen erat Trōia. 2. Nōtum est vōbīs carmen vetus, quod Homērus, poēta maximus veterum Graecōrum, dē bellō Trōiānō fēcit. 3. Carmen Homērī alia vetera carmina eiusdem aetātis pulchritūdine superat. 4. Homērus poēta pauper, Priamus rēx dīves fuit; magna cōpia aurī in domibus rēgis dīvitis custōdiēbātur.

Trōia capitur

1. Classe Graecōrum recēdente Trōiānī diū ab hostibus obsessī laetantēs ante moenia urbis vagābantur. 2. Hostibus in perpetuum, ut putābant, repulsīs quasi ūniversa cīvitās in castra ab hostibus relicta dēscendit. 3. Nocte ineunte cīvēs nihil cūrantēs[1] suā sponte equum līgneum ab Ulixe aedificātum in urbem trāxērunt. 4. Lāocoontī īnfēlīcī cīvēs monentī nōn oboedīvērunt, sed Sinōnī fidem habuērunt. 5. Portā clausā nēmō perīculum imminēre arbitrābātur.

[1] cūrāre *m. Akk:* s. um etw. kümmern.

6. At nocte ferē fīnītā omnibusque Trōiānīs dormientibus Sinō Graecōs in equum abditōs līberāvit. 7. Portā urbis frāctā cēterī Graecī, quī sīgnum exspectantēs iam ante urbem versābantur, prōgressī sunt. 8. Omnēs hostēs gladiīs strictīs per aditum patentem invāsērunt et in mediam urbem prōcēdentēs domōs incendērunt. 9. Urbe ardente ingēns tumultus ortus est; frūstrā Trōiānī aliī tēlīs sē dēfendere cōnātī sunt, aliī clēmentiam hostium implōrāvērunt[1]. 10. Trōiā ferrō īgnīque dēlētā Graecī mulierēs et līberōs sortem suam miserantēs[2] vīnxērunt et in servitūtem dēdūxērunt; deinde nāvēs solvērunt et laetī per undās maris domum profectī sunt. 11. Ita Trōia periit.

[1] implōrāre m. Akk.: um etwas flehen. [2] miserārī: beklagen.

C *Wiederhole aus dem übersetzten Stück B die Verwendungsmöglichkeiten der Partizipien! Trage zu jedem Satz die darin vorkommenden Partizipien mit ihrem Beziehungswort in folgendes Schema ein:*

Beziehungswort und Part.	*Verwendung in* kausaler, temporaler, konzessiver, attributiver *Bedeutung*	*Zeitverhältnis* gleichzeitig, vorzeitig
Beispiel: 1. Classe recēdente	kausal	gleichzeitig

D 1. urbs dēlēta 2. urbe dēlētā 3. in urbe dēlētā 4. urbem dēlētam esse 5. incolīs laetantibus 6. eōsdem incolās laetantēs 7. vetera castra expūgnāta esse 8. in vallum veterum castrōrum 9. numerus pūgnantium 10. turrīs exstrūctas esse 11. cīve dīvite ab inimīcīs necātō 12. sē dīvitem fore spērāns 13. deō auxiliante 14. deus auxiliāns 15. Īcarum in undīs perīsse 16. auxilium amīcō pauperī lātum 17. auxilium ab amīcō paupere lātum 18. victōria ā nūntiō summīs vīribus currente relāta 19. Athēniēnsēs vīcisse 20. Athēniēnsēs victōs esse 21. Athēniēnsibus victīs 22. Athēniēnsēs crās victūrōs esse 23. vīribus frūstrā cōnsūmptīs 24. in praetereundō 25. ad labōrandum 26. ad labōrantem 27. occāsiōne datā 28. facultās urbem expūgnandī 29. locō idōneō captō 30. colloquiō ineunte 31. hieme appropinquante Gallōs bellum renovāvisse 32. cōpiās in rīpā dispositās esse.

33. *Dekliniere:* quī dēns, ea sors, idem genus, magistrātus ille, domus ista, mare ipsum.

De Phrixo et Helle

Phrixus et Helle, soror eius, liberi regis divitis Thebanorum erant. Postquam pater alteram mulierem ex alio genere ortam in matrimonium duxit, noverca[1], Ino nomine, liberos odio persequi non desiit et variis rumoribus iram Thebanorum contra liberos miseros excitavit. Tandem Ino liberos falso crimine accusans etiam patrem eorum fallere conabatur. Et successerunt ei insidiae iniuriaeque: Athamas uxori fidem habens consilium crudele liberos interficiendi cepit. Frustra hi clementiam patris petebant. Dum omnia ad supplicium[2] parantur, subito aries[3] pulcher et vellere aureo insignis per auras[4] advolans apparuit. Omnibus sive timore oppressis sive mirantibus aries voce humana loqui coepit: „Nolite timere, liberi miseri! Iuppiter me misit. Fidem mihi habete! Me vos e manibus malae novercae[1] servaturum et in alienas terras laturum polliceor. Ascendite, sed este attenti!"

[1] noverca: Stiefmutter.
[2] supplicium: Hinrichtung.
[3] ariēs, arietis m.: Widder.
[4] aura: Luft.

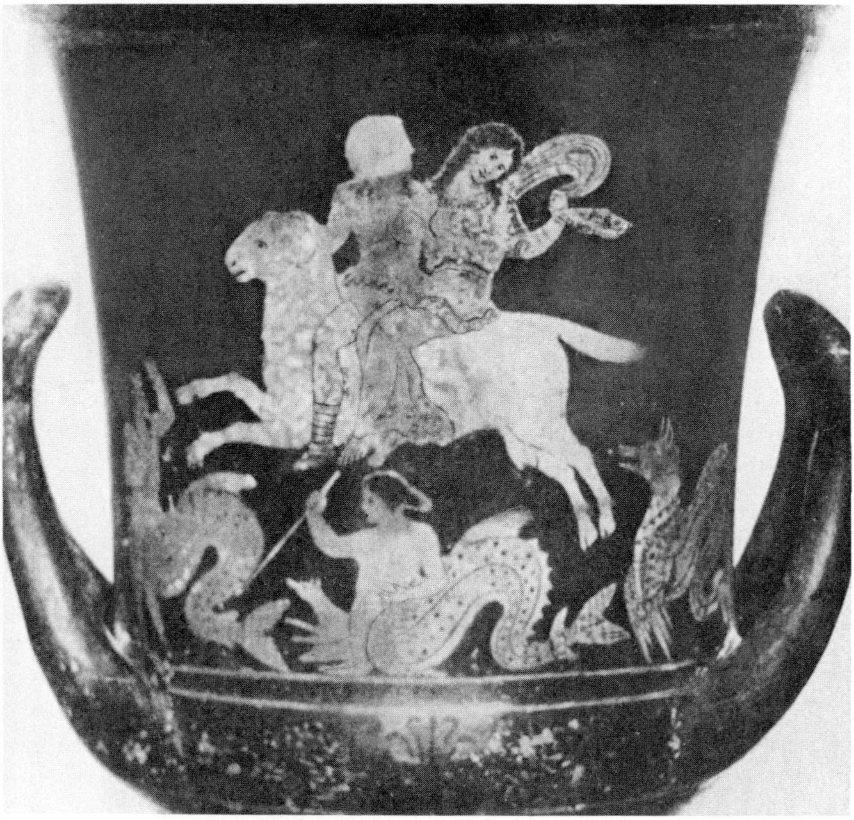

Liberi celeriter arietem conscenderunt, qui eos per auras[4] portans e manibus inimicorum servavit. Ita beneficio Iovis odium invidiamque novercae[1] effugerunt.

*E II De vellere aureo

Liberi in dorso[1] arietis sedentes se periculum mortis effugisse laetabantur. Aries supra[2] mare, quod inter Asiam et Europam situm est, volabat, cum Helle mare altum conspicata timore altitudinis superata est: Puella misera de ariete in altum cecidit et in undis eius maris periit. Ex eo tempore mare illud Hellespontus, id est mare Helles, nominatur. Phrixus sortem sororis miseratus[3] cum ariete ad Colchos in oriente habitantes pervenit, ubi arietem Iovi immolavit[4]. Vellus aureum in silva, quae Marti, deo bellorum, sacra erat, suspendit[5].

[1] dorsum: Rücken. [2] suprā m. Akk.: über ... hinweg. [3] miserārī: bejammern. [4] immolāre: opfern. [5] suspendere: aufhängen.

*F Vulpes[1] et uva[2]

Famé[3] coácta vúlpes ált(a) in vínea[4]
uvám petébat súmmis sáliens[5] víribús.
Quam tánger(e)[6] út non pótuit, díscedéns aít[7]:
„Nondúm[8] matúra[9] (e)st; nól(o) acérbam[10] súmeré.[11]“

[1] vulpēs, -is f.: Fuchs. [2] ūva: Traube. [3] famēs, -is f.: Hunger. [4] vīnea: Weinberg. [5] salīre: springen. [6] tangere: berühren. [7] ait: er sagt. [8] nōndum: noch nicht. [9] mātūrus, a, um: reif. [10] acerbus, a, um: sauer. [11] sūmere: nehmen; pflücken.

***G** 1. Nachdem die Perser bei Marathon besiegt worden waren, lief ein Bote mit großer Schnelligkeit zur Stadt Athen. 2. Denn weil die persische Flotte sich nicht nach Asien zurückzog, sondern sich Athen näherte, mußten alle Einwohner, die in der Stadt zurückgelassen waren, bereit sein zur Verteidigung der Stadt. 3. Während der Bote schnell über das Gebirge lief, quälte ihn die Sonne mit ihrer brennenden Hitze. 4. Obgleich die Mühe den jungen Mann fast überwältigte, verlor er die Hoffnung nicht, daß er mit seinen Worten das Vaterland retten werde. 5. Als der Abend kam, sah er die Stadt in der weiten Ebene liegen, ohne daß Feinde zu sehen (= gesehen) waren. 6. Von Freude überwältigt rannte er mit letzten Kräften auf den Marktplatz der Stadt [und] rief: „Wir haben gesiegt!“ 7. Als er diese Worte gerufen hatte, raffte ihn der Tod dahin.

XIII LECTIO TRICESIMA TERTIA

I Dē Hydrā

Herculēs, quod *cautus atque attentus erat*, diū prope aditum specūs versātus *cautē et attentē appropinquāvit*. Iolāō dīxit: „Speciēs specūs foeda[1] est; ecce, longē lātēque corpora miserōrum hominum iacent, quī ab Hydrā illā abditā miser**ē** et crūdēl**iter** interfectī foedam[1] praebent speciem.“ Subitō Hydra ferōx duōdecim capita ē specū extendit et ferōciter virōs fortēs aggrediēns flammās in eōs mīsit. At Herculēs, vir fortis et prūdēns, flammīs nōn dēterrēbātur, sed fortiter et prūdent**er** cum illō mōnstrō dīmicāns vīcit.

[1] foedus, a, um: abscheulich.

II Dē ariete[1], quī līberōs servāvit

Phrixus et Hellē ā novercā[2] apud patrem perfidē accūsātī absentēs damnātī sunt. Populus ā rēgīnā convocātus ad iūdicium convēnit. Subitō *Iove auctōre* ariēs eximiā pulchritūdine vindex[3] līberōrum appāruit. Phrixus et Hellē *novercā invītā* patriam relīquērunt. In arietis dorsō[4] sedēns Phrixus, postquam sorōrem īnfēlīcem āmīsit, maestus, sed incolumis iter ad Colchōs dīrēxit. Prīmus Graecōrum fēlīciter in fīnēs Colchōrum pervēnit. Posteā puer invītus iussū Iovis arietem pulchrum immolāvit[5].

[1] ariēs, arietis m.: Widder. [2] noverca: Stiefmutter. [3] vindex, -dicis: Retter. [4] dorsum: Rücken. [5] immolāre: opfern.

Ergänze: 1. Nōn omnēs avēs[1], quae pulchr- sunt, pulchr- canunt. 2. Hydra bēstia crūdēl- erat, crūdēl- multōs hominēs īnfēlīcēs necāvit. 3. Aper[2] semper celer- cursū Herculem effugiēbat, quamquam ille celer- currēbat. Cum Herculēs eum capere volēbat, aper celer- effugiēbat. Hieme autem Herculēs eum facile cēpit. 4. Eurystheus rēx Hercule aprum apportante turp- timōre commōtus sē in urnā magnā turp- occultāvit. 5. Asinus[3] sē semper saxa grav- ferre dēbēre grav- tulit. 6. Anguis, cui centum oculī erant, vellus aureum in silvā sacrā collocātum semper dīligent- custōdiēbat.

[1] avis, -is f.: Vogel. [2] aper: Eber. [3] asinus: Esel.

* 7. *Vergleiche! Gib Gemeinsamkeiten und Unterschiede an:*

Herculēs fort**is** erat.	Herculēs vir fort**is** erat.
Hercules was brave.	Hercules was a brave man.
Herakles war tapfer.	Herakles war ein tapfer**er** Mann.

Herculēs fort**iter** pūgnāvit.
Hercules fought brave**ly**.
Herakles kämpfte tapfer.

D 1. *Wie lauten die Adjektive (im Nom. Sg. Mask., Fem. und Neutr.) zu:* longē, turpiter, perfidē, ācriter, facile, celeriter, miserē, lātē, bene, fortiter, prūdenter, ferōciter, pulchrē, fēlīciter, male, graviter?

E I De Iasone

Iason filius regis Aesonis erat. Is puer a patruo[1] perfide regno privatus[2] in exilio vivebat. Patruum autem, qui filio fratris expulso regnoque potitus in Thessalia severe regnabat, oraculum monuit: „Cave eum virum alienum, qui mox uno tantum pede soleatus[3] adveniet!“

Iason viginti annos natus tandem in patriam rediit incognitus. Statim iter in domum regis direxit, qui adulescentem miratus atque omine territus quaesivit: „Unde venis, hospes? Quis es? Dic: Cur uno tantum pede soleatus advenis?“

Adulescens respondit: „Iason, filius fratris tui, sum atque regis filius a te regnum meum posco.“ Tum rettulit se iter facientem mulierem veterem invalidamque flumen, cui pons non erat, transportavisse et in undis forte soleam[4] alteram amisisse. (Iason autem ignorabat illam mulierem Iunonem, uxorem Iovis, fuisse.)

Senex, quod adulescentem audacem neque interficere audebat neque participem[5] regni accipere volebat, eum vellus aureum a Colchis repetere et in Graeciam referre iussit. Quo in periculoso labore adulescentem turpiter interiturum sperabat. Iason autem odium regis neglexit et, quamquam dolum patrui[1] perspexit, tamen eo labore suscepto multos viros fortes comites adhibuit et paucis mensibus post navem celerem, Argo nomine, a Minerva exstructam armatamque accepit. Inde Minerva iuvante navem solvere et cursum ad fines Colchorum dirigere cunctatus non est.

[1] patruus: Onkel. [2] prīvāre m. Abl.: berauben m. Gen. [3] soleātus: mit Schuh versehen. [4] solea: Schuh. [5] particeps, -cipis m. Gen.: Teilhaber an etw.

*E II De itinere Argonautarum

Difficile erat navem incolumem per Hellespontum dirigere, ubi duo saxa ingentia quasi introitus[1] Ponti stabant. Nam cum navis cursus per eum introitum dirigebatur, illa saxa celeriter collidebant[2] et navem cum omnibus nautis delebant. Plurimas iam naves eo modo perisse rumor erat.

At Argonautae ea fore providebant et prudenter egerunt: Columba a Iasone praemissa saxa ad collidendum commovit. Primo columba celeriter volans saxa collidentia sine detrimento effugit, deinde Argo, dum saxa recedentia denuo introitum aperiunt, celeri cursu in Pontum contendit. Ita Argonautae saxis prudenter superatis incolumes in Pontum pervenerunt.

[1] introitus: Eingang. [2] collīdere: zusammenschlagen.

Reddite Caesari, quae sunt Caesaris!

Pharisaei[1] interrogaverunt: „Magister, scimus, quia[2] verax[3] es et non curas[4] quemquam[5]; neque enim vides in faciem[6] hominum, sed in veritate[7] viam Dei doces. Licet dari tributum[8] Caesari an non dabimus?“ Qui sciens versutiam[9] illorum ait[10] illis: „Afferte mihi denarium[11], ut videam[12]!“ Et illi attulerunt ei. Et ait illis: „Cuius est imago[13] haec et inscriptio[14]?“ Dicunt ei: „Caesaris.“ Respondens autem Iesus dixit illis: „Reddite ergo[15], quae sunt Caesaris, Caesari et, quae sunt Dei, Deo!“

[1] Pharisaeī: die Pharisäer. [2] quia: daß. [3] vērāx: wahrheitsliebend. [4] cūrāre: sich um jmd. kümmern. [5] quisquam: irgendwer. [6] faciēs, ēī: Gesicht; Ansehen. [7] vēritās, -ātis: Wahrheit. [8] tribūtum: Tribut; Zins. [9] versūtia: Heuchelei. [10] ait = dīxit. [11] dēnārius: Denar; Groschen. [12] ut videam: „damit ich ihn betrachten kann”. [13] imāgō: Bild. [14] īnscrīptiō: Inschrift. [15] ergō (*Adv.*): also.

Ducúnt voléntem fáta, nólentém trahúnt.

Félix, quém faciúnt aliéna perícula caútum.

NIHIL AGENDO HOMINES MALE AGERE DISCUNT.

1. Der Esel *(asinus)* entlief dummerweise seinem Herrn. 2. Er nahm es übel, daß *(quod)* er ohne gutes Futter arbeiten mußte. 3. Glücklicherweise, wie er meinte, fand er im Walde ein Löwenfell. 4. Damit bekleidet *(vestītus)* verjagte er alle Tiere; die flohen schnell. 5. Unglücklicherweise wurde er von seinem Herrn gesehen, der sofort sein Ohr *(auris)* erkannte.

XXIV

LECTIO TRICESIMA QUARTA

1. Hector vir fortis erat; Iāsōn fort**ior** et audācior erat *quam* Hector; vir *omnium* autem fort**issimus** et audācissimus Herculēs fuit. Nūllum virum fortiōrem fuisse cōnstat quam Herculem. Etiam Iolāus *fortissimus* fuit.

2. Hellē puella timida erat; timid**ior** erat quam Phrixus frāter (*timidior Phrixō frātre* erat); nam ille per aurās[1] altissimās volāns altitūdine territus nōn est. Timidissimus autem omnium hominum Eurystheus rēx fuisse vidētur.

[1] aura: Luft.

3. Ariēs[2] aureus animal pulchrum erat; vellus eius pulchr**ius** erat quam vellera cēterōrum animālium (pulchrius velleribus cēterōrum animālium). Id pulch**errimum** vellus locō tūtissimō servābātur et ab angue ferōcissimā custōdiēbātur. 4. Fābula Argonautārum omnium ferē fābulārum, quae dē virīs clārissimīs nārrantur, clārissima est.

5. Ulixem ad lītus Siciliae dēlātum specum ingentem Polyphēmī cum sociīs intrāvisse in Homērī carmine legere licet. Ā Polyphēmō reditū interclūsus Ulixēs prūdent**ius** ēgit cēterīs nautīs prius ab illō mōnstrō miserrim**ē** interfectīs et dēvorātīs. Quamquam Ulixēs Polyphēmum suā manū caecāvit[3], diffici**llimum** erat ē specū saxō clausō ēvādere. Tamen Ulixēs audācissimē Polyphēmum fefellit et ūnā cum sociīs reliquīs ē manibus mōnstrī illīus effūgit.

[2] ariēs: Widder. [3] caecāre: blenden.

B Dē cōnsiliō Argonautārum

Argonautae itinere longissimō cōnfectō ad lītus Colchōrum pervēnērunt, ubi īnsidiās barbarōrum metuentēs nāvem cautē dīligenterque occultāvērunt. Tum Iāsōn, dux huius expedītiōnis, haec ferē verba omnibus ad colloquium vocātīs locūtus est: „Iter longius, virī clārissimī, cōnfēcimus, quam cēterī mortālēs adhūc cōnfēcērunt. Certē licet glōriārī, sed nunc prūdentissimē dē opere omnium difficillimō dēlīberābimus. Ubi crās vellus aureum inveniēmus? Quō modō id capiēmus, commīlitōnēs?“ Tum comitēs dīxērunt vellus rēge eius terrae invītō capī nōn posse, quod crēdēbant iter per illam silvam sacram etiam difficilius et perīculōsius fore illō difficillimō per Pontum cursū. Itaque cōnsilium audācissimum cēpērunt rēgem Aeētam ipsum adeụndī.

C

1. *Bestimme die Funktionen der Ablative in A 3!*
2. *Welche Superlativformen in A und B müssen elativisch übersetzt werden?*
3. *Zeichne den Satzbauplan mit den graphischen Symbolen:* Phrixum vellus aureum in silvam sacram abdidisse fāma est.

D

1. longē, longissimō, pulcherrimē, iūstior, timidiōrem, clāriōris, clārus, clārius, clārissimus, miserrimum, miserrimē, miserōrum, miseriōrum, miserī, ferōciter, ferōciōrēs, ferōcem, audācter, prūdenter, longius, huius, eius, facilius, facillimus, istīus.
2. *Bilde den Komparativ und den Positiv zu:* novissimus, brevissima, prūdentissimum, altissimī, difficillimae, fortissima, ferōcissimē, audācissimē, miserrimē, ācerrimī, optātissimārum.
3. *Bilde Imperfekt, Futur und Perfekt zu:* proficīsceris, surgimus, perītis.

I Medea, filia regis Colchorum, Iasoni auxiliatur

Aeeta, rex Colchorum, Argonautas in fines suos venientes et vellus aureum poscentes asperrimo vultu excepit. Ira gravi commotus illos in vincula conicere et crudeliter interficere iam in animo habebat, cum Medea, filia regis pulcherrima, aulam regiam intravit. Haec viros fortissimos et viribus insignes valde mirata statim amore Iasonis adulescentis capta est.

Itaque Medea animum patris ferocem blandissimis[1] verbis mollire studebat. Tandem rex iram oppressit et „Cras accipietis“, inquit, „vellus aureum, hospites! Sed antea viro fortissimo vel audacissimo vestrum laborem difficillimum et periculosissimum imponam.“ Tum eos postero die in agrum ante oppidum situm convenire iussit. Haec voce acerrima locutus abiit.

Argonautae tristes in domo regia sedebant; iam de salute desperabant, cum Medea Graecis studens clam ad Iasonem accessit eique dixit: „Bono animo es, hospes! Amore tui adducta ego tibi in hoc periculoso opere adesse parata sum. Quin etiam vos omnes incolumes in Graeciam redituros polliceor. Unum tantum posco: Promitte iure iurando te omnibus periculis superatis me uxorem tecum in patriam ducturum!“

Iason illam barbaram in matrimonium ducere quam spem vellus accipiendi amittere malebat et laeto animo se ea omnia facturum sacerrimo iure iurando confirmavit.

[1] blandus: schmeichelnd.

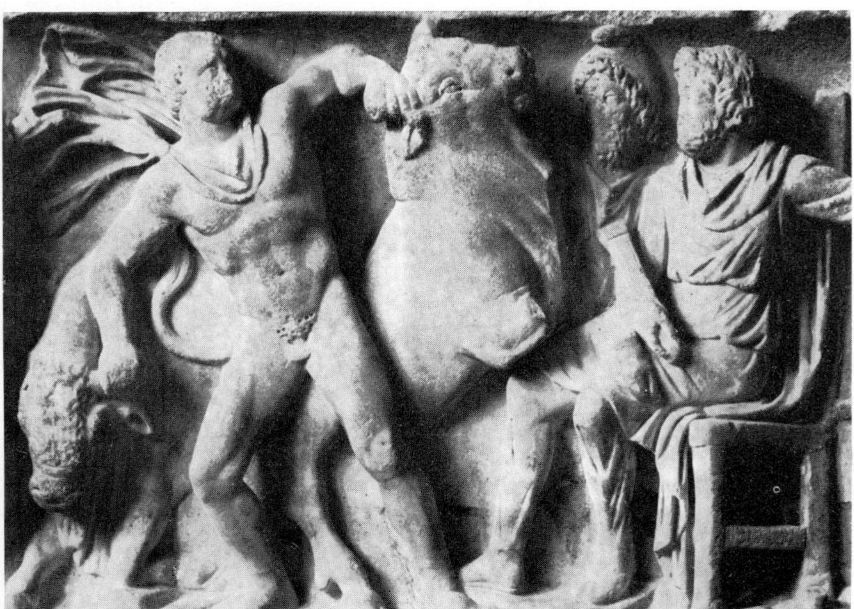

*E II Iason boves[1] aeneos[2] domat[3]

Tum Medea de illo periculoso labore interrogata respondit: „Pater cras tibi duos boves aëneos mittet, qui ferociter flammas efflabunt[4]. Iis aratrum[5] trahentibus illum agrum, de quo pater locutus est, arare[6] debebis. Sed noli timere! Hoc medicamen[7], quod tibi dabo, te a flammis defendet. Dabo tibi etiam hanc virgam magicam[8]. Ea virga boves feroces tutissime dirigere poteris."
Quibus rebus praeceptisque instructus adulescens postero die boves aëneos ferocissime ignem efflantes mollivit et rege omnique populo praesente et mirante agrum aravit. Imperatis regis confectis comites gaudebant et Iasoni gratulati sunt.

[1] bōs, bovis: Stier. [2] aēneus: ehern. [3] domāre: zähmen; bezwingen. [4] efflāre: blasen. [5] arātrum: Pflug. [6] arāre: pflügen. [7] medicāmen, -minis n.: Zaubermittel. [8] magicus: Zauber-.

*F M. Porcius in senatu

Postquam C. Iulius Caesar dicundi finem fecit, M. Porcius Cato huiusce modi orationem habuit: „Nolite existumare maiores nostros armis rem publicam ex parva magnam fecisse! Alia fuere, quae illos magnos fecere, quae nobis nulla sunt: domi industria[1], foris[2] iustum imperium et animus in consulundo liber. Pro his nos habemus luxuriam[3] atque avaritiam[4]. Laudamus divitias, sequimur inertiam[5]. Inter bonos et malos discrimen[6] nullum: Omnia virtutis praemia[7] ambitio[8] possidet."

[1] industria: Fleiß. [2] forīs (*Adv.*): draußen. [3] luxuria: Wohlleben; Luxus. [4] avāritia: Habgier. [5] inertia: Müßiggang. [6] discrīmen: Unterschied. [7] praemium: Belohnung. [8] ambitiō: (falscher) Ehrgeiz; Streben nach Karriere.

QUOD PERIIT, PERIIT.

FAMA NIHIL CELERIUS.

Male vívunt, quí se sémper vícturós putánt.

(Cato) esse quam videri bonus malebat.

***G** 1. Niemand hat schönere Gedichte geschrieben als Homer. 2. Keine Stadt war in ältesten Zeiten berühmter als Athen. 3. Dort lebte Sokrates, den das Orakel den weisesten Menschen genannt hat; und wirklich war niemand weiser als jener. — 4. Eurystheus verhielt sich äußerst furchtsam, nachdem Herkules mit dem wilden Eber *(aper)* den Königshof betreten hatte. 5. Vulkanus verfertigte dem Herkules eine sehr nützliche *(ūtilis, -e)* Sache; damit ging er den äußerst wilden Vögeln *(avis, -is f.)* zuleibe *(aggredī m. Akk.)*.

XV LECTIO TRICESIMA QUINTA

Mēdēa iterum Iāsōnem iuvat

Illō opere ab adulēscente Graecō fēlīciter perāctō tamen Aeēta senibus aulae rēgiae et Mēdēā praesente sē vellus aureum redditūrum (esse) negāvit; quīn etiam rēx ille asperrimō vultū sē nāvem hospitum incēnsūrum eōsque omnēs sīve in vincula coniectūrum sīve interfectūrum minātus est. Hīs verbīs fīlia rēgis trīstissima facta est. Breviter tantum dēlīberāvit, deinde nihil cūnctāta ad hospitēs accessit, quōrum plērīque iūrī iūrandō rēgis Colchōrum adhūc **cōnfīdēbant**. At postquam Mēdēa iīs cōnsilia patris crūdēlia aperuit, rēgī nōn iam **cōnfīsī sunt**, sed, ut in itinere solēbant, custōdēs disposuērunt. Nēmō iam comitum, quamquam dēfessī erant, ōtium sequī vel dormīre ausus est. Tum Mēdēa Iāsōnī prōposuit sē ipsam eum in silvam ductūram et anguem vellus custōdientem venēnō sōpītūram[1] esse. Hōc auxiliō prōmissō omnēs gavīsī sunt. Iāsōn celerrimē cum Mēdēā in eam silvam sē contulit armātus.

Nox erat, omnia silēbant[2], nūllum animal vagābātur, nam anguis ferōx omnia terrōre complēbat. Iāsōn Mēdēā duce in illam silvam invādēns cautissimē prōgrediēbātur. Tum Mēdēa anguem in extrēmā silvā abditam cōnspicāta est. Cōnspectū anguis minimē territa audācter ad eam accessit et venēnum praebuit. Ita anguis iīs obesse nōn iam potuit. Angue venēnō et somnō superātā Iāsōn vellus aureum dē arbore dētrāxit et abstulit. Deinde in castra **revertērunt**.

[1] sōpīre: einschläfern. [2] silēre: still sein.

I Argonautae fugiunt

Sōle oriente Iāsōn et Mēdēa in castra **revertuntur**. Comitēs Iāsōnem **reversum** ē perīculō servātum esse gaudent. Omnēs vellus aureum tangere[1] cōnantur, sed Iāsōn eōs hoc facere hīs ferē verbīs vetat: „Hoc **fierī** nōn licet, commīlitōnes! Statim in patriam revertī cōgimur. Nam sī cūnctābimur, mox dētegētur nōs rēge invītō illā praedā potītōs esse. Tum incurrent Colchī ūniversī, **fīet** pūgna, fīent īnsidiae, quās effugere nōn poterimus. Hodiē via in occidentem per undās maris aut fīnitimās terrās patefacta est; crās Colchī nōs omnibus modīs reditū interclūdent. Nōlīte cūnctārī! Nāvem cōnscendite!"

Et factum est, quod Iāsōn fierī volēbat: Comitēs nōn cūnctantēs nāvem cōnscendērunt.

[1] tangere: berühren.

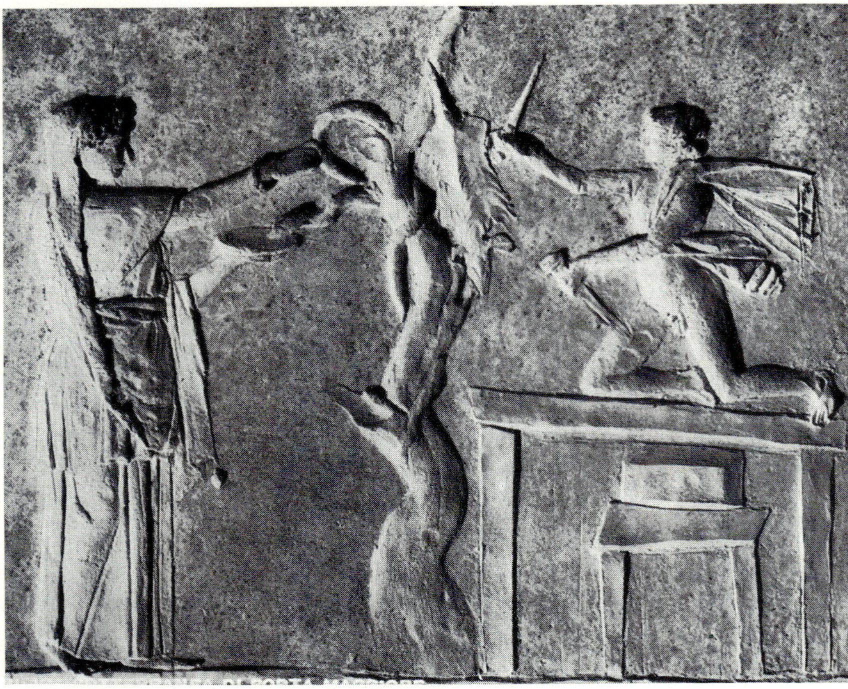

B 1. Argonautae suā sponte ūsque ad extrēmum orientem nāvigāre ausī sunt neque longitūdine itineris deterrēbantur, quamquam cēterī hominēs nē per Hellēspontum quidem nāvigāre audēbant. 2. Argonautīs ad Colchōs proficīscentibus multī hominēs in portum convēnērunt; plērīque anteā dīcere solēbant: „Multī illōrum numquam revertentur, nam negōtium eōrum difficillimum est." 3. Nēmō autem ūniversōs incolumēs reversūrōs esse arbitrābātur. 4. At Argonautae, quod dē bonō ēventū nōn dubitābant, sed auxiliō deōrum cōnfīdēbant, omnia perīcula subīre ausī sunt. 5. In terrā aliēnā Iāsōn similiter vīribus suīs et auxiliō deōrum cōnfīsus Mēdēā iuvante vellus aureum dē arbore dētrāxit et rapuit. 6. Iāsōn vellere aureō raptō ad comitēs reversus sē beneficiō deōrum perīcula effūgisse gavīsus est.

C *Zeichne einen Satzbauplan mit den graphischen Symbolen:* Vultus rēgis Graecīs mortem minātus esse fertur.

D 1. fīs, fīent, fīunt, fierī, patefacit, patefit, fīēbam, faciēbam, faciam, fīet, factus, ausī, audēns, adiēns, solēbam, solitus, sōlis, sōlīs, affert, referēmus, cōnficitur, revertī, revertisse, revertistī ,reversūrum, confīdēns, cōnfīsī, cōnfīdentī, cōnfīditis, cōnfīsīs, gavīsī, gaudentēs, grātulātum.

2. iuvenēs gavīsī 3. imperātor pāce cōnfīsus 4. sē gavīsam esse 5. viīs patefactīs 6. via per angustiās patefit 7. rēx id difficillimum esse arbitrātus 8. Iāsōn domum revertēns 9. vēnātōrēs revertisse 10. trīstēs revertērunt 11. puerī ad grātulandum missī 12. nōn revertar 13. dubitāre coepistī. 14. *Dekliniere:* portus lātior, carmen novissimum.

De Iasonis interitu

Argonautae Iasone duce in patriam reversi ab universis civibus magno cum gaudio excipiuntur. Tres dies festi acti sunt cum variis certaminibus, in quibus Iason optimus certantium iudicatus est. Tum regi vellus aureum tradidit et apud populum causam suam orans denuo a patruo[1] regnum patri ereptum repetivit. Filius autem huius regis cum Iasone de regno certavit et eum tandem Corinthum in exilium expulit.
Ibi Iason decem annos in concordia vixit cum Medea uxore, quae ei tres filios peperit. Tandem decimo anno longiore otio corruptus atque amore filiae regis Corinthiorum incensus uxorem perfide deseruit. Quae iniuriam a viro in se commissam scelere crudelissimo punivit: Filiae regis vestem[2] veneno tinctam[3] dono dedit; illa ubi hanc vestem induit[4], igne saevissimo cremata est. Similiter Medea ulciscendi causa etiam filios manu sua interfecit. Deinde illa mulier barbara curru[5], qui a duabus anguibus trahebatur, per caelum[6] in patriam revertit. Iason solus relictus et dolore superatus gladio se ipsum transfixit.

[1] patruus: Onkel. [2] vestis, -is f.: Kleid. [3] tinctus: gefärbt. [4] induō, induī, —, induere: anziehen. [5] currus, -ūs m.: Wagen. [6] caelum: Himmel.

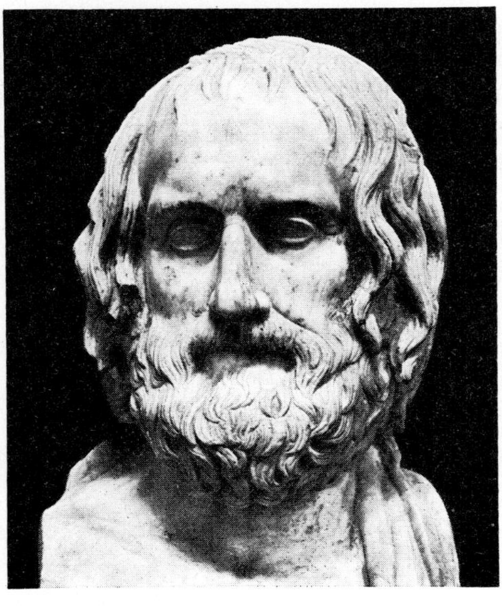

***F** FIDE[1], SED CUI, VIDE!

QUOD DIFFERTUR, NON AUFERTUR.

Caélum[2], nón animúm mutánt, qui tráns mare cúrrunt.

Nám tua rés agitúr, pariés[3] cum próximus árdet.

[1] fīdere = cōnfīdere. [2] caelum: Himmel. [3] pariēs m.: Wand (hier: Ha

Medea Iasonem accusat

Iússus inéxpertám Colchós advértere púppim	in. unerprobt. a. lenken. p. Schif
íntrastí patriaé régna beáta meaé.	= intrāvistī. b. glücklich.
Túnc ego té vidí, tunc coépi scíre, quis ésses;	t. damals. essēs „du warst".
ílla fuít mentís príma ruína meaé.	r. Zusammenbruch; Untergang.
Ét vid(i) ét perií! Nec nótis ígnibus ársi,	
árdet ut ád magnós pínea taéda deós.	p. t. Fackel aus Kiefernholz.
Ét formósus erás, et mé mea fáta trahébant:	f. schön.
Ábstuleránt oculí lúmina nóstra tuí.	abst.: Plusquampf. **l.** Auge.
Pérfide, sénsistí. Quis ením bene célat amórem?	c. verbergen.
Ét cito súm verbís cápta puélla tuís:	c. rasch; schnell.
„Ó virgó, miserére meí, miserére meórum!	v. Jungfrau. m. sich erbarmen.
Éffice mé meritís témpus in ómne tuúm!"	effice = fac; mer. Verdienst.
Próditus ést genitór, regnúm patriámque relíqui,	pr. verraten. g. Vater.
múnus, in éxilió quód licet ésse, tulí.	munus,-eris n. Aufgabe.
Vírginitás factást peregríni praéda latrónis,	v. Jungfernschaft. p. fremd. l. Räul
óptima cúm cará mátre relícta sorór.	c. lieb.
Út subitó nostrás hymén cantátus ad aúres	h. Hochzeitslied. c. singen. a. C
vénit et áccensó lámpades ígne micánt,	a. anzünden. l. Fackel. m. flacke
pértimuí nec adhúc tantúm scelus ésse putábam,	p. erschrecken.
séd tamen ín totó péctore frígus erát.	p. Brust. fr. Kälte.
Aúsus es (Ó, iustó desúnt sua vérba dolóri),	
aúsus es „Aésoniá", dícere, „céde domó!"	Aes. jasonisch.
Iússa domó cessí natís comitáta duóbus	nātīs = puerīs. c. begleiten.
ét, qui mé sequitúr sémper, amóre tuí.	

Alphabetisches Verzeichnis der Eigennamen

Acropolis	Burg von Athen
Aeēta, Aeētae	Äetes, König von Kolchis, Vater der Medea
Aesōn	Vater des Jason
Aesōpus	Äsop, griech. Fabeldichter
Āfrica	Afrika
Agamemnōn	König von Mykene
Alexander, drī	Prinz in Troia (*sein anderer Name :* Paris)
Alexander, drī	Alexander der Große (365—323), Sohn Philipps d. II. von Makedonien
Alexandrīa	Stadt in Ägypten
Alpēs, ium f.	die Alpen
Amūlius	König von Alba Longa
Apollō, Apollinis	Sohn Juppiters und der Latona, Bruder der Diana, Gott des Lichtes, der Weissagung und der Dichtkunst; sein Hauptheiligtum war in Delphi
Argō	das Schiff, auf dem Jason und seine Begleiter nach Kolchis fuhren
Argonautae	die Argofahrer
Ariadna	Tochter des kretischen Königs Minos
Ariovistus	König des germanischen Stammes der Sueben
Aristīdēs	athenischer Politiker, Gegner des Themistokles
Aristotelēs	Philosoph, Schüler Platos (384—322)
Arminius	Fürst der Cherusker
Artaxerxēs	König der Perser (405—359)
Asia	Asien; als römische Provinz etwa die heutige Türkei, als Erdteil etwa bis Indien bekannt, s. Karte S. 29
Athēnae, ārum	Athen
Athēniēnsēs, ium	die Athener
Atticus, a, um	attisch (zu Athen gehörig)
Augīās, Augīae	sagenhafter König in Griechenland
Augustus	römischer Kaiser (63 v. - 14 n. Chr.)
Babylōn	Stadt in Asien am Euphrat
Bacchus	Gott des Weines
Britannī, ōrum	die Einwohner von Britannien
Britannia	Britannien
Brundisium	Stadt an der Ostküste Italiens; heute: Brindisi
Brūtus	römischer Politiker
Caesar, saris	C. Iulius Caesar (100—44)
Caesariānus	aus Caesars Heer
Camillus	römischer Staatsmann
Campus Mārtius	Marsfeld
Cannae, ārum	Schlachtort in Mittelitalien (216)
Capitōlīnus	kapitolinisch
Capitōlium	einer der sieben Hügel Roms
Carthāginiēnsēs, ium	die Karthager
Carthāgō, ginis	Handelsstadt in Nordafrika

Catilīna	römischer Revolutionär und Verschwörer 63 v. Chr.
M. Catō (Uticēnsis)	römischer Politiker (96—46)
Celtae, ārum	die Kelten, Völkergruppe in Süddeutschland und Frankreich
Cheruscī	die Cherusker, ein Germanenstamm
Chrīstus	Jesus Christus
Cicerō	M. Tullius Cicero (106—43), Anwalt, Politiker und Philosoph
Cimbrī, ōrum	die Kimbern, ein Germanenvolk
Cincinnātus	sagenhafter römischer Heerführer
Clītus	Freund und Kampfgefährte Alexanders d. Großen
Colchī, ōrum	die Kolcher, Bewohner der Küste am Schwarzen Meer südl. des Kaukasus
Corinthiī	die Korinther
P. Cornēlius Scīpiō	römischer Staatsmann im 3./2. Jh. v. Chr.
Crēta	die Insel Kreta
Cūnaxa	Dorf bei Babylon, Schlachtort (401)
Cȳrus	Sohn des persischen Königs Darius II., Bruder des Artaxerxes, den er zu stürzen versuchte
Daedalus	sagenhafter griechischer Künstler und Baumeister
Dānuvius	die Donau
Dārīus	der persische König Darius II. (424—405)
Dārīus	der persische König Darius III. (336—330)
P. Decius Mūs	sagenhafter römischer Heerführer
Delphicus, a, um	delphisch (zu Delphi gehörig)
Diāna	Göttin der Jagd, Schwester des Apollo, griechischer Name: Artemis
Dīviciācus	Fürst der gallischen Häduer
Erymanthus mōns	Gebirge im Nordwesten von Arkadien
Erymanthēus	erymanthisch
Eurōpa	Europa
Eurystheus, eī	sagenhafter griechischer König
Faustulus	römische Sagengestalt, Erzieher von Romulus und Remus
Gallī, ōrum	die Gallier, Völkergruppe im heutigen Frankreich
Gallia	Gallien, das heutige Frankreich
Germānī, ōrum	die Germanen
Germānia	Germanien
Gordium	Hauptstadt der kleinasiatischen Provinz Phrygien
Gordius	sagenhafter König von Phrygien
Graecī, ōrum	die Griechen
Graecus, a, um	griechisch
Graecia	Griechenland
Haeduī, ōrum	die Häduer, gallischer Volksstamm
Hannibal	karthagischer Feldherr
Helena	sagenhafte Königin von Sparta
Hellē	Tochter des Athamas und der Nephele, Stieftochter der Ino, Schwester des Phrixus
Hellēspontus	Meerenge zwischen Schwarzem Meer und Mittelmeer, zwischen Europa und Asien
Helvētiī, ōrum	die Helvetier, gallischer Volksstamm in der heutigen Schweiz

Herculēs	(griech.: Herakles) Sagenheld
Hispānia	Spanien
Homērus	griechischer Dichter
Horātius	römischer Dichter
Hydra	sagenhafte Schlange
Iānus	römischer Gott
Iāsōn	Führer der Argonauten
Īcaria	Insel im Mittelmeer
Īcarus	Sohn des Daedalus
Īlia	Tochter des Numitor
Indus	Strom in Asien
Īnō	Tochter des Kadmos, Frau des Athamas
mare Internum	das Mittelmeer
Iolāus	Freund des Hercules
Issus	Schlachtort In Asien (333)
Italia	Italien
C. Iūlius Caesar	s. Caesar
Iūnō, ōnis	Frau des Jupiter, griech. Hera
Iuppiter, Iovis	Jupiter, Göttervater und Himmelsgott der Römer, griech. Zeus
Lacedaemoniī	die Spartaner
Lāocoōn, ontis	Priester in Troja
Latīnī, ōrum	die Latiner, italischer Stamm
Latīnus, a, um	latinisch, lateinisch
Latium	Landschaft um Rom
Lātōna	Göttin, Mutter des Apolllo und der Diana
Leōnidās, ae	spartanischer König (—480)
Lingonēs, um	die Lingonen, gallischer Volksstamm
Macedonēs, um	die Makedonen
Marathōn, thōnis	Ort in der Nähe Athens (490)
Marathōnius, a, um	marathonisch
Mārs, Mārtis	der römische Kriegsgott
Mēdēa	zauberkundige Tochter des Königs Äetes in Kolchis, Frau des Jason
Menēnius	römischer Politiker (503 v. Chr. Konsul)
Midās	König von Phrygien
Miltiadēs	athenischer Feldherr (490)
Minerva	Göttin der Klugheit, griech. Athene
Mīnōs, Mīnōis	sagenhafter König von Kreta
Mīnōtaurus	sagenhafter Stiermensch im Palast des Minos
Neptūnus	Gott des Meeres und der Flüsse, griech. Poseidon
Nerviī, ōrum	die Nervier, gallischer Volksstamm in Nordfrankreich
Nioba	Königin von Theben
Numitor	römische Sagengestalt; Großvater von Romulus und Remus
Ōceanus	der Ozean
Orgetorīx, rīgis	adliger Helvetier
Ōstia	Hafenort an der Tibermündung

Pēnelopa	Penelope, Frau des Odysseus
Periclēs	athenischer Staatsmann im 5. Jh. v. Chr.
Persae, ārum	die Perser
M. Petrōnius	Offizier im Heer Caesars
Pharus	der Leuchtturm von Alexandria in Ägypten, gehörte zu den sieben Weltwundern
Philippus II.	König von Makedonien, Vater Alexanders d. Gr. (regierte 359—336)
Phoenīcia	Phönizien, Küstenlandschaft Asiens (Libanon)
Phrixus	Sohn des Athamas, Bruder der Helle
Phrygēs	die Phryger
Phrygia	Phrygien, Landschaft in Asien
Phȳsignathus	König der Frösche
Pīsō	Soldat im Heer Caesars
Platō	athenischer Philosoph, Schüler des Sokrates (427—347)
Poenī, ōrum	die Punier, die Karthager
Polyphēmus	ein Kyklop (einäugiger Riese)
Pompēius	römischer Staatsmann (106-48)
Pontus	das Schwarze Meer
Priamus	sagenhafter König von Troja
Psīcharpax, -acis	Mäusekönig der griechischen Fabel
Pūnicus, a, um	punisch (Adj. zu Poeni, orum)
Remus	römische Sagengestalt, Bruder des Romulus
Rhēnus	der Rhein
Rōma	Rom
Rōmānus, a, um	römisch
Rōmulus	sagenhafter Gründer Roms (753)
Salamīs, Salamīnis	Insel nahe dem Hafen von Athen
C. Sallustius	römischer Historiker
Scheria	Insel der Phäaken, die Odysseus heimbrachten
Scīpiō	s. Cornelius Scipio
Sicilia	Sizilien
Sīlēnus	Silen, Begleiter des Bacchus
Sinō, Sinōnis	Sinon, Sagengestalt
Sōcratēs	athenischer Weiser und Philosoph (469—399)
Sparta	griechische Stadt
Stymphālus	Fluß in der griechischen Landschaft Arkadien
Suēbi, ōrum	die Sueben, germanischer Volksstamm
Syria	Syrien, Provinz Asiens
Tantalus	König in Kleinasien
Tarquinius	römischer König
Tartarus	Unterwelt, Hölle
Tēlemachus	Sohn des Odysseus
Teutonī, ōrum	die Teutonen, ein Germanenvolk
Thēbae	Theben, Stadt in Griechenland
Thēbānī, ōrum	die Thebaner, die Einwohner von Theben
Themistoclēs	athenischer Feldherr und Politiker (480)
Thermopylae, ārum	die Thermopylen, Landenge in Mittelgriechenland

Thēseus, eī	König in Athen, Sohn des Ägeus
Thūcȳdidēs	griechischer Geschichtsschreiber (ca. 460—396)
Tiberis	der Tiber
Trasumennus lacus	der Trasumennische See in Mittelitalien, Schlachtort (217)
Trōia	Stadt in Kleinasien
Trōiānī, ōrum	die Trojaner, die Einwohner Trojas
Tullius	s. Cicero
Tyrus	Küstenstadt in Phönizien
Ulixēs, is	Odysseus
Vārus	P. Quinctilius Varus, römischer Feldherr zur Zeit des Kaisers Augustus (9 n. Chr. Schlacht im Teutoburger Wald)
Venus, Veneris	Göttin der Liebe, griech. Aphrodite
Via Appia	Straße von Rom nach Brundisium
Via Sacra	die Heilige Straße in Rom; führte über das Forum hinauf zum Kapitol
C. Volusēnus	ein römischer Offizier
Vulcānus	Gott des Feuers und der Schmiedekunst, griech. Hephaistos
Xerxēs, is	Perserkönig 486-465
Zama	Schlachtort in Afrika (202)

Alphabetisches Verzeichnis der in Band I vorkommenden Vokabeln

ā, ab 5	von
abdere 30	verbergen
abesse 5, 11, 16	fern sein; fehlen
abicere 19	wegwerfen
abīre 22	weggehen
absēns 33	abwesend; in Abwesenheit
accēdere 34	herantreten; hinzukommen
accipere 16	annehmen; aufnehmen; hören
accurrere 7, 11	herbeilaufen
accūsāre 24	anklagen
ācer 30	scharf; heftig
aciēs 8	1. Heer (in Schlachtordnung); Schlacht 2. Schärfe
ad 2	zu; bei
addere 11	hinzufügen
addūcere 26	1. heranführen 2. veranlassen
adesse 4, 10, 16	1. anwesend sein 2. helfen
adhibēre 27	hinzuziehen; anwenden
adhūc 24	bis jetzt; noch
adīre 22	herangehen; besuchen; bitten; angreifen
aditus 23	Zugang
administrāre 6	verwalten; leiten
adulēscēns 33	1. junger Mann 2. heranwachsend
advenīre 16	ankommen
adventus 24	Ankunft
adversus (*Adj.*) 9	entgegen(stehend); widrig; ungünstig
advocāre 11	herbeirufen
advolāre 11	herbeifliegen
aedificāre 7	bauen
aedificium 12	Gebäude

aegrōtus 4	krank
aequus 20	1. eben; gleich 2. günstig 3. gerecht
aestās 11	Sommer
aestus 29	Flut; Brandung; Hitze
aetās 25	1. Lebensalter 2. Zeitalter
afferre 20	1. herbeibringen; bringen; zufügen 2. melden
afficere 19	versehen mit
laetitiā a. 19	erfreuen
ager 10	Acker; Feld
agere 3, 15	treiben; betreiben; verhandeln
grātiās a. 5	danken
vītam a. 6	ein Leben führen
aggredī 29	angreifen
agricola 2	Bauer; Landwirt
āla 15	Flügel
alere 18	ernähren
aliēnus 22	fremd
aliquandō 10	einst; einmal
alius 5	ein anderer
alius–alius 28	1. der eine – der andere 2. teils – teils
alter 32	1. der andere (von zweien) 2. der zweite
altitūdō 28	1. Höhe 2. Tiefe
altum 15	1. Höhe; Tiefe 2. die hohe See
altus 3	1. hoch 2. tief
amāre 3	lieben
ambulāre 2	spazieren gehen
amīca 2	Freundin
amīcus 2	Freund
āmittere 2, 13	verlieren; loslassen
amor 35	Liebe
an 7	etwa? oder?
ancilla 1	Magd; Sklavin

anguis 30	Schlange; Drache
angustiae 19	Engpaß
animadvertere 13	1. bemerken 2. einschreiten
animal 23	Lebewesen; Tier
animus 9	Geist; Herz; Mut
annus 12	Jahr
ante (*Präp.*) 4	vor
anteā 10	vorher; früher
antīquus 12	alt
aperīre 7, 10	öffnen
apertus 3	offen
appārēre 32	erscheinen; offenkundig sein
appellāre 25	anrufen; nennen
apportāre 2	herbeibringen; bringen
appropinquāre 8	sich nähern
apud 19	bei
aqua 4	Wasser
arbitrārī 29	meinen
arbor 3	Baum
arcēre 11	abwehren; fernhalten
ardēre 32	brennen
arma 14	Waffen
armāre 28	ausrüsten; bewaffnen
armātus 11	bewaffnet
ars 25	1. Kunst 2. Eigenschaft
arx 21	Burg
ascendere 3, 13	besteigen; hinaufsteigen
asper 34	rauh; unfreundlich
at 18	jedoch; aber
atque 15	und
attentus 17	aufmerksam
auctor 25	Urheber; Anstifter
Iove auctōre 33	auf Jupiters Veranlassung
auctōritās 30	1. Ermächtigung 2. Ansehen; Einfluß
audācia 14	1. Kühnheit 2. Frechheit
audāx 30	kühn; frech
audēre 29, 35	wagen
audīre 1, 10	hören
auferre 35	wegtragen
augēre 21	vermehren; vergrößern
aula 2	Hof
aureus 23	golden
aurum 12	Gold
aut 21	oder
aut – aut 21	entweder – oder
autem 8	jedoch; aber
auxiliārī 29	helfen
auxilium 12	Hilfe
avia 5	Großmutter
avunculus 8	Onkel
barbarus 26	Barbar; Nichtgrieche
bellāre 24	Krieg führen
bellum 12	Krieg
bene (*Adv.*) 6	gut
beneficium 27	1. Wohltat; Gefälligkeit 2. Gunst
bēstia 11	Tier; wildes Tier
bonus 2	gut
brevis 30	kurz
cadere 7, 10	fallen
caedere 3, 21	fällen; töten
calidus 4	warm
callidus 18	schlau
calor 5	Wärme
campus 3	Feld; freier Platz
canere 1, 10	singen
capere 2, 14, 16	fassen; nehmen; fangen
captīvus 8	Gefangener
caput 14	1. Kopf 2. Hauptstadt
carmen 12	Spruch; Gedicht; Lied
carrus 4	Karren
casa 7	Hütte
castellum 12	Festung; Kastell
castra 18	Lager; Feldlager
causa 10	1. Grund; Ursache 2. Anlaß 3. Sache
causā (*Präp.*) 10	wegen
cautus 7	vorsichtig
cavēre 33	sich hüten vor; Vorsorge treffen
cēdere 26	1. gehen 2. weichen
celebrāre 2	feiern; preisen
celer 30	schnell
celeritās 13	Schnelligkeit
celeriter 27	schnell

cēna 2	Essen
centum 33	hundert
centuriō 21	Centurio; Hauptmann
certāmen 28	Kampf; Wettstreit
certāre 22	streiten; kämpfen
certē 8	sicher; bestimmt
certus 28	sicher; bestimmt
cēterī 9	die anderen; die übrigen
cibus 2	Essen; Futter
circumvenīre 19	umzingeln
circus 6	Zirkus
cīvis 25	Bürger
cīvitās 20	1. Bürgerschaft; Gemeinde; Staat 2. Bürgerrecht
clādēs 25	Niederlage
clam 11	heimlich
clāmāre 4	schreien; rufen
clāmor 6	Geschrei
clārus 10	1. klar 2. berühmt
classis 25	Klasse; Flotte
claudere 7, 15	abschließen; einschließen
clēmentia 26	Milde
coepisse 32	angefangen haben
cōgere 7, 19	1. zwingen 2. versammeln
cognōscere 7, 11	erkennen; erfahren; kennenlernen
cohors 21	die Kohorte
cohortārī 29	ermahnen; auffordern; anfeuern
colligere 5, 22	sammeln
collis 18	Hügel
collocāre 9	aufstellen; legen
colloquium 26	Unterredung
columba 2	Taube
comes 33	Begleiter(in)
commīlitō 29	Kamerad
committere 30	1. veranstalten 2. überlassen
proelium c. 30	den Kampf beginnen
scelus c. 30	ein Verbrechen begehen
commovēre 18	1. bewegen 2. veranlassen
complēre 6, 10	füllen; anfüllen
cōnārī 29	versuchen
concordia 16	Eintracht
cōnferre 20	1. zusammentragen; zusammendrängen 2. vergleichen
arma c. 20	kämpfen
sē c. 20	sich begeben
cōnficere	1. verfertigen; beenden 2. erledigen; erschöpfen
cōnfīdere 35	vertrauen
cōnfirmāre 16	stärken; versichern; ermutigen
conicere 34	1. werfen 2. zusammenwerfen; vermuten
in vincula c. 34	in Ketten legen; ins Gefängnis werfen
coniungere 16	verbinden
coniūrāre 24	sich verschwören
coniūrātiō 24	Verschwörung
cōnscendere 4, 13	besteigen
cōnsequī 31	einholen; erreichen
cōnsīdere 3, 25	sich setzen; sich niederlassen
cōnsilium 14	Beratung; Rat; Plan; Absicht; Einsicht
cōnsistere 22	sich aufstellen; haltmachen
cōnspectus 31	Anblick; Blickfeld
cōnspicārī 29	erblicken
cōnstāre 6	1. bestehen 2. feststehen; bekannt sein 3. kosten
cōnstituere 22	aufstellen; festsetzen; beschließen
cōnsul 6	Konsul
cōnsulere 20	1. um Rat fragen 2. beraten; beschließen 3. sorgen für
cōnsūmere 31	verbrauchen
contendere 18	1. sich anstrengen 2. eilen 3. kämpfen 4. verlangen; behaupten
contrā (*Präp.*) 14	gegen
contrōversia 17	Streit
convenīre 17	1. zusammenkommen; verabredet werden. 2. treffen
convīva 4	Gast

convocāre 17	zusammenrufen
cōpia 8	Menge, Vorrat
cōpiae 8	Truppen; Vorräte
cornū 23	1. Horn 2. Heeresflügel
corōna 5	Kranz
corpus 14	Körper
corrumpere 35	1. verderben 2. bestechen
corvus 10	Rabe
cot(t)īdiē 16	täglich
crās 28	morgen
creāre 6	1. wählen 2. erschaffen
crēdere 24	glauben; anvertrauen
cremāre 35	verbrennen
crēscere 22	wachsen
crīmen 32	1. Beschuldigung 2. Verbrechen
crūdēlis 30	grausam
cui 8	wem
cuius 9	wessen
cum (*Präp.*) 5	mit
cum (*m. Ind.*) 12, 14	jedesmal wenn; als (plötzlich)
cūnctārī 29	zögern
cūnctī 4	alle
cupere 3, 10, 16	begehren; wünschen
cupiditās 24	Begierde
cupidus 9	begierig nach
cūr 6	warum
cūra 7	Sorge; Pflege
cūrae esse 8	am Herzen liegen
currere 1, 10	laufen
cursus 33	Lauf; Kurs
custōdīre 7	bewachen; hüten
custōs 15	Wächter
damnāre 22	verurteilen
dare 8, 10	geben
in fugam d. 10	in die Flucht schlagen
dē 5	von; von ... herab; über
dea 9	Göttin
dēbēre 4	müssen; schulden; verdanken
nōn dēbēre 4	nicht dürfen
decem 13	zehn
decimus 20	der zehnte

dēdūcere 24	hinführen; wegführen
dēesse 5, 10, 16	fehlen
dēfendere 13	verteidigen
dēferre 23	1. hinbringen; verschlagen 2. überbringen; übertragen
dēfessus 18	erschöpft
dēicere 18	hinabwerfen; zu Boden werfen; verschlagen; vertreiben
deinde 10	darauf; ferner
dēlectāre 1	erfreuen
dēlēre 11	zerstören; vernichten
dēlīberāre 34	überlegen
dēmōnstrāre 17	zeigen; darlegen
dēns 31	Zahn
dēnsus 5	dicht
dēnuō 17	von neuem
dēscendere 6, 13	hinabsteigen
dēserere 28	im Stich lassen; aufgeben
dēsinere 9, 14	aufhören
dēspērāre (dē) 21	verzweifeln (an)
dētegere 24	entdecken; aufdecken
dēterrēre 6	abschrecken
dētrahere 30	abziehen; wegziehen
dētrīmentum 29	Schaden
deus 7	Gott
dēvincere 28	(vollständig) besiegen
dēvolāre 5	herabfliegen
dēvorāre 2	fressen
dexter 23	der rechte
dīcere 3, 13	sagen
dīc 8	sag!
diēs 1	Tag
differre 20	1. auseinandertragen 2. aufschieben 3. sich unterscheiden
difficilis 30	schwierig
dīligēns 33	sorgfältig; genau
dīmicāre 16	kämpfen
dīrigere 33	lenken

dīripere 18	plündern
discēdere 15	auseinandergehen; weggehen
discere 15	lernen
discordia 6	Streit; Zwietracht
dispōnere 28	1. aufstellen 2. verteilen
diū 14	lange
diutius 18	länger
dīversus 27	entgegengesetzt; verschieden
dīves 32	reich
dīvitiae 17	Reichtum
docēre 31	1. lehren; belehren 2. darlegen
dolēre 1	betrübt sein; bedauern
dolor 16	Schmerz
dolus 7	List
domina 1	Herrin
dominus 1	Herr
domus 23	Haus
domī 6	zu Hause
domī bellīque 23	in Krieg und Frieden
domum 11	nach Hause
dōnum 13	Geschenk
dormīre 7	schlafen
dubitāre 22	1. zweifeln 2. Bedenken tragen
dūcere 5, 13	1. ziehen; führen 2. meinen
in mātrimōnium d. 23	heiraten
dūc 6	führe!
dum (*m. Ind.*) 20	1. solange 2. während
duo 6	zwei
duodecim 30	zwölf
dūrus 14	hart
dux 18	Führer
ē, ex 5	aus
ecce 8	da! sieh! bitte!
effugere 14	entkommen
ego 6	ich
ēmigrāre 15	auswandern
enim 21	nämlich
eō 22	dorthin
epistula 20	Brief
equitāre 3	reiten
equitātus 23	1. Kavallerie 2. Ritterstand
equus 1	Pferd
ēripere 27	entreißen; befreien
error 23	1. Irrtum 2. Irrfahrt
esse 4, 10	sein; vorhanden sein
est 1	(er) ist
et 1, 24	1. und 2. auch 3. und tatsächlich
et–et 4	sowohl – als auch
etiam 3	auch; sogar
ēvādere 31	entkommen
ēventus 23	Ausgang; Erfolg
excipere 34	ausnehmen; aufnehmen; auffangen
excitāre 10	ermuntern; aufscheuchen
exercitus 23	Heer
exilium 15	Verbannung
eximius 22	besonders; ausgezeichnet
•exīre 22	1. herausgehen; ausziehen 2. zu Ende gehen
exīstimāre 5	einschätzen; meinen
expedītiō 34	Unternehmung; Fahrt
expellere 30	vertreiben
expūgnāre 11	erobern
exspectāre 7	erwarten
exstruere 17	erbauen
extendere 33	ausdehnen; ausstrecken
extrēmus 25	der äußerste
fābula 1	Geschichte; Fabel
facere 13, 16	machen; tun; herstellen
imperāta f. 13	Befehle ausführen
iter f. 20	reisen; marschieren
quō factō 29	1. wordurch; woraufhin 2. (und) dadurch; (und) daraufhin
verba f. 13	sprechen; reden
facile 16	leicht
facilis 33	leicht
facultās 15	Möglichkeit; Fähigkeit
fallere 1, 10	täuschen; enttäuschen
falsus 14	falsch

fāma 15	Sage; Gerücht; (guter) Ruf
familia 4	Hausgemeinschaft
fatīgāre 5	müde machen
fātum 14	Göttersspruch; Schicksal
fēlīx 31	glücklich
fēmina 20	Frau
fenestra 2	Fenster
ferē 25	etwa; beinahe
fēriae 3	Ferien
ferōx 30	wild; trotzig
ferre 20	tragen; bringen; berichten
graviter f. 33	übelnehmen
molestē f. 22	übelnehmen; sich ärgern
sīgna f. 20	vorrücken
ferrum 25	Eisen; Schwert
ferrō īgnīque 25	mit Feuer und Schwert
fēstus 2	festlich; Fest –
fidēs 13	Treue; Vertrauen; Schutz
fīdus 4	treu
fierī 35	1. werden 2. geschehen 3. gemacht werden
fīlia 7	Tochter
fīlius 4	Sohn
fīnīre 4	beenden
fīnis 25	1. Grenze 2. Ende
fīnēs 25	Gebiet
fīnitimus 35	benachbart
firmāre 17	stärken; versichern; ermutigen
firmus 12	fest; zuverlässig
flamma 19	Flamme
flōs 5	Blume
flūctus 23	Flut; Welle
fluere 17	fließen; strömen
flūmen 12	Fluß; Strom
fluvius 1	Fluß
fore 30	= futūrum (-am, -um) esse
forte 22	zufällig
fortis 30	tapfer; tüchtig
fortitūdō 21	Tapferkeit
fortūna 15	Schicksal; Glück
forum 12	Markt; Marktplatz
frangere 14	zerbrechen (= etwas in Stücke brechen)
frangī 14	zerbrechen (= in Stücke gehen)
frāter 7	Bruder
frūmentum 20	Getreide
frūstrā 10	vergeblich
fuga 10	Flucht
fugere 2, 14, 16	fliehen; meiden

gallus 2	Hahn
gaudēre 1, 35	sich freuen
gaudium 13	Freude
gēns 25	Sippe; Stamm
genus 27	1. Geschlecht; Abstammung 2. Gattung; Art
gerere 12, 23	tragen; (aus)führen
gladius 14	Schwert
glōria 8	Ruhm
glōriārī 29	sich rühmen; prahlen
grātia 5	Beliebtheit; Dank; Gunst
grātulārī 34	gratulieren
gravis 30	1. schwer 2. wichtig 3. ernst

habēre 7	1. haben 2. halten (für)
fidem h. 13	Glauben schenken
grātiam h. 22	dankbar sein
in animō h. 24	vorhaben
in numerō h. 17	zählen zu
habitāre 17	wohnen
hasta 16	Speer
herī 10	gestern
hīc 27	dieser
hiems 11	1. Winter 2. Sturm
hodiē 4	heute
homō 14	Mensch; Mann
honor 8	Ehre; Ehrenamt
hōra 4	Stunde
hortārī 29	ermahnen; auffordern; anfeuern
hortus 2	Garten
hospes 33	Gast

hostis 8, 10	Feind
hūmānus 15	menschlich
iacēre 5	liegen
iacere 16	werfen
iactāre 18	1. schleudern 2. prahlen
iam 6	schon; gleich; jetzt
iānua 19	Tür; Eingang
ibi 3	dort
īdem 27	derselbe
idōneus 23	geeignet
īgnis 25	Feuer
īgnōrāre 9	nicht kennen; nicht wissen
nōn īgnōrāre 9	genau kennen; genau wissen
īgnōtus 8	unbekannt
ille 27	jener
immēnsus 17	unermeßlich
imminēre 22	drohen; bevorstehen
immortālis 30	unsterblich
impedīre 27	hindern; verhindern
imperāre 1	befehlen
imperātum 13	Befehl
imperātor 1	1. Feldherr 2. Kaiser
imperītus 10	unerfahren in etw.
imperium 12	Befehl; Befehlsgewalt; Herrschaft; Reich
impetus 23	Angriff; Ansturm; Schwung
impōnere 17	hineinlegen; auferlegen
importāre 23	einführen
in (*m. Akk.*) 2	in ... (hinein); gegen
in (*m. Abl.*) 5	in (*wo?*)
incautus 9	unvorsichtig
incendere 27	anzünden; anfeuern
incognitus 29	unbekannt
incola 3	Einwohner
incolumis 33	heil; unversehrt
incurrere 21	hineinrennen; anstürmen
inde 4	daher; von dort
indūcere 24	1. hineinführen 2. verleiten

īnfectā rē 19	erfolglos; unverrichteter Dinge
īnfēlīx 31	unglücklich
īnferre 20	1. hineintragen 2. zufügen
bellum hostibus ī. 20	die Feinde (in ihrem Land) angreifen
sīgna in hostēs ī. 20	die Feinde angreifen
ingenium 19	Anlage; Begabung
ingēns 30	riesig; ungeheuer
inimīcus 22	1. Gegner; Feind 2. feindlich
inīquus 20	1. uneben; ungleich 2. ungünstig 3. ungerecht
inīre 22	1. hineingehen 2. beginnen
cōnsilium i. 22	einen Beschluß fassen
iniūria 26	Unrecht
inquit 11	sagt er; sagte er
īnscrībere 22	daraufschreiben; betiteln
īnsidiae 8	Falle; Hinterhalt
īnsīgnis 32	ausgezeichnet
īnstruere 8, 19	1. aufstellen 2. ausrüsten; unterrichten
īnsula 1	Insel
intellegere 31	bemerken; einsehen; verstehen
inter 16	zwischen
inter sē 16	untereinander
interclūdere 29	abschneiden
hostem reditū i. 29	dem Feind die Rückkehr abschneiden
interdum 7	manchmal
interesse 13, 16	1. dazwischen sein 2. beiwohnen; teilnehmen
interest 27	es ist ein Unterschied
interficere 13, 16	töten
interīre 33	untergehen; umkommen
interitus 23	Untergang
interrogāre 1	fragen
intrāre 2	eintreten; betreten
invādere 16	einfallen; eindringen; befallen

invalidus 26	schwach
invenīre 7, 13	finden; entdecken
invidia 24	Neid
invītāre 4	einladen
invītus 33	widerwillig; gegen den Willen
ipse 27	selbst (persönlich, gerade, genau, unmittelbar)
īra 18	Zorn
īrātus 23	zornig
īre 22	gehen
is 24	1. dieser 2. er 3. der(jenige)
iste 27	dieser da
ita 5	so; folgendermaßen
itaque 3	daher; deshalb
iter 20	Marsch; Weg
iterum 10	wiederum; zum zweiten Mal
iubēre 4, 13	befehlen; (auf)fordern
iūcundus 3	angenehm; erfreulich
iūdicāre 35	1. urteilen 2. erklären zu; halten für
iūdicium 22	1. Gericht; Prozeß 2. Urteil
iugum 25	1. Joch 2. Bergpaß
iurāre 34	schwören
iūrgāre 9	streiten
iūs 15	Recht
iūs iūrandum 34	Eid
iussū 23	auf Befehl
iūstitia 22	Gerechtigkeit
iūstus 22	gerecht; richtig
iuvāre 33	unterstützen; helfen
iuvenis 25	1. junger Mann 2. jung

labor 1	Mühe; Arbeit; Not
labōrāre 1	arbeiten; sich mühen
labyrinthus 15	Labyrinth; Irrgarten
laetārī 29	sich freuen
laetitia 8	Fröhlichkeit
laetus 3	fröhlich
lapis 16	Stein
lātus 5	breit
laudāre 1, 10	loben
lectus 5	Bett; Sofa
lēgātus 8	1. Legat 2. Gesandter
legere 12, 15	sammeln; lesen; auslesen
legiō 20	Legion
legiōnārius 8	Legionssoldat
leō 14	Löwe
lēx 10	Gesetz
libenter 2	gern
liber 9	Buch
līber 11	frei
līberāre 5	befreien
līberī 3	Kinder
lībertās 24	Freiheit
licēre 11	erlaubt sein
līgneus 13	hölzern
līmes 12	Grenzwall
littera 9	Buchstabe
litterae 9	1. Brief 2. Wissenschaften 3. Buchstaben
lītus 13	Strand
locus 3	Ort; Platz; Stelle
longē 5	weit; bei weitem
longitūdō 12	Länge
longus 3	lang; weit
loquī 29	sprechen; sagen
lūdere 3, 14	spielen
lūdus 7	Spiel; Wettkampf; Schule
lupus 5	Wolf
lūx 25	Licht
maestus 22	traurig
magister 9	Lehrer
magistrātus 23	1. Beamter 2. Amt; Behörde
magnitūdō 26	Größe
magnus 2	groß; stark
māiōrēs 24	Vorfahren
male (*Adv.*) 30	schlecht
mālle 18	lieber wollen
mālunt 15	sie wollen lieber
malus 2	schlecht; böse; schlimm
malum 17	das Übel
mandāre 24	1. übergeben 2. auftragen
fugae sē m. 31	fliehen

māne 6	früh; am Morgen
manēre 13	bleiben; erwarten
manus 23	1. Hand 2. Schar
mare 23	Meer
maritimus 28	Meeres-; am Meer
māter 4, 6	Mutter
mātrimōnium 23	Ehe
maximus 16	1. der größte; sehr groß 2. der älteste 3. der wichtigste
mē 6	mich
mē miserum 14	Ich Armer!
mēcum 6	mit mir
medicus 4	Arzt
medius 23	1. mitten 2. der mittlere
memoria 9	Erinnerung; Gedächtnis
mēns 27	Sinn; Verstand
mēnsa 4	Tisch
mēnsis 25	Monat
mercātor 11	Kaufmann
merīdiēs 5	Mittag
metuere 13	fürchten
meus 8	mein
mī fīlī 7	mein Sohn (*Vok.*)
migrāre 5	wandern
mihi 8	mir
mīles 8	Soldat
minārī 31	drohen; androhen
minimē 22	keineswegs
mīrārī 31	1. sich wundern 2. bewundern
miser 20	elend; unglücklich
mittere 11, 13	loslassen; schicken
modestia 27	Bescheidenheit
modestus 26	maßvoll; bescheiden
modus 30	1. Art und Weise 2. Maß
moenia 23	Stadtmauer
mollīre 11	erweichen
monēre 6, 10	erinnern; ermahnen
mōns 25	Berg
mōnstrāre 9	zeigen
mōnstrum 30	Ungeheuer
morbus 4	Krankheit
mors 25	Tod
mortālis 30	sterblich
mōs 26	Sitte
mōrēs 26	Sitten; Charakter
movēre 7, 19	bewegen; veranlassen
castra m. 20	aufbrechen
mox 28	bald
mulier 32	Frau
multī 3	viele
multitūdō 18	Menge
multum 20	viel; sehr
mūnīre 18	befestigen
mūrus 11	Mauer
mūtāre 24	verändern; wechseln

nam 3	denn
nārrāre 1	erzählen
nātiō 28	Volksstamm; Nation
nātus (*Adj.*) 12	geboren
vīgintī annōs n. 33	zwanzig Jahre alt
nauta 23	Seemann; Matrose
nāvigāre 2	segeln
nāvigium 13	Schiff
nāvis 25	Schiff
n. longa 25	Kriegsschiff
-ne 6	(*Fragepartikel*)
nē ... quidem 18	nicht einmal
necāre 5	töten
negāre 18	1. verneinen; sagen, daß nicht 2. sich weigern 3. verweigern
neglegere 24	nicht beachten; vernachlässigen
negōtium 30	Beschäftigung; Aufgabe
nēmō 16	niemand
neque 16	und nicht; aber nicht; auch nicht
neque – neque 16	weder – noch
nihil 11	nichts; gar nicht
nisi 11	1. wenn nicht 2. außer
nōbīs 8	uns
nōbīscum 6	mit uns
noctū 18	bei Nacht
nōlle 18	nicht wollen

nōmen 12	Name
nōmināre 18	nennen
nōn 1	nicht
nōn iam 8	nicht mehr
nōn modo – sed etiam 10	nicht nur – sondern auch
nōnne 7	... (etwa) nicht ...?
nōnnūllī 15	einige
nōs 6	uns
noster 8	unser
nostrum (*Gen.*) 18	von uns
nōtus 9	bekannt
novus 2	neu
nox 11	Nacht
nūllus 34	kein
num 7	... etwa ...?
numerāre 17	zählen
numerus 17	Zahl; Rang
numquam 7	niemals
nunc 3	jetzt; nun
nūntiāre 8	melden
nūntius 20	1. Bote 2. Nachricht

obesse 16	schaden
obicere 26	entgegenwerfen; vorwerfen
oboedīre 11	gehorchen
obsidēre 19	belagern
obtinēre 24	1. innehaben; behaupten 2. erhalten
obviam 20	entgegen
occāsiō 20	Gelegenheit
occidēns 35	Westen
occultāre 13	verbergen
occupāre 21	besetzen; beschäftigen
ōceanus 9	Ozean
oculus 10	Auge
odium 14	Haß
offendere 14	anstoßen; verletzen; beleidigen
offerre 20	anbieten
officium 23	Pflicht
ōlim 10	einst
ōmen 27	Vorzeichen
omnis 30	jeder; ganz
omnēs 30	alle
oppidum 12	(Klein)stadt
opprimere 16	unterdrücken; überfallen
oppūgnāre 18	bestürmen
optāre 26	wünschen
optimus 35	der beste; sehr gut
opus 12	Werk; Schanzarbeit
ōra 28	Küste
ōrāculum 13	Orakel
ōrāre 3	reden; bitten
causam ō. 35	seine Sache (vor Gericht) vorbringen
ōrātiō 24	Rede
ōrātor 1	Redner
orbis 25	Kreis
o. terrārum 25	Erdkreis; Welt
oriēns 32	Orient; Osten
orīrī 32	1. entstehen 2. sich erheben
ōrnāre 5	ausrüsten; schmücken
ōtium 31	Muße; Ruhe

pācāre 21	unterwerfen
paene 19	fast
parāre 8	vorbereiten; verschaffen
parātus 15	bereit
pārēre 1	gehorchen
parere 21	hervorbringen; gewinnen
pars 25	1. Teil 2. Seite; Richtung
parvus 2	klein; gering
pāstor 7	Hirte
patefacere 35	öffnen
patefierī 35	geöffnet werden; gebahnt werden
pater 6	Vater
patēre 14	sich erstrecken; offenstehen
patria 9	Vaterland
paucī 12	wenige; einige
paulātim 14	allmählich
paulō post 7	etwas später
pauper 32	arm
pāx 16	Friede
peditātus 23	Infanterie; Fußvolk

pellere 7, 10	stoßen; schlagen; vertreiben
pellis 30	Fell; Haut
penna 10	Feder
per 2	durch ... (hindurch)
peragere 21	durchführen; vollenden
perfidus 33	treulos; hinterhältig
perīculōsus 33	gefährlich
perīculum 12	Gefahr
perīre 32	untergehen
perītus 15	erfahren in
perniciēs 6	Verderben
perpetuus 32	ununterbrochen
in perpetuum 32	für immer
persequī 32	verfolgen; nachfolgen
perspicere 27	durchschauen; erkennen
pertinēre 12	sich erstrecken; sich beziehen
pervenīre 25	gelangen
pēs 20	Fuß
petere 14	1. streben nach 2. erbitten 3. losgehen auf
auxilium ab amīcō p. 14	den Freund um Hilfe bitten
philosophus 20	Philosoph
placēre 1	gefallen
plānitiēs 4	Ebene
plēbs 16	Volk; Unterschicht
plēnus 9	voll
plērīque 35	die meisten
plūrimī 28	1. die meisten 2. sehr viele
plūs 28	mehr
poēta 12	Dichter
pollicērī 29	versprechen
pōnere 9, 10	setzen; stellen; legen
pōns 25	Brücke
populus 6	Volk
porta 2	Tür; Tor
portāre 2	tragen
portus 23	Hafen
poscere 18	fordern
posse 16	können
potest 4	er kann
possunt 11	sie können
possidēre 17	besitzen
post (*Präp.*) 4	hinter; nach
post (*Adv.*) 12	danach; später
posteā 7	danach; später
posterī 14	Nachkommen; Menschen späterer Zeiten
posterus 14	nachfolgend; später
postquam 11	nachdem; seitdem
postrīdiē 6	am folgenden Tag
potentia 15	Macht
potīrī 29	sich bemächtigen
praebēre 7	bieten; zeigen
praeceptum 15	Vorschrift
praeclārus 12	glänzend; ausgezeichnet
praeda 8	Beute
praedicāre 26	laut äußern; rühmen
praeesse 21	vorstehen; führen
praemittere 21	vorausschicken
praesēns 34	anwesend; gegenwärtig
praesidium 21	1. Schutz 2. Besatzung; Posten
praestāre 28	1. zeigen 2. leisten; erfüllen 3. voranstehen; übertreffen 4. besser sein
praeter 10	außer; an ... vorbei
praeterīre 22	vorübergehen; übergehen
praetor 22	Prätor; Richter
prīmō 16	zuerst
prīmus 10	der erste
prīnceps 26	1. Führer; Fürst 2. (als) erster
prīncipātus 24	Vormacht; führende Stellung
prius 26	früher; vorher
prō 12	vor; für; anstatt
probus 6	anständig; ordentlich
prōcēdere 27	vorrücken; Fortschritte machen
procul 14	fern; von fern
prōdesse 16	nützen; helfen
proeliārī 29	kämpfen
proelium 16	Kampf
prōferre 25	vorwärtstragen; vorrücken lassen; vorschieben
proficīscī 31	aufbrechen; marschieren
prōgredī 31	vorrücken

prohibēre 21	fernhalten; hindern
prōmittere 14	versprechen
prope (*Präp.*) 7	(nahe) bei
prope (*Adv.*) 17	in der Nähe; fast
properāre 4	eilen
prōpōnere 31	aufstellen; vor Augen stellen
propter 11	wegen
prōvidēre 24	*m. Dat.*: sorgen für; *m. Akk.*: vorhersehen; besorgen
prōvincia 23	Provinz; Amtsbereich
proximus 10	der nächste; der vorhergehende; der folgende
prūdēns 33	klug
pūblicus 6	öffentlich
puella 2	Mädchen
puer 6	Junge
pūgna 8	Kampf; Schlacht
pūgnāre 12	kämpfen
pulcher 6	schön
pulchritūdō 32	Schönheit
pūnīre 3	bestrafen
pūrgāre 4	säubern
putāre 15	glauben; meinen; halten für
quā dē causā 17	1. warum 2. (und) darum
quā ex rē 17	1. woraus; weswegen 2. und daraus; und deswegen
quā rē 5	wodurch? womit?
quaerere 9, 11	suchen; fragen
quam 10	wie; als
quamdiū 2	wie lange?
quamquam 11	obgleich; obwohl
quandō 5	wann?
quārtus 18	der vierte
quasi 19	gleichsam; als wenn
quattuor 16	vier
-que 4	und
quem 2	wen?
quī 17	1. der, die, das 2. welcher, welche, welches 3. aber (und) der, aber die, aber das
quid 1	was?
quidem 26	zwar; wenigstens
quīn etiam 29	ja sogar
quis 1	wer?
quō 2, 22	wohin
quōcum 5	mit wem?
quod 11	da; weil
quō factō 29	1. wodurch; woraufhin 2. dadurch; daraufhin
quoque 17	auch
quotannīs 6	jedes Jahr
rapere 7, 10, 16	rauben; reißen
recēdere 13	zurückgehen; weichen
recipere 19	zurücknehmen; aufnehmen
recitāre 12	vorlesen
reddere 22	1. zurückgeben 2. machen (zu etwas)
redīre 22	zurückkehren
reditus 23	Rückkehr
referre 20	1. zurückbringen; (hin-)bringen 2. berichten
pedem r. 20	sich zurückziehen
reficere 29	wiederherstellen; reparieren
regere 13	regieren; lenken
rēgīna 26	Königin
regiō 17	Richtung; Gegend
rēgius 34	königlich; Königs-
rēgnāre 7	regieren
rēgnum 18	Königreich; Königswürde; Herrschaft
relinquere 7, 13	verlassen; zurücklassen
reliquiae 12	Reste
reliquus 18	übrig
removēre 17	entfernen
renovāre 29	erneuern; wiederaufnehmen
repellere 31	1. zurücktreiben 2. abweisen
repetere 28	zurückfordern; wiederholen
rēs 3	Besitz; Sache; Ding
rēs adversae 9	Unglück

rēs gestae 12	Taten
rēs pūblica 6	Staat; Republik; Politik
resistere 25	sich widersetzen
respondēre 1, 14	antworten
retinēre 15	zurückhalten
revertī 35	zurückkehren
rēx 10	König
rīdēre 6	lachen
rīpa 27	Ufer
rōbur 14	Kraft; Stärke
Rōmam 6	nach Rom
rūmor 28	Gerede; Gerücht
rūrsus 10	rückwärts; wieder

sacer 18	heilig; verflucht
sacrificium 21	Opfer
saeculum 12	Zeitalter; Jahrhundert
saepe 1	oft
saevus 9	wütend; wild
salūs 8	1. Wohlbefinden 2. Rettung; Heil
salūtāre 2	grüßen; begrüßen
salvē 7	Guten Tag!
salvus 8	wohlbehalten; unversehrt
saxum 33	Stein; Fels
scelus 30	Verbrechen
schola 9	Schule
scīre 4	wissen
scrībere 20	schreiben
sē 13	sich
secāre 27	schneiden; zerschneiden
sēcum 13	mit sich
secundus 25	1. der folgende; der zweite 2. günstig
sed 2	aber; sondern
sedēre 6, 14	sitzen
sēdēs 25	Sitz; Wohnsitz
semper 2	immer
senātor 6	Senator
senātus 23	Senat
senex 25	1. alter Mann 2. alt
sentīre 15	1. fühlen; merken 2. meinen
septem 14	sieben
septimus 9	der siebte
sequī 29	begleiten; folgen
servāre 6	retten; bewahren
servīre 15	dienen; Sklave sein
servitūs 32	Sklaverei
servus 1	Knecht; Sklave
sēsē 26	= sē
sevērus 3	streng
sex 14	sechs
sī 11	wenn; falls
sibi 15	sich
sīc 22	so; auf diese Weise
sīgnum 15	Zeichen; Feldzeichen
silva 3	Wald
similis 35	ähnlich
sīn 20	wenn aber
sine 5	ohne
sinere 4, 10	lassen; zulassen
singulī 31	einzeln
sinister 23	der linke
situs 4	liegend; gelegen
sīve – sīve 31	1. entweder – oder 2. sei es, daß – sei es, daß
societās 24	Bündnis
socius 18	Bundesgenosse
sōl 15	Sonne
solēre 29, 35	pflegen; gewöhnlich (tun)
sōlus 24	allein
solvere 27	lösen; zahlen
nāves s. 28	die Anker lichten; lossegeln
somnus 6	Schlaf
soror 4	Schwester
sors 25	Los; Orakel; Schicksal
speciēs 7	1. Aussehen 2. Gestalt
spectāre 2	betrachten; schauen
specus 30	Höhle
spērāre 26	hoffen
spēs 1	Hoffnung
sponte 26	aus eigenem Antrieb
stabulum 17	Stall
stāre 6, 14	stehen
statim 7	sofort
statua 9	Statue; Standbild
stringere 27	(das Schwert) ziehen
studēre 22	sich bemühen; sich widmen

stultus 9	töricht; dumm
sub (*m. Akk.*) 5	unter (wohin?)
sub (*m. Abl.*) 5	unter (wo?)
sub vesperum 3	gegen Abend
subicere 26	unterwerfen
subīre 26	auf sich nehmen; herangehen
subitō 5	plötzlich
submittere 8, 13	zu Hilfe schicken
subsidium 24	Reserve; Hilfe
succēdere 32	1. unter etw. treten 2. nachfolgen 3. gelingen
summus 10	der oberste; der höchste
superāre 10	überwinden; besiegen
superbus 19	hochmütig; stolz
suprēmus 26	1. der oberste 2. der letzte
surgere 5, 30	aufstehen; sich erheben
suscipere 19	unternehmen; auf sich nehmen
suus 7	sein; ihr (eigen)
suī 23	die Seinigen (Ihrigen); seine (ihre) Leute
taberna 8	Schenke
tabula 9	Tafel; Gemälde
tacēre 11	schweigen
tam 6	so
tamen 7	dennoch
tandem 4	endlich
tantum 22	nur
tē 6	dich
tēcum 6	mit dir
tēlum 28	1. Geschoß 2. Waffe
templum 12	Tempel
temptāre 11	versuchen
tempus 12	Zeit
ex eō tempore 25	seit dieser Zeit
tenēre 17	halten
terra 1	Erde; Land
terrā marīque 23	zu Lande und zu Wasser

terrēre 3	erschrecken (*trans.*)
terror 8	Schrecken
tertius 9	der dritte
tibi 8	dir
timēre 2	fürchten; sich fürchten
timidus 14	ängstlich
timor 9	Furcht
tollere 20	1. aufheben; erheben 2. beseitigen
(dē) ē mediō t. 24	beseitigen; ermorden
tōtus 2	ganz
trādere 24	übergeben; überliefern
trādūcere 25	hinüberführen über
trahere 3, 13	ziehen; schleppen
trāns 12	über; jenseits
trānscendere 25	übersteigen
trānsfīgere 26	durchbohren
trānsīre 22	1. überschreiten; hinübergehen 2. vorübergehen
trānsportāre 19	befördern
trēs 35	drei
trīstis 34	traurig; finster
triumphus 8	Triumphzug
tū 6	du
tum 3	damals; dann; darauf
tumultus 32	Lärm; Aufruhr
tumulus 4	Hügel
turpis 33	häßlich; schändlich
turris 23	Turm
tūtus 24	geschützt; sicher
tuus 7	dein
ubi (*loc.*) 5, 21	wo
ubi (*temp.*) 11	sobald
ultimus 10	der äußerste; der letzte
ūnā 22	zusammen
unda 32	Welle
unde 5	woher
ūnitās 16	Einheit
ūniversus 27	gesamt; allgemein; *Pl.:* alle
ūnus 2	ein; ein einziger
urbs 25	Stadt; Hauptstadt

urna 31	Krug
ūsque ad 5	bis zu
ūsus 23	Gebrauch; Nutzen; Erfahrung
ut (*m. Ind.*) 11	wie
uxor 13	Gattin
vae 7	wehe! Hilfe!
vagārī 30	umherschweifen
valdē 3	sehr
valē 20	lebe wohl!
vallum 12	Schanze; Wall
varius 22	bunt; mannigfaltig
vastāre 14	verwüsten
vel 26	oder; oder auch
velle 18	wollen
vult 4	(er) will
vellus 32	Fell; Vließ
vēnātor 5	Jäger
venēnum 30	Gift
venīre 1, 13	kommen
ventus 23	Wind
verbum 13	Wort
versārī 29	sich aufhalten
vesper 3	Abend
vespertīnus 4	abendlich; Abend-
vester 8	euer
vestrum (*Gen.*) 18	von euch
vetāre 4, 15	verbieten
veterānus 8	Veteran
vetus 32	alt
vexāre 11	quälen; bedrängen
via 3	Weg; Straße
viā lātā 5	auf der breiten Straße
vīcīnus 6	benachbart; Nachbar
victor 1	Sieger
victōria 8	Sieg
vīcus 5	Dorf
vidēre 2, 13	sehen
vidērī 34	scheinen; gut erscheinen
vīgintī 33	zwanzig
vīlla 2	Landhaus; Gutshaus
vincere 1, 13	siegen; besiegen
vincīre 31	fesseln
vinculum 27	Fessel; Band
vir 6	Mann
virga 16	Stab
virtūs 11	Tapferkeit; Tugend
vīs 23	Kraft; Gewalt
vīrēs 23	Kräfte; Streitkräfte
vīsitāre 2	besuchen
vīta 6	Leben
vituperāre 3	tadeln
vīvere 7, 13	leben
vōbīs 8	euch
vōbīscum 6	mit euch
vocāre 1	rufen; nennen
volāre 2	fliegen
vōs 6	ihr; euch
vōx 10	Stimme; Wort
vulnerāre 14	verwunden
vulnus 21	Wunde
vulpēcula 10	Fuchs
vultus 34	Gesicht; Miene

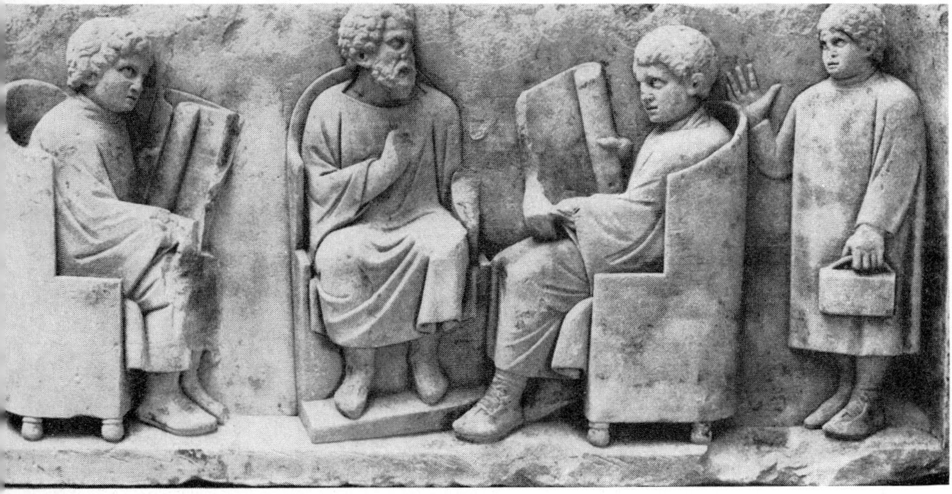

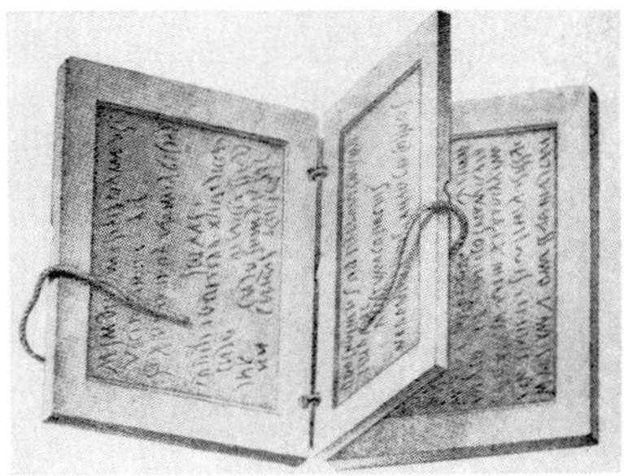

3

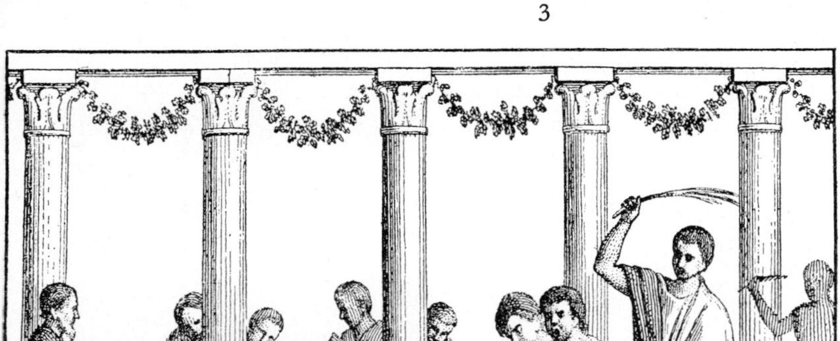

4

1—4: SCHULWESEN

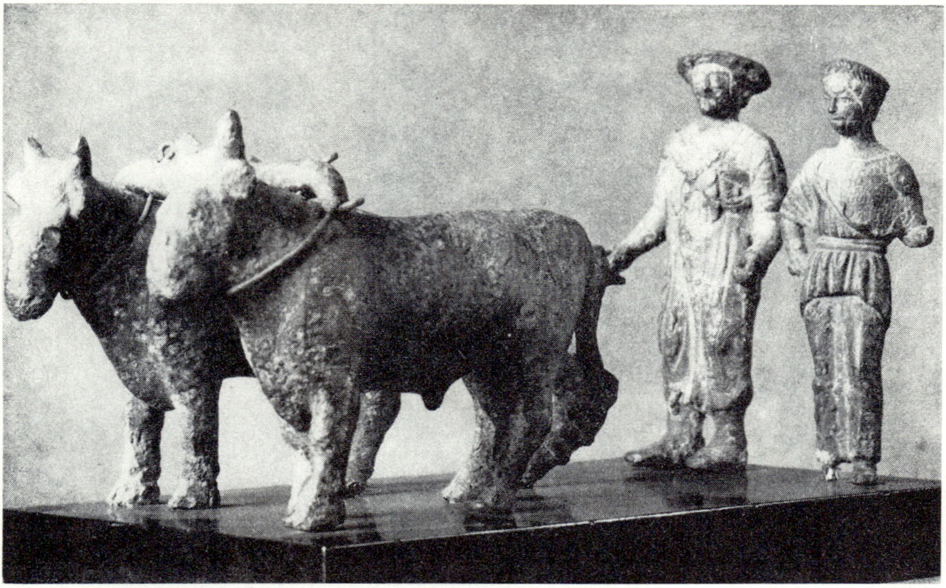

5

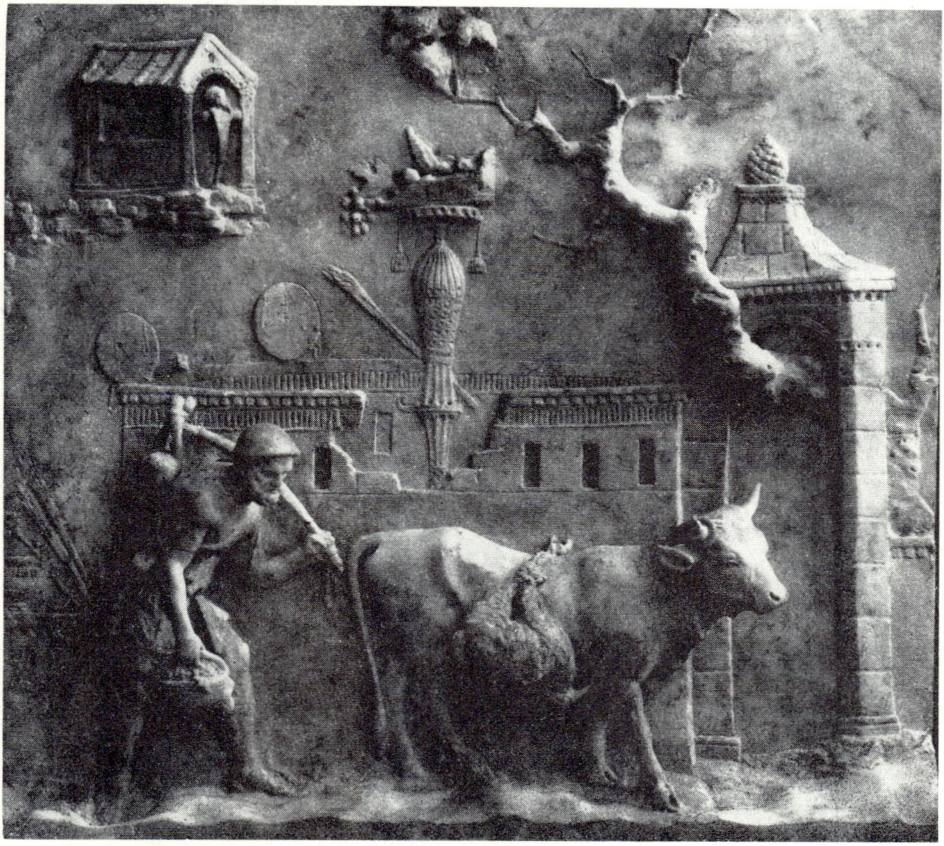

6

ALLTAGSLEBEN: 5. Pflügender Bauer 6. Zu Markt ziehender Bauer

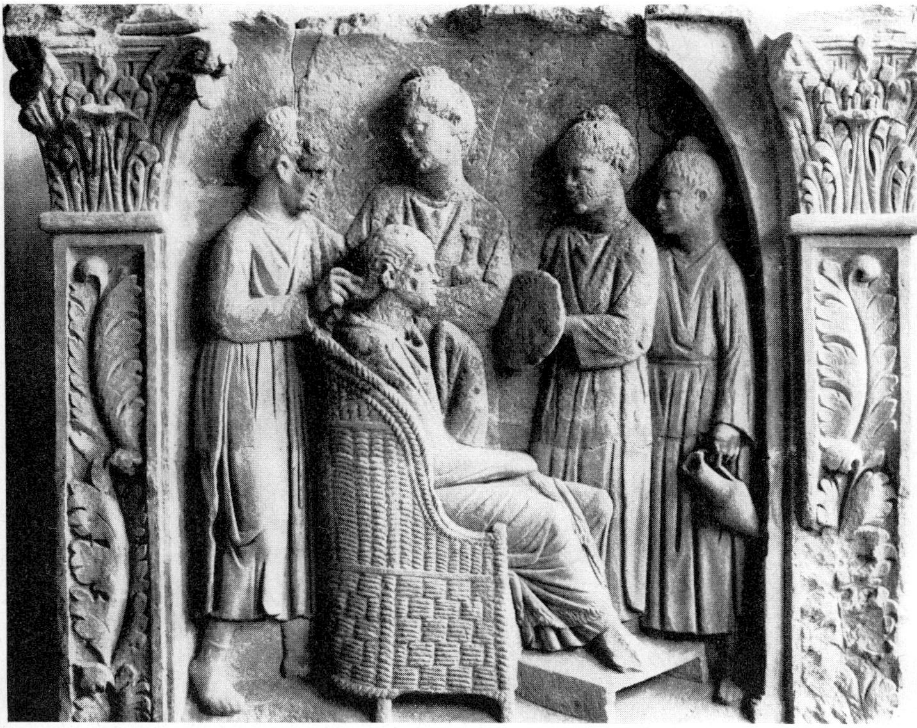

7

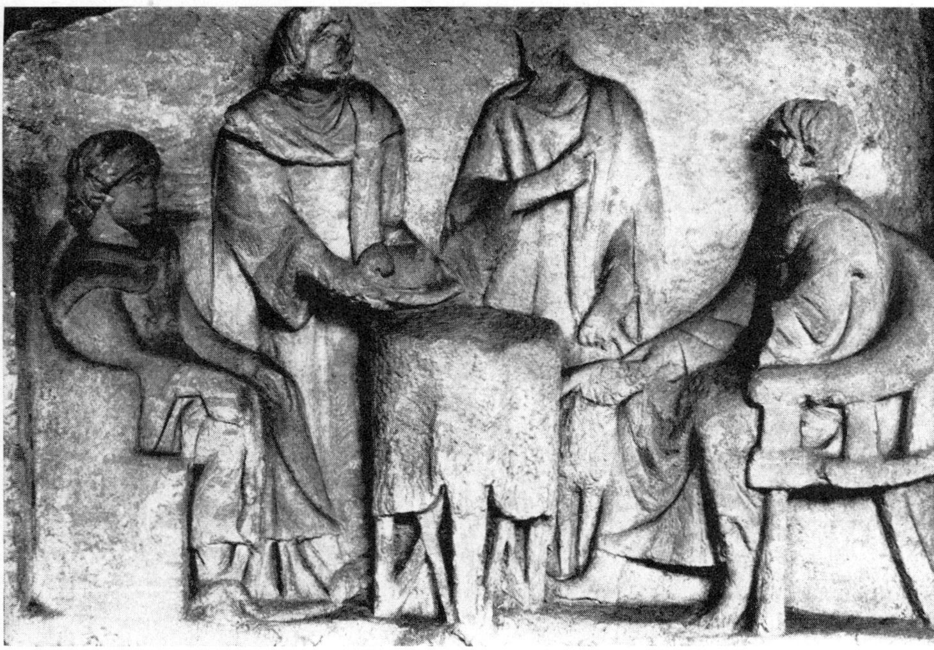

8

ALLTAGSLEBEN: 7. Schönheitspflege 8. Familienmahl

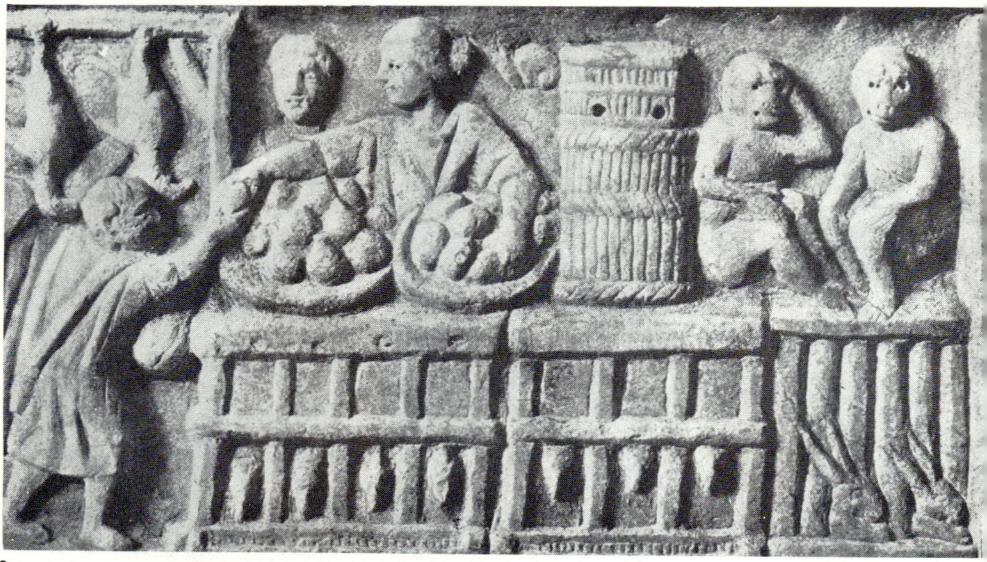

9

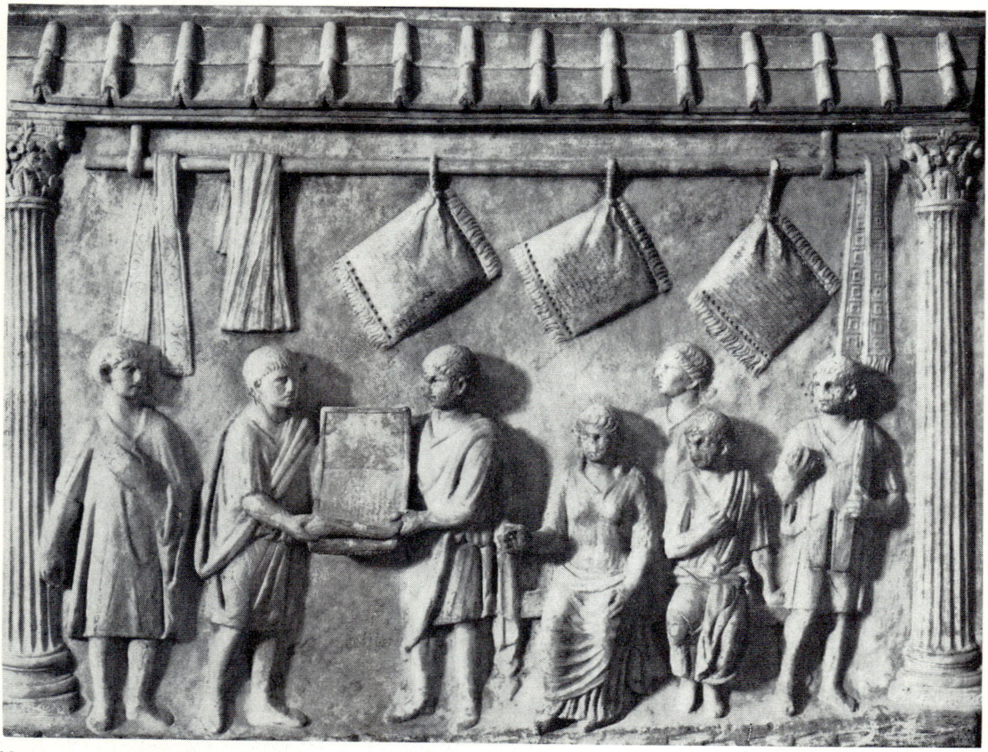

10

ALLTAGSLEBEN 9. Marktszene 10. im Tuchladen

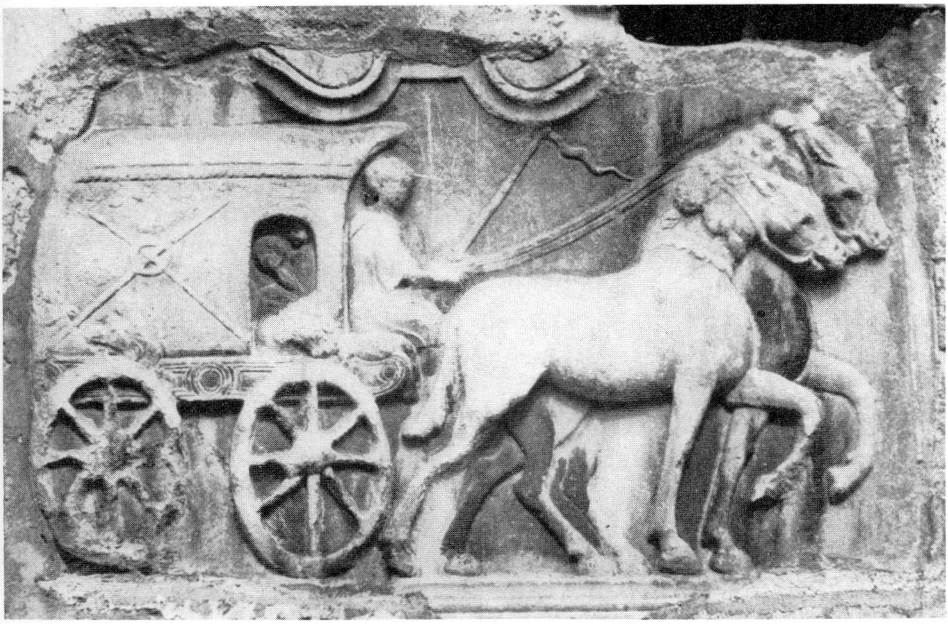

11

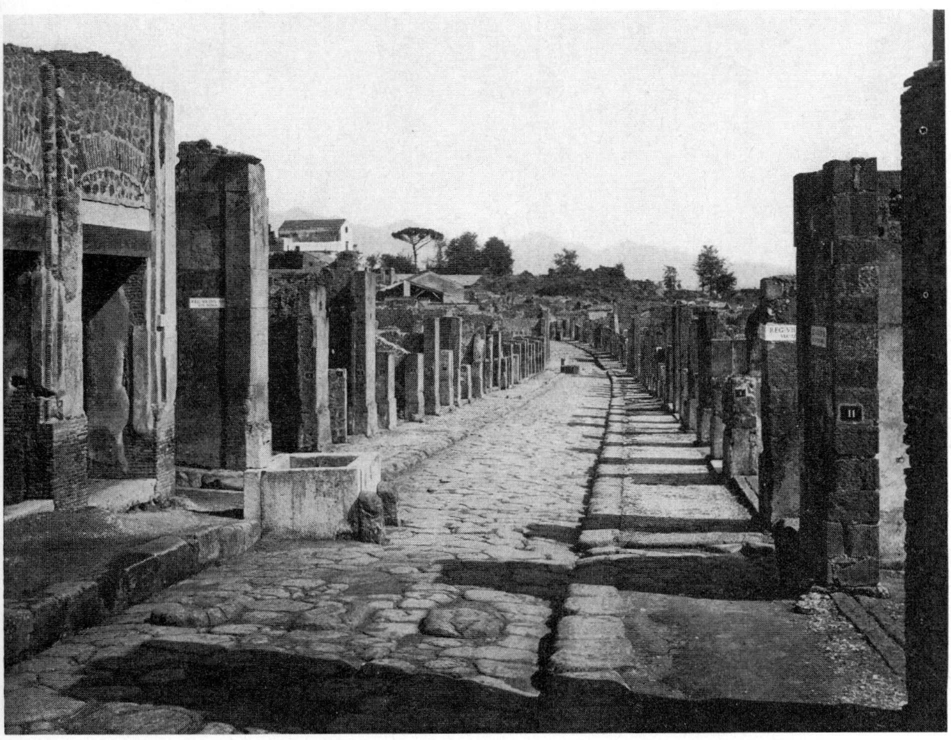

12

STRASSE UND WAGEN: 11. Reisewagen 12. Straßenbild

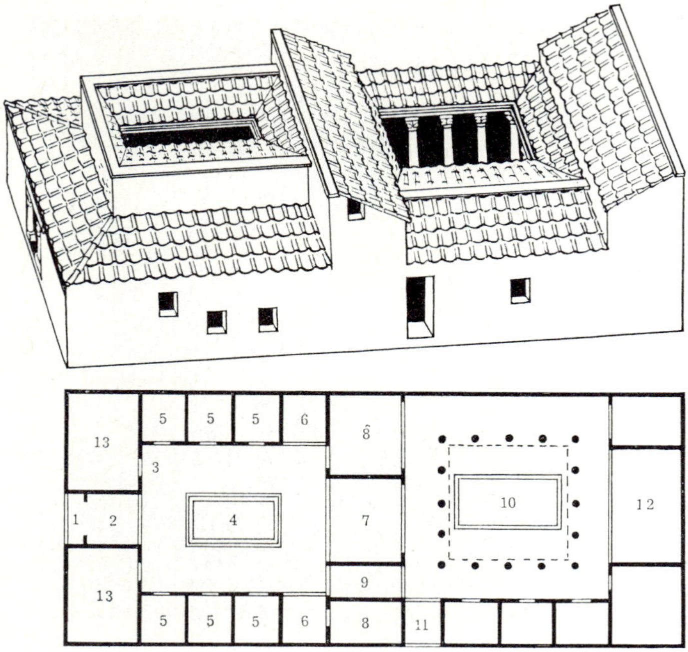

1. Vestibulum
2. Fauces
3. Atrium
4. Impluvium
5. Cubicula
6. Alae
7. Tablinum
8. Cubicula
9. Andron
10. Peristylium mit Piscina
11. Posticum
12. Exedra
13. Cubicula

13

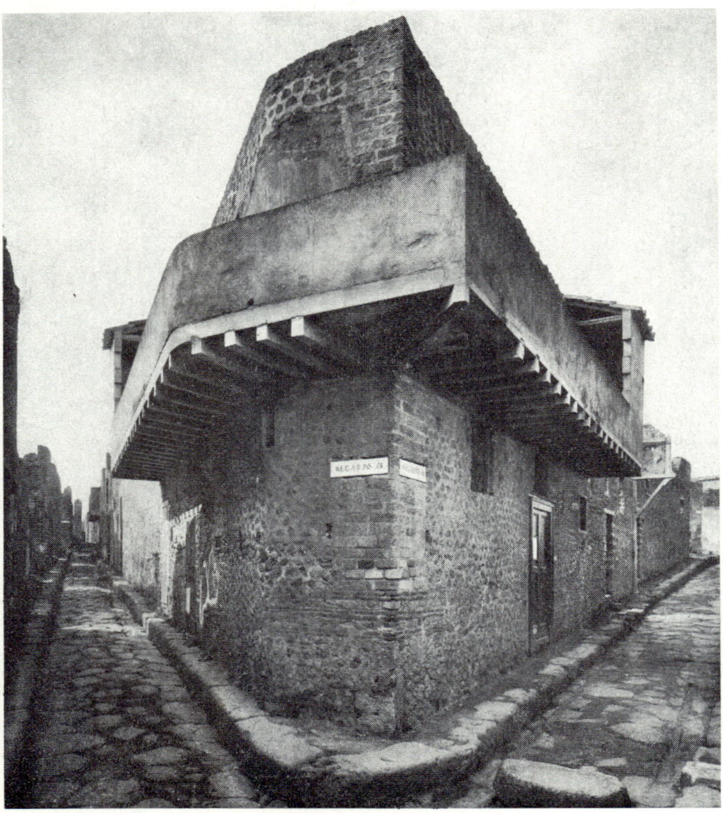

14

RÖMISCHES HAUS:
13. Idealhaus 14. Eckhaus mit Balkon in Pompeji

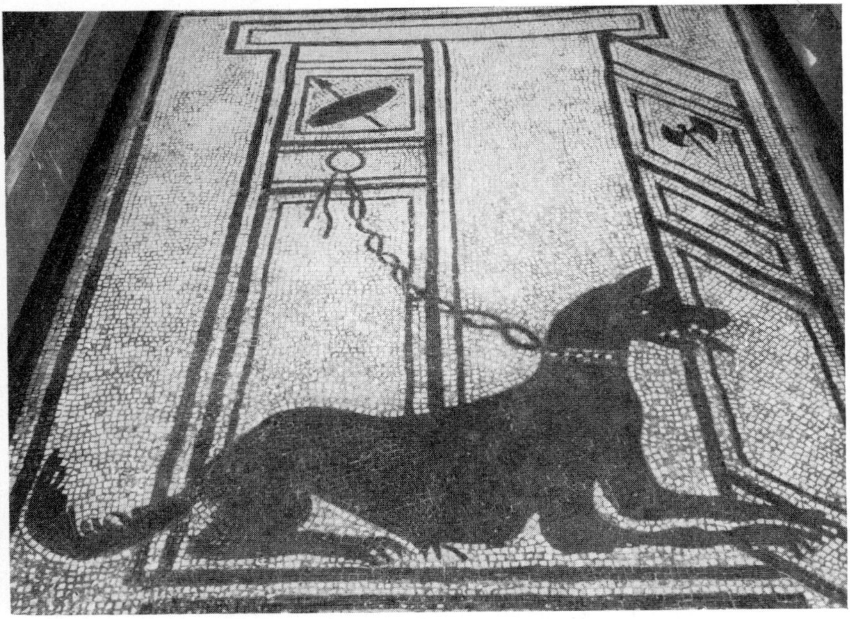

15

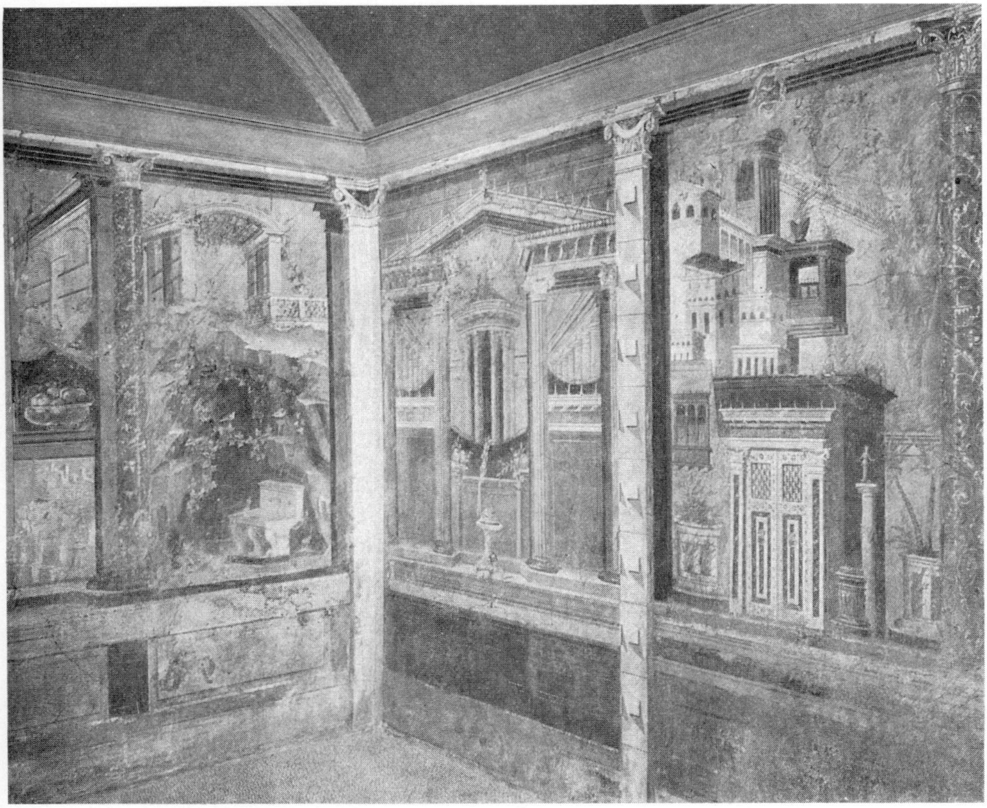

 RÖMISCHES HAUS: 15. Kettenhund 16. Blick in ein Zimmer

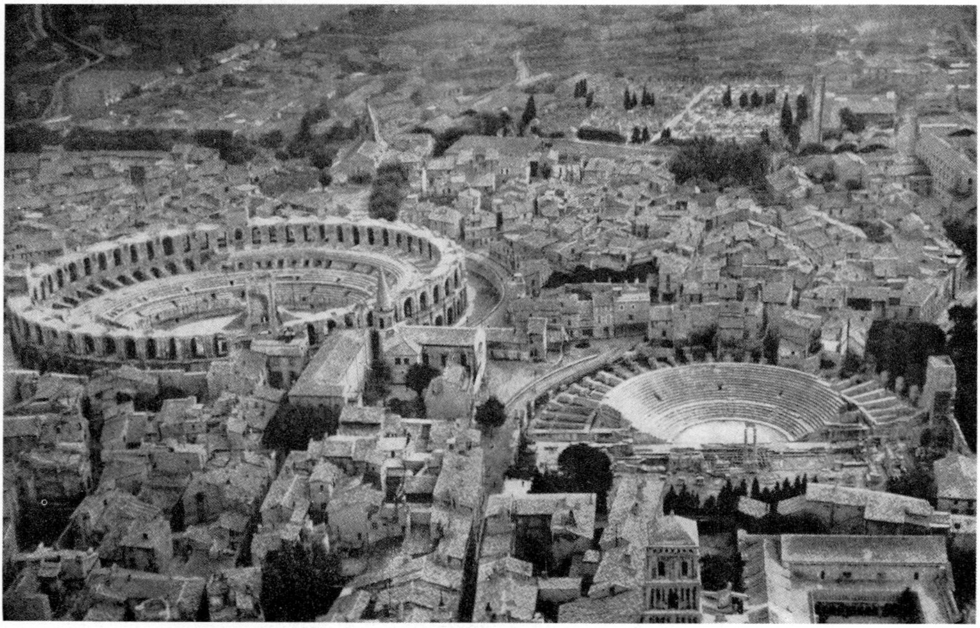

17

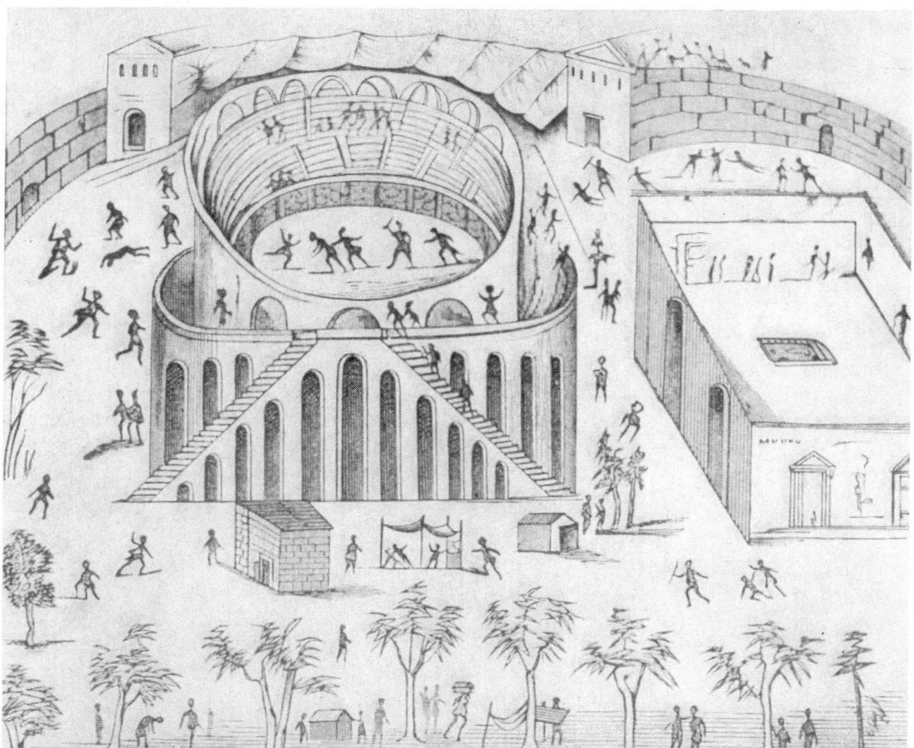

18

THEATERWESEN:

17. Römisches Theater und Amphitheater 18. Prügelei im Amphitheater von Pompeji

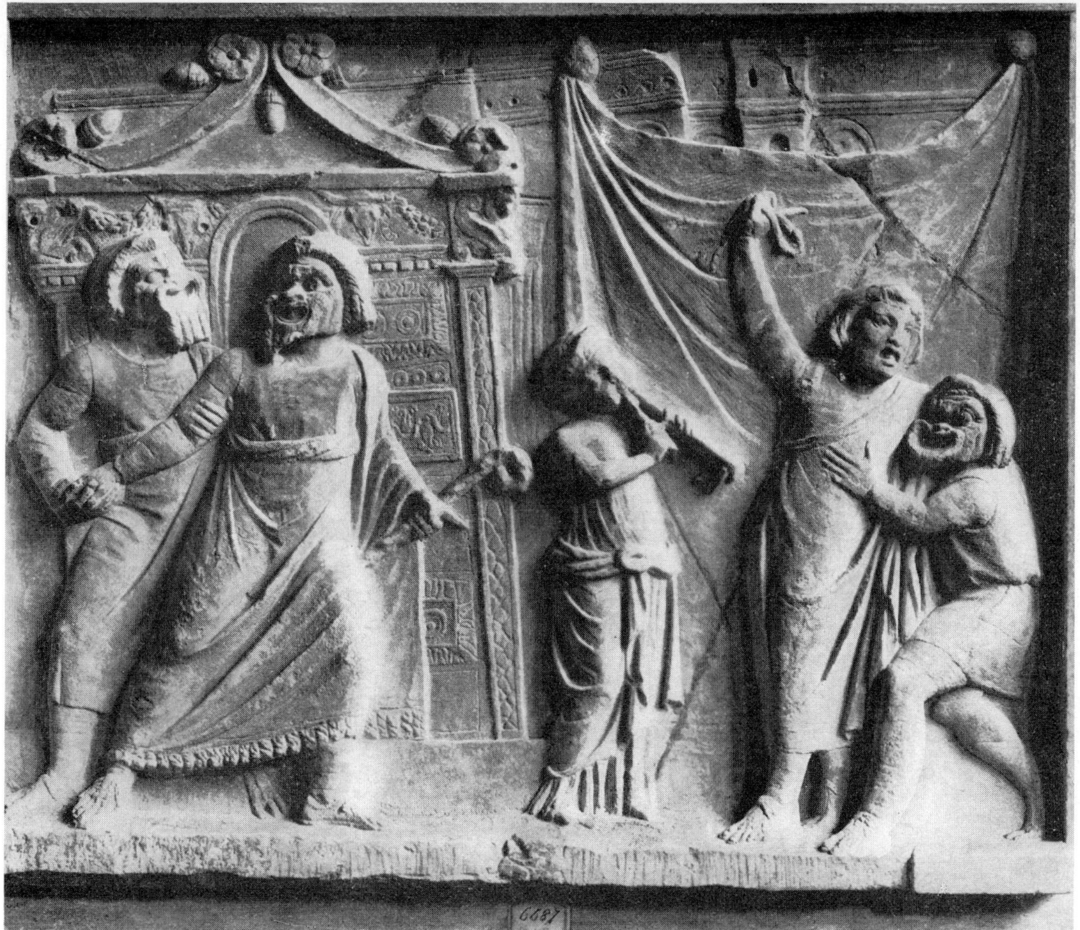

19

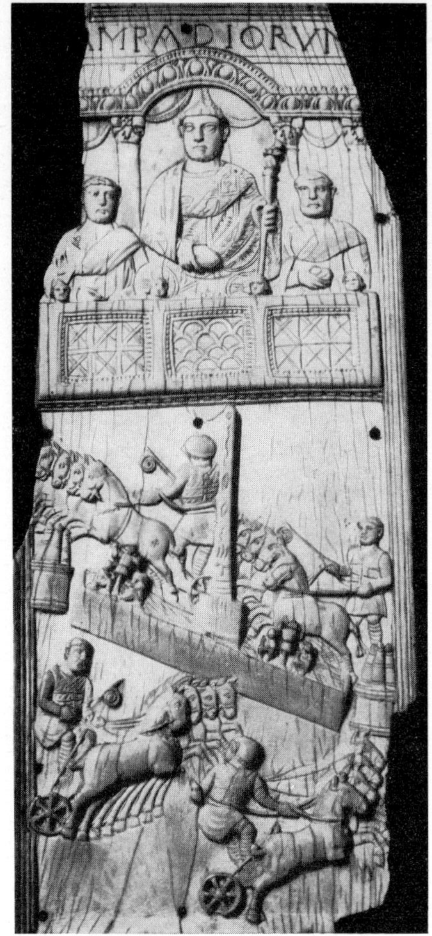

20

THEATERWESEN: 19. Komödienszene 20. Kampfspiele in der Arena

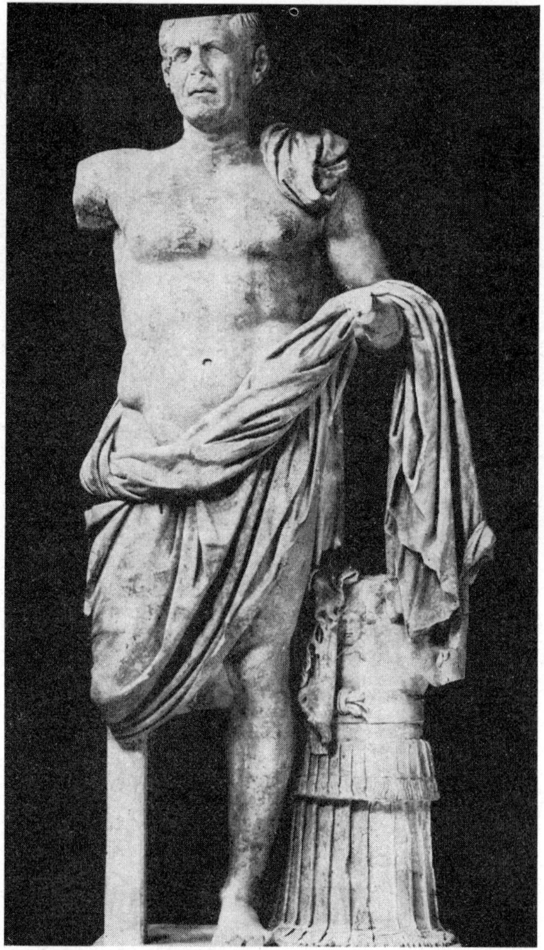
21. Feldherr

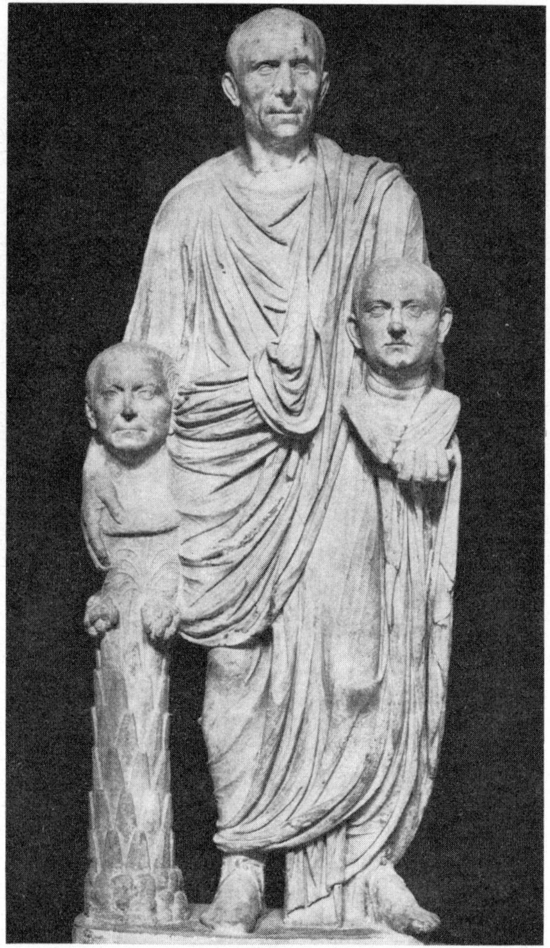
22. Unbekannter Römer

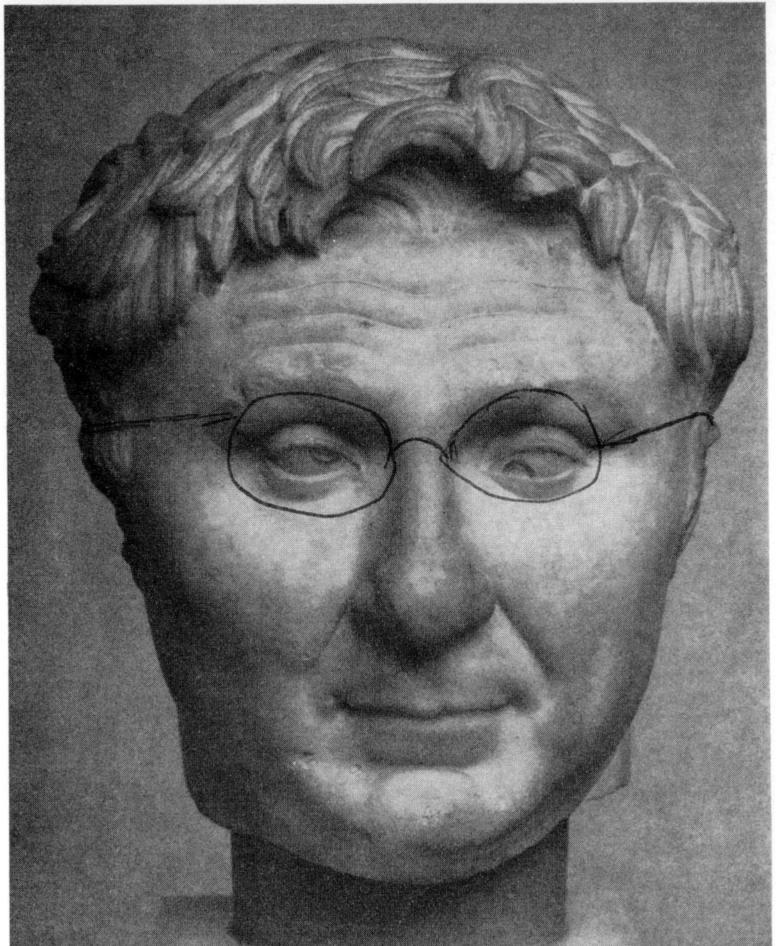
23. Pompeius

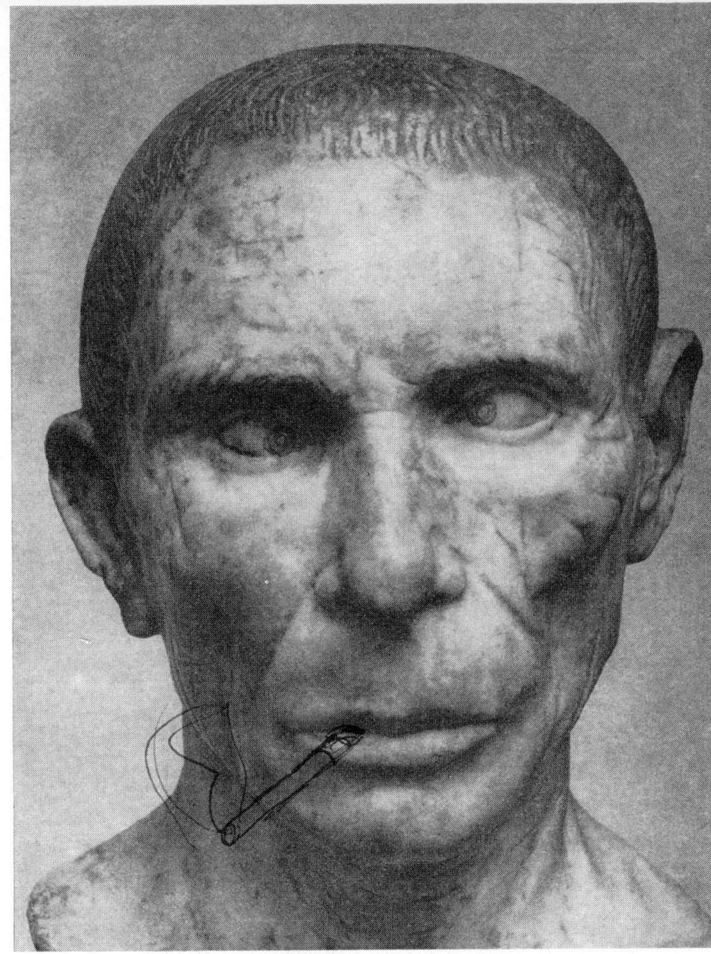
24. Unbekannter Römer

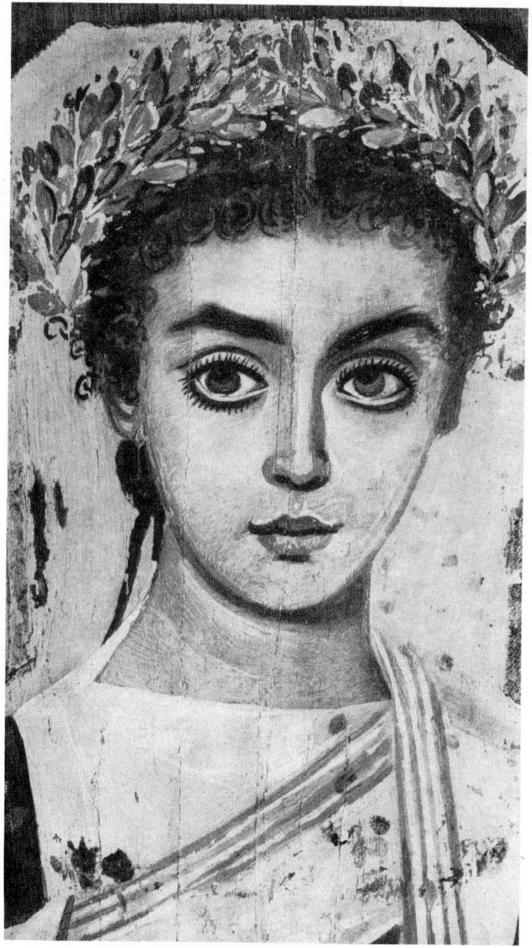

25. Mumienporträt

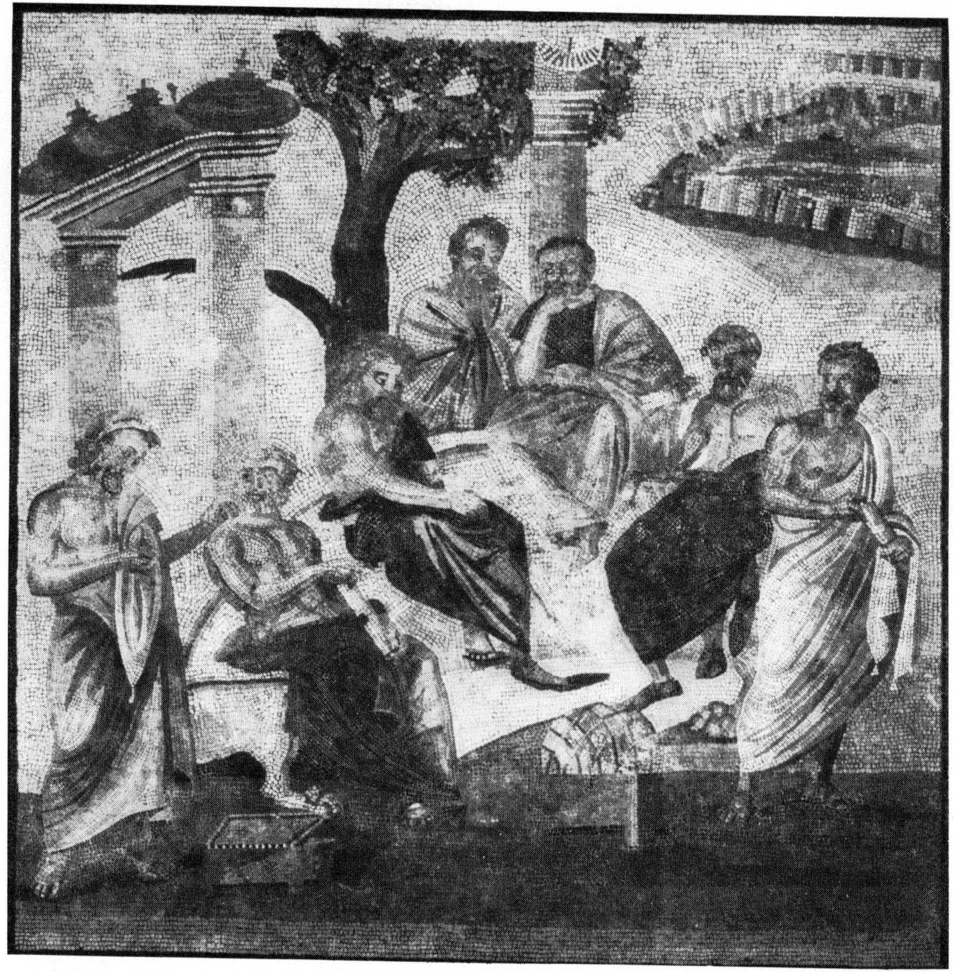

26. Die sieben Weisen

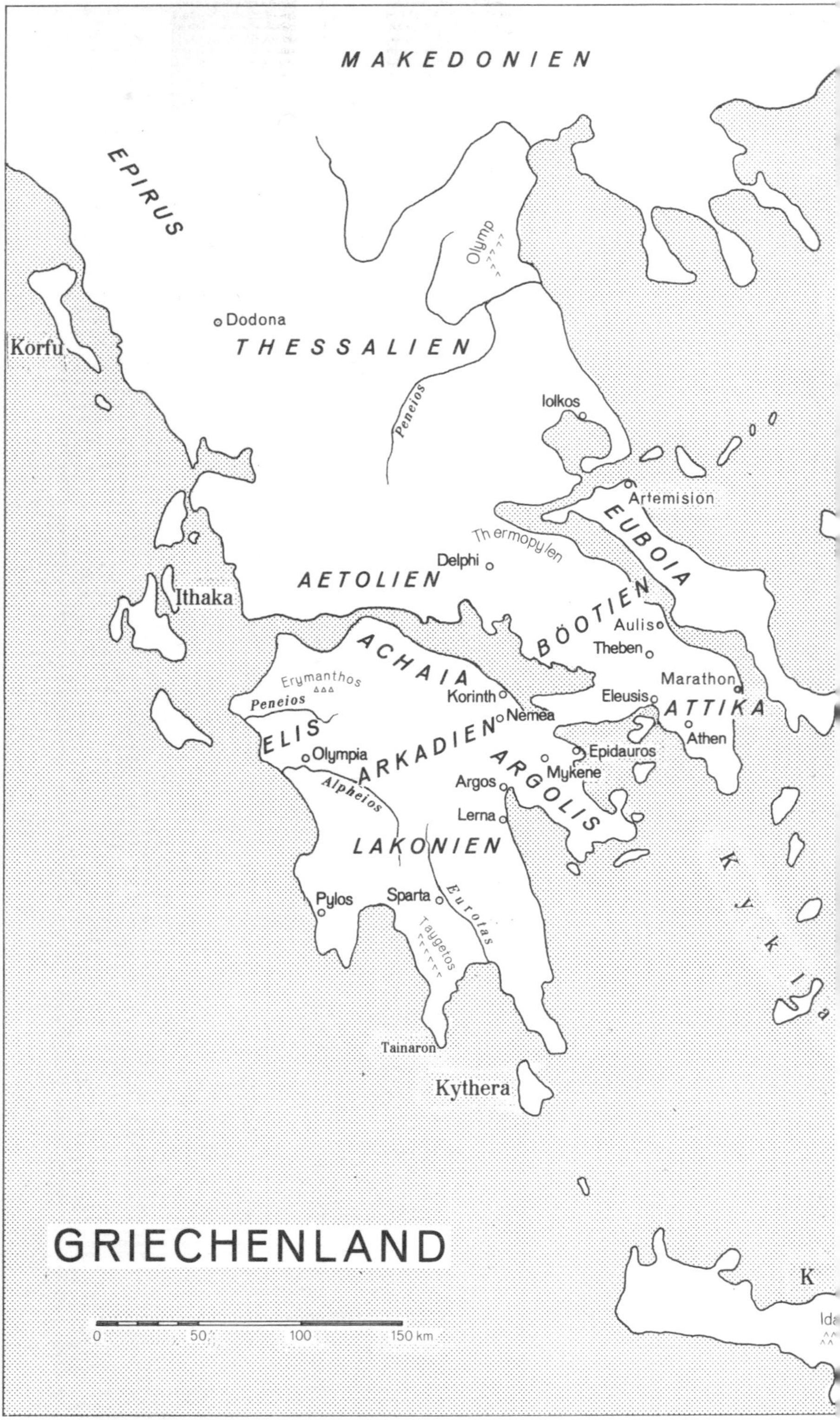
MAKEDONIEN
EPIRUS
Korfu
Dodona
THESSALIEN
Olymp
Peneios
Iolkos
Artemision
EUBOIA
Thermopylen
Delphi
AETOLIEN
Ithaka
BÖOTIEN
Aulis
Theben
ACHAIA
Erymanthos
Peneios
Korinth
Marathon
Eleusis
ATTIKA
Nemea
Athen
ELIS
Olympia
ARKADIEN
ARGOLIS
Epidauros
Mykene
Argos
Alpheios
Lerna
LAKONIEN
Pylos
Sparta
Eurotas
Taygetos
Tainaron
Kythera
Kykla
GRIECHENLAND
0
50
100
150 km
K
Ida